استراتيجيات التدريس
في القرن الحادي والعشرين
دليل المعلم والمشرف التربوي

بسم الله الرحمن الرحيم

﴿ يَرْفَعِ اللـه الَّذِينَ آمَنُوا مِنكُمْ وَالَّذِينَ أُوتُوا الْعِلْمَ دَرَجَاتٍ ﴾

صدق اللـه العظيم

(سورة المجادلة: 11)

استراتيجيات التدريس
في القرن الحادي و العشرين
دليل المعلم والمشرف التربوي

تأليـف

د. ذوقان عبيدات   د. سهيلة أبو السميد

الناشر
ديبونو للطباعة والنشر والتوزيع

2013م

رقم التصنيف: 371.3

المؤلف ومن هو في حكمه: د. ذوقان عبيدات، د. سهيلة أبو السميد

عنــوان الكتــاب: استراتيجيات التدريس في القرن الحادي والعشرين دليل المعلم والمشرف التربوي

رقم الإيداع: 205/3/699

الترقيم الدولي: ISBN: 9957-454-08-2

الموضوع الرئيسي: أساليب التدريس/ التدريس /التعلم/ وسائل التدريس

* تم إعداد بيانات الفهرسـة والتصنيف الأولية من قبل دائرة المكتبة الوطنية

2013م

مركز ديبونو لتعليم التفكير

عضو اتحاد الناشرين الأردنيين

يطلب هذا الكتاب مباشرة من مركز ديبونو لتعليم التفكير

عمّان- شارع الملكة رانيا- مجمع العيد التجاري-مينى 320 ط 4

هاتف: 962-6-5337003 ، 962-6-5337029

فاكس: 962-6-5337007

ص.ب: 831 الجبيهة 11941 المملكة الأردنية الهاشمية

E-mail: info@debono.edu.jo

www.debono.edu.jo

المحتويات

الباب الأول
التخطيط الدراسي

الفصل الأول: التخطيط الدراسي

الفصل الثاني: الأهداف التربوية

5

الفصل الثالث

مبادئ التدريس وفق بحوث الدماغ

الباب الثاني
إستراتيجيات حديثة في التدريس

الفصل الرابع: التعليم المتمايز

الفصل الخامس: الاستقصاء

الفصل التاسع
التدريس بالإثارة العشوائية

الفصل العاشر
التدريس باستخدام قبعات التفكير الست

الفصل الحادي عشر
التدريس باستخدام التعلم المدمج

الفصل الثاني عشر

التدريس باستخدام إستراتيجية بالتخيّل

الفصل الثالث عشر

إستراتيجية التعليم البصري

الفصل الرابع عشر: التدريس باستخدام
الخرائط المعرفية والخرائط الذهنية

الباب الرابع: استراتيجيات صفية

الفصل الخامس عشر

إستراتيجيات إثارة الأسئلة الصفية

الفصل السادس عشر

التدريس وفق الذكاءات المتعددة

الفصل السابع عشر

الواجبات المدرسية مع نماذج وتطبيقات عملية

الفصل الثامن عشر

استراتيجيات تقديم التغذية الراجعة

الفصل التاسع عشر

إستراتيجيات تدريس القيم والاتجاهات والمهارات الحياتية

الباب الخامس
التعليم من أجل التفكير

الفصل العشرون: استخدام مهارات الكورت في التفكير

الباب السادس
تطبيقات ودروس عملية من المناهج

الفصل الحادي والعشرون

مهارات التفكير: تطبيقات عملية من المناهج الدراسية

المراجع

المقدمة

هل هناك حاجة لكتاب جديد عن التدريس؟ ألا تعج المكتبات بعشرات الكتب؟ إذن لماذا هذا الكتاب؟ وبماذا يتميز؟

تناول هذا الكتاب أبرز المستجدات في التدريس.وعرض مختلف الاستراتيجيات الحديثة التي تجعل عمل المعلم أكثر متعة. ويجعل تعلم الطلبة ممتعاً. فالاستراتيجيات المقدمة عكست مختلف المفاهيم الحديثة في بحوث الدماغ وموضوع الإبداع والتفكير الناقد.

ولأول مرة يشتمل الكتاب على تطبيقات ونماذج عملية من مختلف المناهج والكتب المدرسية في المملكة العربية السعودية ودولة الإمارات والأردن فلم يقدم فكراً نظرياً يمله المعلمون والمشرفون التربويون، بل جاءت كل فكرة مصحوبة بعدد كبير من الأمثلة والمواقف العملية والأنشطة التطبيقية، والدروس التطبيقية المستمدة من الكتب الدراسية نفسها فجاء أشبه بدليل عملي يقود عملية التطوير التي طالما انتظرها المعلم والمشرف تخلصاً من أساليب تقليدية لم تنجح إلاّ في تعقيد عمليات التعلم والتعليم.

إذن قدّم هذا الكتاب أكثر من خمس عشرة إستراتيجية تدريسية مع تطبيقاتها العملية.

ففي مجال التدريس الإبداعي قدّم عدداً من النماذج التدريسية الجديدة. وفي مجال تعليم التفكير قدّم عدداً من الدروس وفق مهارات التفكير المختلفة. وفي مجال الأسئلة الصفية قدّم عدداً من أسئلة التفكير في عدد من المواد الدراسية. وفي مجال الواجبات المدرسية قدم نماذج متنوعة في مختلف المواد التدريسية.

وحفاظاً على تكامل موضوعات هذا الكتاب فقد تضمّن بعض ما جاء في كتاب الدماغ والتعلم والتفكير في مجال الذكاءات المتعددة ومهارات التفكير.

وأخيراً نأمل أن يستجيب هذا الكتاب لحاجات الأنظمة التربوية في تطوير التعليم، ولحاجات المعلمين والمشرفين التربويين في تنمية أساليبهم وأدائهم.

المؤلفان

الباب الأول
التخطيط الدراسي والأهداف التربوية

اشتمل هذا الباب على فصلي التخطيط الدراسي والأهداف التربوية، حيـث تـم عرض عدد من الأمثلة العملية

📖 التخطيط الدراسي.

📖 الأهداف التربوية .

📖 مبادئ التدريس وفق بحوث الدماغ الحديثة

الفصل الأول

التخطيط الدراسي

Lesson - Planning

تعددت تعريفات التخطيط الدراسي باختلاف الباحثين. ولكن يمكن إجمال هذه التعريفات بما يلي:

"التخطيط الدراسي هو مجموع الخطوات والإجراءات والتدابير التي يتخذها المعلم مسبقاً - قبل تنفيذ الدرس: يعدها، ويتدرب عليها من أجل ضمان تحقيق تدريس أفضل، وتعلم أفضل".

ومن خلال هذا التعريف يمكن أن تستنتج ما يلي:

1- التخطيط الدراسي إعداد مسبق، يتم قبل تنفيذ الدرس. فلا تدريس دون تخطيط مسبق.

2- التخطيط عملية تنبؤية في معظمها، حيث يتخيّل المعلم الموقف الصفي وسير النشاط وتسلسله في عملية تنبؤ واعية،تستند إلى معرفة عميقة بمتطلبات تعلّم الطلاب.

3- التخطيط عملية شاملة، متكاملة، تشتمل على جميع التدابير:

- تدابير تتعلق بتحديد الأهداف وصياغتها.

- تدابير تتعلق باختيار الأنشطة والتمرينات والمحتوى الملائم لتحقيق الأهداف.

- تدابير تتعلق بإعداد المواد والوسائل اللازمة.

- تدابير تتعلق بتوفير الوقت الملائم لتحقيق كل هدف.

- تدابير تتعلق بأساليب واستراتيجيات التدريس الملائمة للأهداف.

- تدابير تتعلق بأدوات التقويم ووسائله للتأكد من مدى تحقيق الأهداف.

- تدابير تتعلق بالواجبات ومواد التعلم الذاتي التي ستطلب من الطلاب.

4- إن هدف التخطيط هو: تحسين عملية التدريس. وهذا الهدف يتحقق من خلال تهيئة المتطلبات التدريسية اللازمة. ومن خلال تصميم الموقف التعليمي بشكل كامل، ثم التدرّب على أداء هذا الموقف ذهنياً ليكون على وعي كامل بما سيقدمه للطلاب وبالأدوات التي سيستخدمها، وبأوقات استخدامها وبالأسئلة التي سيثيرها، وباستجابات الطلبة المتوقعة. فالمعلم تماماً كالرياضي الذي يتخيّل المباراة مسبقاً، ويتخيّل تحركاته في الملعب بشكل دقيق كعملية تدريب نهائية قبل المباراة حيث يمكن أن يتخيّل كيف سيسجّل الهدف.

> **التدريس الذهني:**
> أن يفكر المعلم في سير الــدرس، ويتخيّــل الإجراءات التي سيتخذها، وتفـاعلات الطلبـة معهـا وذلك قبل فترة من موعد الحصــة وهــذه عمليــة هامـة أشبه بالتدريب على إعطاء الحصة.

5- الهدف النهائي للتخطيط هو تحسين تعلّم الطلبة. فالتدريس يهدف إلى تحسين التعلم. والمعلم الواعي هو الذي يدرك أن تعلم الطلبة مرتبط بما يقدمه لهم من تدريس، سلباً أو إيجاباً.

متطلبات التخطيط الدراسي

يحتاج المعلم - لكي يضع خطة تدريسية سليمة - إلى مجموعة من المتطلبات، يتعلق بعضها بمعرفة الطلاب:مستوياتهم واهتماماتهم. وبعضها بالمادة الدراسية: محتواها والمفاهيم والمبادئ الأساسية والحقائق والمعلومات فيها. كما يحتاج إلى معرفة واعية بإمكانات البيئة الصفية ومدى غناها وقدرتها على توفير متطلبات وأدوات التعلم.وأخيراً يحتاج إلى معرفة بأهداف التربية سواء كانت أهداف المادة الدراسية أو أهداف المرحلة التعليمية والأهداف التربوية العامة.

وفيما يلي توضيح لهذه المتطلبات:

متطلبــــات التخطــــيط الدراسي
● معرفة الطلاب.
● معرفة محتوى المادة الدراسية.
● معرفة البيئة الصفية.
● معرفــة أهـــداف التربية.

أولاً- معرفة الطلاب:

يقصد بمعرفة الطلاب ما يلي:

● الحصول على المعلومات والبيانات الشخصية الأساسية والسيرة الدراسية لهم.

● عرفة خبراتهم السابقة.

● عرفة أنماط تعلّمهم وأنماط ذكائهم والتمثيلات المفضلة لديهم.

إن هذه المعلومات أساسية لبناء الخطة. فالسيرة الدراسية للطلبة تعطي المعلم انطباعاً عـن الحياة الدراسية للطلبة واتجاهاتهم نحو المدرسة، والمواد الدراسية التي يفضلونها.

أما الخبرات السابقة فهي القاعدة التي يتم الربط أو البناء عليها. فلا تعد الخطط التدريسية في الفراغ. بل تبنى على خبرات الطلبة السابقة، وهذا ما يعطي التعليم معنى لدى الطلبة.

أمــا بشــأن ضرورة معرفة تمثيلات الطلبة المفضّلة وذكـاءاتهم المتنوعـة فمـن المهـم

تصميم خطة التدريس وفق هذه الذكاءات. وسنتحدث عن هذه الذكاءات كاستراتيجيات تـدريس في فصل خاص.

ثانياً- معرفة المادة الدراسية:

يقصد بمعرفة المادة الدراسية أن يقوم المعلم بدراسة المادة وتحليلها إلى:

- معلومات وحقائق.
- مفاهيم ومصطلحات.
- تعميمات ومبادئ.
- مهارات.
- قيم واتجاهات.

وأن تشمل كل خطة دراسية على هذه العناصر جميعها ما أمكن. لأنها هي الأهداف التربوية التي تقود إلى نمو الشخصية. ومن المهم أن نشير إلى أن معظم المعلمين حالياً -بتشجيع من الأنظمة التعليمية خاصة نظام المناهج ونظام الامتحانات، يركزون على المعلومات والحقائق بدرجة عالية جداً بل وعلى حساب باقي الأهداف الأخرى.

وسنوضح فيما يلي هذه العناصر ليتمكن المعلمون وطلاب التربية العملية من الاهتمام بها في أثناء إعدادهم للخطط التدريسية.

أ- الحقائق والمعلومات

أنواع الحقائق
• علمية حسية.
• دينية.
• فلسفية.
• رياضية.

الحقائق والمعلومات مـن أبـرز مكونات المـنهج، فهـي العمـود الفقـري للمـنهج، حيـث يعتبر أي مـنهج وعـاء يضم معلومات معينة. وتأتي أهميـة الحقـائق مـن كونهـا إنجـازات توصلت إليها البشرية عبر تطورها. فهناك أنواع من الحقائق:

1- **الحقائق العلمية:** وهي ما وصلتنا عن طريق الحواس والتجربة والمحاولة والخطأ. من مثل:

- الشمس أكبر من الأرض.
- تقسم الكلمة إلى ثلاثة أنواع: اسم، فعل، حرف.

2- **الحقائق الدينية:** وهي ما حصلنا عليه من خلال الوحي ، من مثل:

- أركان الإسلام خمس.
- سيدنا محمد رسول الله.
- الجنة مصير المؤمنين.

3- **الحقائق الفلسفية:** وهي التي توصل إليها مفكرون وفلاسفة. وصدق هذه الحقائق خاص بكل فلسفة، فما تقول به الفلسفة الوجودية يؤمن به الوجوديون. وما تقول به المثالية يؤمن به المثاليون فقط. ومن أمثلة هذه الحقائق.

- هذا عالم الوهم والعالم الحقيقي هو عالم المثل.
- الفكر يسبق الوجود.
- الوجود يسبق الفكر.
- خلقنا صفحة بيضاء والتجربة هي التي تزودنا بكل خبراتنا.
- الحواس هي التي تزودنا بالمعارف.
- العقل الإنساني هو أساس التجربة.
- أفكر! إذن أنا موجود!

4- **حقائق رياضية:** وهي حقائق تحليلية تتعلق بنظام الأرقام والعمليات المتصلة بها كما تتعلق بالخطوط والأشكال الناتجة عن اتصالها.

ومن هذه الحقائق:

- $4 \times 2 = 8$

> حقائق رياضية يسهل إثباتها لأنها حقائق تحليلية.

- $2 + 6 = 8$
- مجموع زوايا المثلث يساوي 180

إن الحقائق بمختلف أشكالها تعتبر القاعدة الأساسية التي يستخدمها الطلبة في بناء خبراتهم ومهاراتهم.لكن المشكلة أن بعض المعلمين يعتبرون الحقائق أهدافاً نهائية للتعلم وليس وسيلة لتنمية مهارات الطالب وشخصيته.

> الحقائق هامة كوسائل لنمو الشخصية. لكن إذا صارت هي الهدف، تحوّل التعليم إلى مجرد حفظ وتلقـــــين حقـائق ومعلومات.

أ- المفاهيم والمصطلحات

إن تدريس المفاهيم أكثر خصباً وعمقاً من تدريس الحقائق. ففي تدريس الحقائق نحن نقدم معلومات محددة.لكننا في تدريس المفهوم فإننا نقدم المفهوم بكل ما يتصل به من روابط وعلاقات متعددة.

> تعلم الحقائق يرهق الدماغ ويعيق عملـه.أما تعلّـم المفاهيم فينمّي الدماغ من خـلال الشـبكات والصـلات التي يقيمها مـع مفاهيم أخرى.

فإذا كانت الحقائق معلومات توصلنا إليها من خلال الحواس، وتوقف بنا الأمر عند حدود هذه الحقائق، فإن تدريس المفاهيم يمتد بنا إلى آفاق واسعة جديدة يمكن أن تغني عمل الدماغ وتحفزه للبحث والنمو.

إننا حين نقول:

الرياض عاصمة المملكة العربية السعودية هذه حقيقة يتم تعلّمها، وحفظها ثم قد تنسى بعد فترة.

أما إذا ....

ركّز على المفهوم مثل "عاصمة " . فإن لهذا المفهوم إمدادات وعلاقات عديدة مثل:

- ما المقصود بالعاصمة؟ أهمية العاصمة؟ خصائصها؟
- لماذا تتخذ كل دولة عاصمة؟
- ما الفرق بين العاصمة والمدينة العادية؟
- هل يمكن استبدال العاصمة؟ .... الخ.

ولذلك تبدو معرفة المعلم بالمفاهيم معرفة أساسية لامتداد التعلم وربطه بموضوعات أخرى مثل:

- جو العاصمة.
- سكان العاصمة.
- إحصائيات وأرقام عن العاصمة.
- الحياة في العاصمة.
- إيجابيات العيش في العاصمة. سلبياته. ... الخ

إن الطالب وهو يناقش هذه الموضوعات سوف يمر على العديد من الحقائق ويكتب بعض القيم والاتجاهات والمهارات، وربما عرف عواصم عشرات الدول.

ب- أما المبادئ والتعميمات والقوانين

فهي أساسيات مرتبطة بالمفاهيم وكل من المبادئ والتعميمات والقوانين تعبّر عن علاقات بين مفاهيم مثل:

> التعميمات غالباً ما تكون علاقات لها صفة الاستمرارية أو الثبات النسبي.

- العلم يؤدي إلى بناء الأمة.
- يزداد طول المعادن بارتفاع درجة الحرارة.
- الأخلاق تقود إلى الخير والفضيلة.
- كل جسم مغمور في سائل يفقد من وزنه بمقدار وزن حجمه من السائل.

لاحظ العلاقات بين المفاهيم. العلم وبناء الأمة، طول المعادن وارتفاع الحرارة ..

فالتعليم الجيد هو مفاهيم وعلاقات لا مجرد حقائق ومعلومات.

ويركز المعلمون على التعميمات لأنها يمكن استخدامها دائماً وفي مواقف متجددة. فحين نقول:

" في العجلة الندامة، وفي التأني السلامة "

هذا التعميم يصلح في أزمان مختلفة، كما يصلح في بيئات مختلفة، ويصلح أيضاً في مجال العمل، والحياة الشخصية، واختيار أي سلعة، أو اتخاذ أي قرار ولذلك يجب الاهتمام بما يلي:

- تعليم التعميمات إلى الطلاب والتركيز عليها أكثر من الحقائق المستقلة أو الجامدة.
- تدريب الطلبة على إيجاد تعميمات أو استنتاج تعميمات.

وفيما يلي أمثلة لبعض التعميمات:

- تعليم التفكير يحسن من شخصية الطالب.
- الرياضة مفيدة لبناء الجسم.
- لا جمال بدون عقل.

> التعميمات والمبادئ والقوانين أكثر أهمية من مجرد حفظ الحقائق.

- الشخصية الممتعة تزداد بهاء في كل موقف.
- التطبيق العملي يؤدي إلى تحسين المهارة.
- تتمدد المعادن بالحرارة، وتتقلص بالبرودة.
- خبر كان دائماً منصوب أو في محل نصب.
- ترفع الأسماء الخمسة بالواو.
- المسافة = السرعة× الزمن.
- الصلاة تزيد من قربنا من الله.

ج- المهارات

> المهارة هي إتقان أداء سلوك أو حركة بشكل تلقائي ودون جهد معقد.

إن تنمية المهارات من الأهداف الرئيسة للتدريس. فنحن نتعلم حقائق ومعلومات، وندرس أو نستوعب المصطلحات والمفاهيم من أجل استخدامها كوسائل لتنمية المهارات وتحسين الأداء.

والمهارات أنواع:

- مهارات حركية تتعلق بالجسد والقدرة على ممارسة تمرينات وسلوكات دقيقة مثل: الركض، التوازن، الرقص. استخدام اليد في الأشغال اليدوية والفنية المختلفة كالرسم والنحت والتطريز والتعبير اللغوي وغير ذلك.

- مهارات عقلية وتتعلق بمهارات التفكير ومستويات هذه المهارات مثل التحليل والتركيب والتقويم. وقد تم التحدث عنها في الفصل الخاص بالأهداف.

- مهارات عاطفية تتعلق بالاتزان العاطفي والقدرة على احترام مشاعر الآخرين، وإدارة العواطف الذاتية.

- مهارات اتصال تتعلق بالقدرة على إقامة تفاعلات مع الآخرين.

إن المعلمين مطالبون بتنمية هذه المهارات. كأهداف تدريسية يضعونها في خططهم. فلا نكتفي بالحقائق والمعلومات أو بالتعميمات.

د- أما القيم والاتجاهات فهي من الأهداف الأساسية. فنحن نعلّم من أجل تنمية قيم واتجاهات. ومن أمثلة هذه القيم:

- التعاون ومساعدة الآخرين.

- العمل مع الآخرين.

- احترام الآخر.

- الإيمان بالبحث العلمي.

- التعلّم المستمر.
- احترام الحقوق والواجبات.

إن الهدف الأكبر للتعليم هو بناء الشخصية. وهذا يتطلب أن يركز المعلمون في أثناء التخطيط الدراسي على كل ما يبني الشخصية من:

- معلومات وحقائق.
- مفاهيم ومصطلحات.
- تعميمات ومبادئ وقوانين ونظريات.
- مهارات.
- قيم واتجاهات.

فالمعلم يحلل مادة الدرس. ويتعرف على هذه العناصر الأساسية ويخطط لإحداثها في سلوك المتعلمين كأهداف لخطته التدريسية.

ثالثاً- معرفة البيئة الصفية:

يحتاج المعلم وهو يعد خطته إلى معرفة دقيقة بالبيئة الصفية التي سيتم فيها تنفيذ الدرس من حيث:

- عدد الطلبة.
- حجم الصف.
- توافر إمكانات المادية والتسهيلات.
- توافر المراجع والمصادر والوسائل.
- الجو الفيزيائي للصف: الحرارة، البرودة، الأكسجين، السعة، ... الخ.

فلا يستطيع المعلم أن يخطط لنشاط تعاوني إذا كانت البيئة الصفية لا تسمح بهذا النشاط ولا يستطيع أن يعطي تمرينات حركية. فالخطة دائماً تصلح في البيئة الصفية التي أعدت لها.

رابعاً- معرفة أهداف التربية:

إن معرفة الأهداف متطلب أساسي مسبق إعداد خطة التدريس، فالمعلمون يعرفون فلسفة التعليم، وأهداف التربية والتعليم العامة، وأهداف المرحلة التعليمية، وأهداف المنهج الدراسي، وأهداف الطلبة، ويضعون كل ذلك في اعتبارهم وهم يخططون. ولنكن على وعي دائماً إننا لا ندرّس مادة دراسية وحقائق ومعلومات. بل نستخدم المادة الدراسية وسيلة لتحقيق الأهداف التربوية. فالمعلم الناجح ينظر دائماً إلى أهداف التربية في كل خطوة وعليه أن لا ينسى أن الهدف هو نمو شخصية المتعلم.

" نموذج شكلي للخطة التدريسية "

حظي موضوع شكل الخطة باهتمام شديد خلال فترة الخمسينات من القرن الماضي وحتى الآن. حتى أصبح الشكل بديلاً عن الموضوع.وطرح المربون أشكالاً مختلفة للخطة، أبرزها:

1- التخطيط حسب طريقة هربارت في التدريس.

2- التخطيط حسب نموذج الأهداف السلوكية.

3- التخطيط حسب أنصار التفاعل اللفظي.

ومهما يكن شكل الخطة، فإن الخطة المناسبة هي التي تشمل ما يلي:

- معلومات وبيانات أساسية.
- أهداف الدرس.
- الأنشطة والوسائل والأدوات.
- الوقت المخصص لكل نشاط.
- وسائل التقويم.
- ملاحظات.

وفيما يلي بعض هذه النماذج:

1) نموذج تدريس حسب خطة هربارت

```
- المدرسة:................... الصف: ...................
- عدد الطلاب: ................... التاريخ: ...................
- المادة: ................... الموضوع: ................... الحصة:...................
```

1- **مقدمة الدرس: أو التمهيد:** وهي عبارة عن جمل قصيرة أو موقف أو قصة قصيرة ذات علاقة بموضوع الدرس يقدمها ليهيئ الطلاب للموضوع الجديد. ويمكن أن تمتد إلى خمس دقائق.

2- **عرض الدرس:** يقدم المعلم المعلومات الأساسية في الدرس. ويستهلك عرض الدرس معظم وقت الحصة.

3- **الربط:** يقيم المعلم روابط بين أجزاء المادة أو بين المادة والمواد الأخرى، أو بين بعض المفاهيم.

4- **التطبيق:** يقوم المعلم أو الطلبة باستخدامات عملية لما درسوه.

5- **التعميم:** يقوم المعلم أو الطلبة بالحصول على قوانين وعلاقات وروابط بين المفاهيم التي درسوها.

وقد شاع هذا النموذج في الخمسينات والستينات من القرن الماضي حتى صار الالتزام به حرفياً من مقومات التعليم الناجح، والابتعاد عنه خروجاً على قواعد التعليم.

نموذج الأهداف السلوكية

اتخذ هذا النموذج شكلاً أفقياً يربط بين الهدف وطريقة أو أسلوب تحقيقه وتقويمه. وكالنموذج السابق صار هذا النموذج بحرفتيّه وشكله ولغته أساساً للتعليم الناجح.

نموذج خطة دراسية

- المدرسة:............................ الصف: ....
- عدد الطلاب: .... التاريخ: ....
- المادة: .... الموضوع: .... الحصة:.............

الأهداف السلوكية	الأساليب والأنشطة والوسائل	الزمن	التقويم	الملاحظات
-1				
-2				
-3				
-4				

وقد شاع هذا النموذج ومازال، حتى أصبح نموذجاً للتعليم الجيد، وركز المديرون والمشرفون على ضرورة التقيد بهذا النموذج، خاصة بأسلوب صياغة الأهداف السلوكية إلى الدرجة التي استبدلت المضمون بالشكل وأزعجت المعلمين، وجعلت من تحضير الدروس مصدراً للتوتر لدى المعلمين.

وذلك لعدة أسباب، منها:

أ- صعوبة صياغة الأهداف السلوكية، والتحديدات التي يطلبها مشرفو التعليم باستخدام أفعال والابتعاد عن أفعال أخرى مثل:

يعرف، يعلم، يدرك، يتذكر، دون أن يدرك المعلمون أسباب ذلك.

ب- صعوبة إعداد تحضير يومي لكل درس بسبب ما يحتاج إليه من وقت طويل، لا يتوافر لدى المعلمين.

ج- تقييم المعلمين من خلال مدى التزامهم بدفتر التحضير، والتحضير حسب هذا النموذج.

استخدام دفتر التحضير

يثير كثير من المعلمين أسئلة عديدة حول تحضير الدروس مثل:

- هل التحضير المكتوب ضروري؟
- هل يحضر المعلم صاحب الخبرة؟المعلم الجيد؟
- هل يمكن أن تستخدم تحضيراً من سنة سابقة؟
- هل يجب أن ندخل دفتر التحضير إلى الصف معنا؟
- هل للتحضير شكل معين؟ لغة معينة؟
- هل يمكن إعطاء درس ناجح دون تحضير؟
- لماذا يصر المشرفون على مشاهدة دفتر التحضير؟

إن الملاحظات المتكررة تشير إلى أن هذه التساؤلات تعكس تذّمر المعلمين من دفتر التحضير بل من التحضير. فهم لا يدركون الغاية منه، ولا يتفهمون إصرار مديري المدارس والمشرفين على رؤية هذا الدفتر بل والتفتيش عليه.

التحضير الذهني

- يوفر وقت المعلم وجهده.
- يزيل توترات المعلمين.
- يسمح بمرونة في الخروج عن الخطة.
- يقضي على الشكلية والجمود الحالي.

سنحاول في هذا الجزء الإجابة عن هذه الأسئلة لتقليل التوتر وسوء الفهم بين المعلمين وبين دفتر التحضير ومن يهتمون به.

أولاً- التحضير المكتوب والتحضير الذهني:

"يمكن للتحضير أن يكون ذهنياً، بمعنى أن يخطط المعلم درسه ويعي ما خططه دون أن يكتب ذلك". لعلّ هذه الإجابة تتفق مع ما يرغب به معلمون كثيرون. فللتحضير الذهني فوائد: فهو تحضير أولاً، وتحضير لا يتطلب جهوداً كتابية، ويزيل توترات المعلمين، وبنفس الوقت يسمح بالابتكار والإبداع.

على أن هذه المزايا يجب أن لا تقلّل من الأخطار التالية:

- يصعب استرجاع كل الخطة ذهنياً.
- يصعب عرض الدرس بتسلسل وترتيب.
- يصعب معرفة من حضّر ذهنياً ومن لم يحضّر إطلاقا.
- يصعب تنظيم وقت الحصة.
- يهبط مستوى التدريس إلى مستوى الأعمال غير الفنية وغير المهنية.

إذن لابد من تحضير مكتوب. ولكن يمكن أن يعد هذا التحضير بأحد الطرق التالية:

1- تعد وزارة التربية أو أي جهة مسؤولة: المناهج، الإشراف، التدريب دليلاً للمعلم، بحيث يحوي تخطيطاً لكل الوحدات أو الدروس بشكل متكامل.ويترك الفرصة للمعلمين بالتعديل: حذفاً أو إضافة، تركيزاً أو تعديلاً حسب ظروفهم. كما تترك الفرصة لإبداعات وتميزات المعلمين.

أما المعلمون - قليلو الخبرة - فيمكن أن يعتمدوا هذا الدليل كما ورد إليهم.

2- إذا لم يتوفر دليل، فيمكن أن يعد المعلمون تحضيرهم وفق الوحدة الدراسية. فالوحدة الدراسية تشمل عدة دروس، يمكن تحضيرها معاً، ويشتمل هذا التحضير على العناصر الأساسية:

الأهداف والأساليب وأدوات التقويم

لكن تكون الأهداف أكثر عمومية وأقل تحديداً. مثل:

أن يستوعب الطالب المصطلحات التالية ....

أن يعي الطالب أهمية الاستجابة لـِ........................

أن يمارس مهارة ....

أن يدعم الاتجاه نحو مكافحة ....

تحضير الوحدة

- يوفر وقتاً وجهداً.
- أكثر منطقية من حيث استجابات المعلمين.
- يبعد التوتر عن المعلمين.
- يقضي على الشكلية والسلبية.

إن تحضير الوحدة يقلّل من توترات المعلمين. ويمكن أن يشجعهم على ممارسة تحضير حقيقي بعيد عن الشكلية أو مظاهر الخداع واستخدام تحضير قديم لإرضاء المشرف التربوي.

3- قبول تحضير درس بشكل مقتضب بحيث يسجل المعلم أهدافه وأساليب تحقيقها وتقويمها كما هو موضح فيما يلي:

تحضير حصة في اللغة العربية

الصف الثالث الأساسي.

الموضوع: خداع الثعلب.

الرقم	الأهداف	الأساليب والأنشطة والوسائل	الزمن	التقويم
-1	أن تقـرأ الطالبــة الدرس	أعـرض جملاً مـن الـدرس. مع صـور للثعلب والدب ثم اقرأ بشكل سليم	15	اطلــب مــن بعــض الطالبـــات قــراءة الدرس
-2	أن تستوعب الطالبة المعاني التالي: يتبـاهى، أجمــل، عجيب، خداع	مناقشــة الطالبـــات فـي الكلمــات ثـم اطلـب اسـتخدامها فـي جمـل مفيدة. (يمكن عمل ذلك في مجموعات).	10	اسـأل الطالبات مـا معنى: تباهي؟ خداع؟
-3	أن تجيـب الطالبـة عن أسئلة التـدريب الأول	أوزع الأسـئلة عـلى مجموعات الطلبة	10	تعرض كل مجموعة إجاباتها.
-4	أن تكتـب الطالبـة إحدى جمل الدرس	أطلب من الطالبات اختيار جملـة، وكتابتهـا عـلى الدفاتر.	5	ألاحظ كتابة الطالبات وأصحّح الكتابة.

إن مزايا هذه الخطة أنها قصيرة، وتشتمل على أهداف محددة مع عرض مختصر للأنشطة وأدوات التقويم.

ثانياً- هل يطلب التحضير من معلم جيد أو معلم له خبرة ناجحة؟

كثيراً ما يثير المعلمون مثل هذا السؤال: هل يحتاج المعلم الجيد إلى تحضير أيضاً؟

> لا درس دون تحضير !!

> يمكن للمعلم الناجح المبدع أن يحضر دروسه دون الالتزام بشكل معين للتحضير.

إن مثل هذه الأسئلة تنّم عن ضعف الوعي بأهمية التحضير من قبل بعض المعلمين. كما تنّم عن تشدّد بعض المديرين والمشرفين وحرفية مطالبة المعلمين بالتحضير. وللإجابة عن هذا السؤال لابد من الإشارة إلى ما يلي:

- إن تحضير الدرس يرقى بالعملية التدريسية إلى مستوى العمل المهني.
- لا يمكن إعطاء درس ناجح دون تحضير.
- الاعتماد على الذاكرة، وحسن إدارة المواقف المفاجئة قد لا ينتج درساً ناجحاً.
- الثقة بالنفس قد تقود إلى درس غير ناجح.
- قد تعطي درساً ناجحاً ولكن التحضير يجعلك أكثر نجاحاً.

إذن لابد من التحضير فهناك مستجدات دائماً. مستجدات في الأهداف، مستجدات في استراتيجيات التدريس، مستجدات في وسائل التقويم. فلماذا لا نخطط لها.

إذا استطاع المعلم أن يقدّم درساً ناجحاً بتحضير ذهني غير مكتوب، فإن بإمكانه أن يكون أكثر نجاحاً وإبداعاً في تحضير مكتوب، ولكن ذلك لا يعني أن من يقدم درساً ناجحاً عليه أن يثبت أنه كتب خطة لتحضير الدرس، حيث يمكن قبول دروس ناجحة من معلمين جيدين أو مبدعين - أحياناً. لكن ذلك يجب أن لا يكون سياسية عامة بالسماح للمعلم المبدع أن لا يحضر درسه.

ولكن يمكن القول ودون حذر:

"لماذا لا نترك للمعلم المبدع فرصة تحضير دروسه بالطريقة التي يختارها بدل أن نفرض عليها طريقتنا في التحضير؟" يمكن للمشرفين التربويين أن يتأملوا في ذلك!!

ثالثاً- التحضير القديم والتحضير الجديد:

يثير بعض المعلمين السؤال التالي:

"حضرت درسي في العام السابق.فلماذا أعيد كتابته الآن؟"

إن الإجابة أيضاً عن هذا السؤال تحتمل ما يلي:

- هناك مستجدات. ابحث عن أهداف جديدة! أساليب جديدة! طوّر ما قدمت! إذن المعلم بحاجة إلى تحضير جديد.
- إن مستوى الطلبة ليس ثابتاً بين عام وآخر. فما ينفع لعام قد لا ينفع للعام التالي.

لكن لكي لا يتهمنا المعلم بأننا نتحدث كلاماً نظرياً مثالياً فإننا نقول:

إذا كان تحضيرك السابق ملائماً.فإن عليك مراجعته أيضاً.وإضافة أو حذف ما تراه غير ملائم.وأن تكون على وعي تام به قبل أن تستخدمه ثانية. ولكن لا يقبل أن يمارس التعليم ونطالب بتطوير التعليم إلى مهنة ونقول: يمكننا استخدام خطط قديمة. ومع ذلك يمكن أن نقول إن معيار الدرس الناجح هو الأداء الناجح. فإذا كان أداء المعلم ناجحا. فليس من الضروري إثارة مشكلة التحضير ومعاقبة المعلم على استخدام تحضير قديم.

رابعاً- استخدام دفتر التحضير داخل الصف:

إن دفتر التحضير هو أهم الأدوات التي يستخدمها المعلم. وهو الذي:

- ينظم أنشطة الدرس.

- يحدد مواعيد بدء النشاط وإنهائه.
- يرشد إلى أسئلة التقويم.

فهل يمكن القيام بكل هذا دون أن يكون التحضير ملازما لنا؟

ودون أن يهدينا من نقله إلى أخرى؟

وهناك من يقول من المعلمين: لست مستعداً للنظر في كل خطوة في دفتري!

وهل أنا مضطر لذلك؟ أليس بإمكاني أن ألخص خطواتي على النحو التالي؟

- أثير نقاشا حول سؤال المقدمة.
- أقدم ورقة العمل، ثم أناقشها.
- أنتقل إلى نشاط رقم (1) حول ....
- أكلفهم بنشاط رقم (2) حول ....
- أعطي الجواب ....

الاستخدام السليم لدفتر التحضير

- نعد التحضير.
- نتدرب عليه ذهنياً لنعي خطوات الدرس.
- نسترشد به أثناء إعطاء الدرس إذا احتجنا لذلك.

الجواب نعم. يمكن ذلك بشرط أن يكون التحضير معداً من قبل المعلم.

وأن يكون المعلم قد تدربَ على خطوات الدرس في ذهنه، ويعي ما الذي سيفعله. ولكن يفضل اللجوء إلى الدفتر حين الحاجة!!

خامساً- هل للتحضير شكل معين أو نموذج معين؟

تتنوع أشكال التحضير كما تتنوع وجهات نظر المربين والمعلمين.

1- يميل بعض المعلمين إلى تحضير دروسهم بشكل عمودي على النحو التالي:

- مقدمة الدرس والربط مع الخبرات السابقة.

- عرض أنشطة الدرس، والأدوات المستخدمة مع توضيح لأهداف كل نشاط.
- مناقشة الطلبة، والتحقق من مدى.
- إغلاق الدرس.

2- كما يميل بعض المربين المعلمين إلى التحضير بشكل أفقي، على النحو التالي:

أهداف الدرس	الأساليب والأنشطة	الزمن	التقويم	ملاحظات

3- وهناك من المربين من يقسم الأنشطة والأساليب إلى دور المعلم ودور الطالب أيضاً.

فأي الأشكال أكثر سلامة؟

4- ولعّل من المفيد أن تتوجه الأنظمة التربوية نحو استخدام الخريطة الذهنية كوسيلة أو أداة للتحضير على النحو التالي:

موضوع الدرس
الأهداف
الإجراءات
التقويم

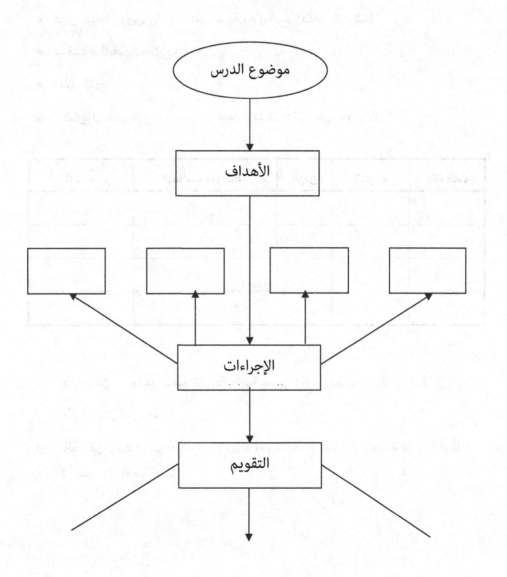

5- ويمكن أن تكون الخريطة الذهنية أكثر انفتاحاً على النحو التالي:

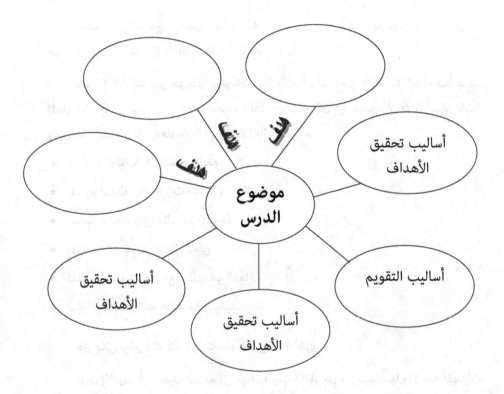

إن الخريطة الذهنية تساعد المعلم على رؤية الدرس كاملاً من خلال نظرة أو لمحة سريعة كما يمكن أن تحقق ما يلي:

1- يمكن أن تساعد في الربط بين الأهداف والأساليب والتقويم.

2- يمكن أن يكتشف المعلم علاقات جديدة بين عناصر الدرس.

3- يمكن أن يستخدمها أكثر من مرة وأكثر من سنة ويضيف عليها أية تعديلات فالخريطة الذهنية نامية باستمرار ويمكن تطويرها.

تتعسّف بعض الأنظمة، وتلزم المعلمين بشكل معين. ولكـن يـرى كثيـر مـن المـربين أن هـذه الأمور يجب أن تترك للمعلمين أنفسهم يختارون نموذجهم.

سادساً- هل يمكن تقديم درس ناجح دون تحضير مسبق؟

يعتقد بعض المعلمين أن معرفتهم الواسعة بالمادة تسمح لهـم بتقديم درس نـاجح، فالمهمـة هي نقل جزء من المادة إلى الطلاب. فلماذا التحضير إذن؟

نعم إذا كان التدريس هو نقل معلومات، فإن بالإمكان النجاح في ذلك إذا كنا نحفظ هـذه المعلومات!! بل إن بإمكان أي شخص يعرف المادة - حتى لو كان غير معلم - أن ينقل المعلومات!! ولكن هل التدريس نقل معلومات؟ الإجابة: لا! فالتدريس هو:

- مساعدة الطلاب على التعلم والنمو.
- تصميم أنشطة وفق خبرات الطلبة وحاجاتهم.
- تصميم أنشطة وفق ذكاءاتهم المتنوعة.
- إدارة موقف تفاعلي اتصالي تأملي.
- تقديم أنشطة تتوافق مع مبادئ نمو الدماغ.
- توفير بيئة تعلم آمنة خالية من التهديد.

هل يمكن توفير ذلك كله دون تحضير مسبق؟ مرة أخرى

نقول إذا أردنا أن يتحول التعليم إلى مهنة، فيجب إعداد كل من سيمارسها وإكسابه المهـارات اللازمة لممارستها قبل بدء العمل، بحيث يستطيع ممارستها من تلقّى تدريباً وإعداداً مسبقاً، وأتقن مهاراتها.

سابعاً- لماذا يصر المشرفون على مشاهدة دفتر التحضير؟

غالبـاً مـا يبـدأ المشرفون التربويين أعمالهـم مـع المعلمـين بسـؤالهم عـن دفتـر التحضـير،

حيث يستخدم هذا المدخل كتفتيش على المعلمين أو هكذا يشعر المعلمون. إن كثيراً من المربين ينصحون المشرف التربوي بأن لا يبدأ عمله بالتفتيش على دفتر التحضير. حيث غالباً ما يسمع المشرف إجابات مثل:

- نسيت دفتر التحضير في المنزل.

- إنه في الخزانة. ونسيت المفتاح في المنزل.

- لم أتمكن من التحضير هذا اليوم. لأنني كنت مشغولاً.

إن رؤية دفتر التحضير قد يكون مفيداً للمشرف والمعلم شرط أن لا يبدأ بالتفتيش عليه. ينصح المدير أو المشرف بإيجاد موقف يتطلب الرجوع إلى دفتر التحضير. كأن يقول المشرف أو المدير في الاجتماع القبلي:

ما أهدافك؟ كيف ستحققها؟ ما الأدوات التي تستخدمها؟ كيف عرضت أهدافك؟ لنرى ماذا فعلت في دفترك! هل هناك فروق بين درسك كما خططت له، وكما نفذته فعلاً؟

دفتر التحضير: سلوك مهني!

كثيراً ما تدور تساؤلات حول التعليم. هل التعليم مهنة؟ ولماذا لا يكون مهنة؟ للإجابة عن هذه التساؤلات نعرض فيما يلي الشروط التي تجعل العمل مهنياً. فما شروط المهنة؟

هناك اتفاق على أن للمهنة شروط أساسية تتمثل في اعتراف المجتمع بالتعليم كمهنة. إن المجتمع المهني يعترف بمهنة الطب والهندسة والمحاماة. وكذلك معظم مجتمعات العالم. وليس هناك اعتراف بالتعليم كمهنة؟

مزايا ومتطلبات العمل المهني

- يقدّم خدمة حيوية.
- ينال اعتراف المجتمع.
- له إطار نظري متكامل.
- يمارس بعد إعداد مسبق.
- له أخلاقيات مصانة.
- يعطي صاحبه لقباً مهنياً.
- يمارس بموافقة هيئة مهنية.

فهل يقدم التعليم خدمة حيوية؟ بمعنى أن التعليم ضروري وملح لحياة المجتمع واستمرارها وعزتها؟

إن بالإمكان القول أن التعليم يحقـق هـذا الشرط وإن أهميـة التعليـم ليسـت موضـع شـك وتساؤل. كما أن للتعليم إطاراً نظرياً مستمداً من علم النفس التربوي ومن التقدم المستمر في هـذا التعليم الذي طرح نظريات تعلم عديدة. ولكن تبقى أسئلة هامة نناقشها فيما يلي:

1- **هل التعليم يتطلب إعدادا مسبقاً؟**

يلاحظ تطوراً كبيراً في مؤهلات المعلمين، فبعد أن كان بإمكان أي شخص يحمل مـؤهلاً ثانويـاً أو أقل أن يلتحق بالتعليم، صارت الشهادة الجامعية متطلباً أساسياً للعمل ولكن مـا زال كثيراً مـن الأشخاص يلتحقون بالتعليم دون أن يعدوا كمعلمين، أو أن يمارسوا في أثناء التدريب وقبل التحاقهم بالعمل. إن أي شخص يحمل شهادة جامعية سواء من كليات التربية أو غيرها أن يمارس التعليم، كما أن فترة التدريب أو التربية التي يلحق بها الطلبـة في أثنـاء دراسـتهم ليسـت كافيـة للتعـرف عـلى مشكلات المهنة أو التدربَ على مهارتها.

إذن هناك نقص في هذا الشرط، وهذا يتطلب ما يلي:

• تعديل برامج كليات التربية لتقديم إطاراً نظرياً متكاملاً، وتطبيقات عملية كافية ضمن برنامج أكثر عمقاً وفترة أطول.

• عدم السماح لأي شخص أن يلتحق بالتعليم دون حصوله على إعداد مسبق وتدريب كاف.

2- **هل للتعليم أخلاقيات معينة؟**

لا يوجد منظومة أخلاقية عامة يلتزم بها العاملون في التعليم. فلكل مهنة قسم يتعهد فيه المهنـي بالمحافظـة عـلى أخلاقيـات معينـة. أمـا في التعليـم فهنـاك تفـاوت بـين الـدول

المختلفة. حيث ما زال كثير من الدول لا تهتم بوجود أخلاقيات أو ميثاق أخلاقي ملزم. يتعهد المعلمون ويقسمون بالمحافظة عليه. وفيما يلي مثال لقسم يقترحه هذا الكتاب:

"أقسم بالله العظيم أن أحترم طلابي، وأوفر لهم الأمن. وأبعدهم عن التهديد والخوف. وأعمل على تنميتهم كأشخاص، وأحافظ على كرامتهم. وأنمّي قدراتهم وفق خياراتهم المفضلة. وأخطط لعملي. وألتزم بآداب مهنتي. وأنفذ واجباتي بكل إخلاص. وأعمل على تطوير التدريس كمهنة لها أخلاقياتهم ومكانتها الاجتماعية."

3- هل ينال العاملون في التعليم لقباً مهنياً؟

يلاحظ أن من يمارس مهنة يحتفظ بلقبها مدى الحياة: طبيب، مهندس، محامٍ. لكن ليس لمارسي التعليم لقباً مهنياً. كما أن التعليم يمر في مهنة عبر رتب متدرجة، فهناك الطبيب والمختص والاستشاري، وكذلك في المحاماة والهندسة. لكن في التعليم فإننا نفتقد إلى مثل هذه الألقاب أو الرتب. ويقترح الكتاب نظام الرتب التالي:

- يعين المعلم بوظيفة معلم مساعد لفترة خمس سنوات.
- يرفّع إلى رتبة معلم إذا قدّم بحثاً أو درس مساقاً أو طوّر أداة تعليمية.
- يرفّع إلى رتبة معلم رائد إذا قدّم إنجازاً علمياً، وبعد مرور عشر سنوات على رتبته السابقة.
- يرفّع إلى رتبة معلم - خبير إذا قدّم إنجازاً علمياً. درجة علمية. كتاباً تربوياً. بعد مرور خمس سنوات على رتبته السابقة.
- يرفّع إلى رتبة معلم - استشاري إذا قدّم إنجازاً علمياً. درجة علمية (دكتوراه). كتاباً. بحثاً بعد مرور خمس سنوات على رتبته السابقة.

وتعدّل مسؤوليات كل معلم على ضوء الرتبة التي يشغلها. كأن تخفض نصابه من

الحصص في كل رتبة ويعطى بدلاً منها مسؤوليات أخرى في الإشراف أو تطوير المناهج أو الاختبارات أو الأنشطة ... الخ. كما يمكن تخصيص علاوة مالية لكل رتبة.

4- هل يمتلك المعلمون مهارات خاصة ؟

إن لكل مهنة مهارات وكفايات يعد صاحبها، ويتقنها قبل أن يمارس العمل. فهل للتعليم مثل هذه المهارات؟ وما الذي يميز المعلم عن غيره؟

إن أي شخص ماهر في الاتصال يستطيع أن يعطي درسا. فالطبيب والنجار والحرفي والإعلامي والمحامي يستطيع دخول الحصة وتقديم درس ناجح إلى الطلاب بينما لا يستطيع المعلم أن يمارس عملا طبياً أو قانونياً. فلماذا يستطيع الآخرون ممارسة أعمالنا ولا نستطيع ممارسة أعمالهم؟

إن الجواب واضح، وهو أنهم يمتلكون مهارات خاصة بهم، ولا نمتلك مهارات خاصة بنا! فمتى يكون لنا مهارات خاصة نتقنها نحن ولا يتقنها الآخرون؟

إننا حين نطور التعليم، ونغير النظرة التقليدية إلى التدريس من عملية نقل معلومات إلى عمليات بناء الشخصية، فإننا حينها نمتلك هذه الكفاءات. فالتدريس الفعال هو:

- اكتساب مهارات التخطيط والتوقع والتنبؤ.
- اكتساب مهارات تقديم التعليم المتمايز.
- استخدام استراتيجيات التفكير والتفكير الإبداعي.
- تقديم تعليم يناسب ذكاءات الطلبة.
- استخدام استراتيجيات حديثة في التدريس.

حين تتقن هذه الكفاءات وحين نمارسها، فإننا ننتقل بالتدريس من عمل يمكن أن يمارسه أي شخص إلى عمل مهني لا يمارسه إلا من أعد له مسبقاً. وبذلك نحافظ على مكانة المعلم ونرتقي بالتعليم إلى مصاف المهن الراقية.

5- هل للعاملين في التعليم هيئة مهنية تنظم أعمالهم؟

لا يستطيع العامل في المهنة ممارسة عمله إلا إذا حصل على إجازة أو ترخيص من هيئة مهنية: نقابة، جمعية..... الخ. وهذه الهيئة تمتلك حق الرقابة والمتابعة وتزويد العاملين بالتدريب والمستجدات الحديثة في مجال المهنة. بينما لا يزال التعليم يمارس كأي وظيفة أخرى سواء في القطاع الحكومي أو الخاص.

ماذا تعني كل هذه الأفكار بالنسبة إلى التخطيط الدراسي وتحضير الدروس؟

إن تطوير العمل التدريسي، يتطلب من المعلمين الانتقال بالتدريس:

من عمل عشوائي	إلى عمل منظم.
من عمل تجاري	إلى عمل مخطط.
من نقل معلومات	إلى تطوير البنية المعرفية للطالب
من تعليم جماعي	إلى تعليم متمايز.
من تعليم المعرفة	إلى نقد المعرفة.
من تعليم مادة	إلى تعليم التفكير.
وباختصار من عمل وظيفي	إلى عمل مهني.

إن هذه الانتقالات لا يمكن أن تتم إلا إذا طورنا أساليبنا ومهاراتنا وامتلكنا المهارات الخاصة بها، عند ذلك فقط تكون لنا مهارتنا الخاصة وهذا لن يتم إلا إذا خططنا، ودون خطة لن نتمكن إلا من ممارسة عمل وظيفي. فالمعلم المهني إذن:

- يخطط لعمله.
- يعي خططه.
- لا يتذمر من التخطيط المتجدّد.
- يطوّر خططه باستمرار.

الفصل الثاني

الأهداف التربوية

Educational Objectives

ليس المجال تعداد وظائف الأهداف وتبيان أهميتها. فالأهداف هي التي توجه الدول والمؤسسات والأفراد باتجاه معين. وإن غياب الأهداف يعني فقدان الاتجاه، والتخطيط والعشوائية. والمؤسسة التربوية بحاجة إلى تحديد أهدافها، حتى تتمكن من اختيار برامجها ونشاطاتها. والأفراد بحاجة إلى تحديد أهدافهم، حتى يتمكنوا من السعي باتجاهها.

والتربويون: قادة ومعلمين - والمعلمون قادة - بحاجة إلى وضع أهداف لهم، وتحديد هذه الأهداف.

فوجود أهداف تساعدنا على:

1- تحديد أساليب وأنشطة تمكّننا من السعي لتحقيقها.

2- تحديد محتوى الميزات والبرامج التي تساعد على تحقيق الأهداف.

3- تحديد وسائل التقويم وأدواته لنتمكن من قياس مدى تقدمنا.

وظائف الأهداف

- تحديد المسيرة والاتجاه.
- تساعد في اختيار الأساليب والأنشطة اللازمة لتحقيقها.
- تساعد في تقييم مدى النمو والتقدم.

هذه هي أهمية الأهداف لكل إنسان ومؤسسه، لكل عامل، لكل معلم، لكل طالب.

مصادر أهدافنا

من أين تحصل المؤسسة التربوية والمعلمون على أهدافهم؟ هل يخترعون هذه الأهداف؟ هل يستوردونها؟

إن هناك مصادر متعددة لاشتقاق الأهداف:

مصادر اشتقاق الأهداف

1-فلسفة المجتمع وتطلعاته.
2-متطلبات نمو المتعلمين.
3-حاجات النظام التعليمي التطويرية.
4- المعارف الإنسانية.

1- فلسفة المجتمع وتطلعاته:

لكل مجتمع ثقافة خاصة تحدد أفكاره وفلسفته وتطلعاته، تعبَر عن حاجاته الأساسية.

فالمجتمع العربي مثلاً يسعى نحو الوحدة، وله مجموعة من المبادئ السياسية والثقافية والدينية وغيرها. له نظرته إلى الأسرة ودور الرجل والمرأة. له أفكاره عن التطور والتغيَير. له مشكلاته له تصوراته عن المواطن وحاضره ومستقبله.

هذه الأفكار كلها هي مصادر تنشق منها أهدافاً تربوية مثل:

- المحافظة على وحدة الأسرة.
- تعزيز دور المرأة في المجتمع.
- بناء المواطن القادر على التفاعل مع متطلبات الحاضر والمستقبل.

هذه مجموعة أهداف تم اشتقاقها من فلسفة المجتمع. وهكذا يمكننا اختيار عشرات الأهداف التربوية من هذه الفلسفة.

2- متطلبات نمو الطلبة

يمر الطلبة بمراحل نمو مختلفة بدءاً من سن الدراسة، وهو سن الروضة 4-6 سنوات، والتي اعتبرت مرحلة دراسية في عدد كبير من الدول وحتى نهاية المرحلة الثانوية. ويحتاج الطلبة عبر نموهم إلى متطلبات أساسية توفر لهم النمو السليم. وتتنوع هذه الحاجات بتنوع مستويات الطلبة وقدراتهم واهتماماتهم وذكاء اتهم. كما يواجه الطلبة مشكلات تعيق نموهم السليم، فكيف نوفر للطلبة متطلبات النمو؟ كيف نوفر لهم بيئة غنية بالمثيرات؟ كيف نساعدهم على حل مشكلاتهم؟

إن الإجابات عن هذه الأسئلة تكشف لنا مصدراً هاماً من مصادر اشتقاق الأهداف وهو متطلبات نمو المتعلم.

ويمكن من هذه المتطلبات اشتقاق أهداف عديدة. مثل:

> **متطلبات النمو**
> يحتـاج النمــو الجسـمي والعقـــلي والاجتماعـي والانفعـالي إلى بيئـة غنيـة توفر متطلبات هذا النمو. وهـذا الغنـى غنـى مـادي وعاطفي معاً.

- توفير متطلبات النمو الجسمي السليم.
- إغناء بيئة الطفل بالمثيرات العاطفية اللازمة للنضج العاطفي.
- مساعدة الأطفال على حل مشكلاتهم المختلفة.
- تقديم تعليم يراعي قدرات الأطفال وذكاء اتهم المتنوعة.
- مساعدة الطلبة على إقامة علاقات مع الآخرين.
- توفير وإثارة دوافع التعلم لدى الطلبة.

3- حاجات النظام التعليمي

لكل نظام حاجات خاصة يسعى إلى إشباعها. وغالباً ما يستمد النظام التعليمي هذه الحاجات من مصادر متعددة مثل:

- فلسفة المجتمع وتطلعاته.
- تطلعات النظام نفسه إلى تقديم تعليم نوعي متميز.

ومهما كان المصدر، فإن النظام التعليمي يسعي إلى تحسين مداخلاته وعملياته ومخرجاته مستفيداً بذلك من فلسفة المجتمع، ومن نتائج البحوث والتجارب التربوية العلمية ... وبذا يضع النظام التعليمي أهدافاً مثل:

- تطوير أداء المعلمين.
- تقديم تعليم يبنى على التفكير.
- ربط التعليم بخطط التنمية.
- .... الخ.

إن مثل هذه الأهداف وغيرها يمكن أن تكون من موجهات التعليم. فقد يضع النظام التعليمي أهدافاً مثل تطوير المدارس، أو فتح مدارس مهنية أو تحسين عمليات الإشراف والإدارة المدرسية. وهكذا فإن حاجة النظام التعليمي هي مصدر خصب لاشتقاق أهداف عديدة.

4- المعارف الإنسانية والمواد الدراسية

تتجمَع المعارف الإنسانية في عديد من المواد الدراسية، فبعد أن كانت المعارف تتعلق بالقراءة والكتابة والحساب أو بما يسمى بالمهارات الأساسية الثلاثة، تفجرت المعرفة وتعددت المواد الدراسية، حتى صارت المشكلة: أي المواد نختار؟ وماذا نختار من موضوعات في كل مادة؟ ومتى ندرس كل مادة؟ وما متطلبات تدريس كل مادة؟ وما المهارات التي تلزم لطلابنا؟

إن المواد الدراسية مصدر خصب لاشتقاق أهداف تربوية، فلكل مادة أهداف ترتبط بمحتوى هذه المادة. صحيح أن جميع المواد تهدف إلى تنمية تفكير الطلاب، ولكن يبقى لكل مادة مفاهيم ومهارات ومبادئ وتعليمات خاصة بها. فمن المواد

الدراسية يمكن أن نشتق أهدافاً متعددة مثل:

- تعزيز الإيمان بالله.
- يتحدث ويكتب بلغة عربية سليمة.
- يجمع الأعداد.
- يستخدم العمليات الحسابية الأساسية.
- يعرف تسلسل الحوادث التاريخية.
- يجري تجربة علمية.
- يتصل مع العالم بنجاح.
- ...... الخ.

مستويات الأهداف:

تتعدد مستويات الأهداف. فلدينا أهداف عامة وأهداف خاصة. كما لدينا أهداف وغايات وأغراض. فكيف نميِّز بين هذه المستويات؟ وما الذي يلزمنا كمعلمين؟ وما الذي يلزم النظام التعليمي؟

للإجابة عن هذه الأسئلة لابدَ من توضيح ما يلي:

- كل شخص أو مؤسسة يحتاج إلى جميع مستويات الأهداف. سواء كانت أهدافاً عامة أو خاصة. غايات أم أهداف.
- إن الأهداف العامة والغايات تحدّد التوجهات الكبرى للإنسان أو المؤسسة والتي يمكن تحقيقها على مدى فترة زمنية طويلة.
- تعتبر الأهداف العامة والغايات موجهات للأهداف الخاصة، ولا يمكن أن تحقق الأهداف العامة إلا من خلال تجزئتها إلى أهداف صغيرة أو خاصة.

وفيما يلي توضيح لهذه المستويات:

1- **الأغراض والغايات التربوية Purposes and Aims**

تعتبر الأغراض والغايات التربوية الأهداف النهائية الكبرى للتعليم، فهي موجهات للنظام التعليمي والمناهج الدراسية وطرق التدريس والكتب المدرسية. فما أغراض التربية مثلاً؟

- إعداد المواطن الصالح.
- احترام حرية الفرد.
- الاستيعاب الواعي للتكنولوجيا.
- المساهمة في الحضارة الإنسانية.
- تذوق الجمال ....الخ.

إن هذه مخرجات نهائية للنظام التعليمي، لا تتحقق من خلال مادة دراسية أو منهج أو سنة دراسية أو حتى مرحلة دراسية. ربما تمتد لتشكل الحياة المدرسية كلها وما بعد الحياة المدرسية.

ومثل هذه الغايات أو الأغراض تتطلب تضافر جميع المواد الدراسية وجميع المعلمين. فإذا أخذنا هدفاً مثل:

- التحدث بلغة عربية سليمة.
- استثمار أوقات الفراغ.
- تطبيق مبادئ السلوك السليم.

نرى أنها ليست مسؤولية معلم معين أو مادة معينة وفي فترة معينة، بل يشارك بها الجميع، وعلى مدى الحياة الدراسية.

2- **الأهداف العامة Goals**

وهي أهداف ترتبط بمادة دراسية معينة. بل إن لكل مادة دراسية أهدافاً عامة

تخصها هي، ولكنها بنفس الوقت تشترك مع الأغراض العامة للمواد الدراسـية الأخـرى. إذن هنـاك أهداف خاصة لكل مادة دراسية، وسنحاول هنا وضع هدف عام من كل مادة دراسية:

- ممارسة العبادات والشعائر الإسلامية.
- تنمية القدرة على تحليل النصوص الأدبية.
- التحدث باللغة الإنجليزية.
- إجراء العمليات الحسابية.
- استيعاب دور العلوم في تقديم المجتمع.
- معرفة الحقوق والواجبات.
- دراسة الحوادث التاريخية ونقدها وتحليلها.
- الربط بين التضاريس الجغرافية والمناخ.
- تحليل الآراء الفلسفية من المدارس الفكرية المختلفة.
- العناية بالجسم من خلال تناسق الحركة والتمرينات الرياضية.
- تنمية الذوق الجمالي والفني.
- تذوق الألحان الموسيقية.

إن كل هدف من هذه الأهداف يمكن تحليله وتجزئته إلى عشرات الأهداف الخاصة أو السلوكية لنصل إلى الأهداف المحددة أو الصفية أو السلوكية الدقيقة.

3- الأهداف الخاصة أو السلوكية Behavioral Objective

وهي الأهداف الخاصة بجزء من المادة الدراسية مثل وحدة دراسية أو درس معين. ويمكن أن تتحقق هذه الأهداف في حصة دراسية واحدة أو مجموعة حصص.

وهي الأكثر ارتباطاً بالحياة المدرسية اليومية والتدريس اليومي. وغالبا ما تصاغ

هذه الأهداف بشكل سلوك محدد يمكن التأكد من مدى تحققه قبل نهاية الدرس. ومن أمثلة هذه الأهداف:

- أن يكتب الطالب حرف "م" بأشكاله المختلفة.

- أن يميز الطالب بين حرف س وحرف ص.

- أن يعدد الطالب أسماء المدن الرئيسة.

- أن يذكر الطالب تاريخ معركة اليرموك.

- أن يرسم الطالب مثلثاً متساوي الساقين.

- ....الخ.

وسنتحدث في الجزء التالي عن مفهوم الهدف وصياغته ومستويات الأهداف السلوكية كما حددها بلوم.

مفهوم الهدف التربوي:

الهدف التربوي هو التغير الذي يرغب النظام التعليمي أو المعلم أو المربي أن يحدثه في سلوك المتعلم. ولكي يحدث هذا التغير يحتاج لأن يقوم بأنشطة وإجراءات للوصول إلى هذا الهدف وكلما كان التغير واضحا ومحددا كلما زادت سهولة تحقيقه. فالأهداف على الرغم من أنها هي التي تحرك جميع الأنشطة، وتوجه المعلم والمتعلم إلا أنها هي نفسها نتائج التّعلم. فالأهداف هي ما ينتج من تغير قي سلوك المتعلم بعد قيامه بخبرة أو ممارسة أو مشاركة ما.

وقد تحدث الأدب التربوي عن تعريفات متعددة للأهداف مثل:

- الهدف هو ناتج عملية التعلم. (Magor: 75)

- الهدف هو التغيّر الذي يسعى المعلم إحداثه في أداء المتعلم .

- الهدف هو الفرق في أداء الطالب قبل الحصة الدراسية وبعدها.

- الهدف هو الفرق في أداء الطالب الذي حضر الحصة والطالب الذي لم يحضر هذه الحصة .

- الهدف هو ما يكون الطالب قادراً على أدائه بعد مروره بالموقف التعليمي أو الخبرة التعليمية. (سعادة:90).

ومهما تعددت التعريفات .فإن ما يجمعها هو:

الهدف التربوي: تغيّر في السلوك.

- يحدث هذا التغيّر في أداء المتعلم.

- يحدث التغيّر نتيجة الجهد الذي يشارك به المتعلم.

أهمية الأهداف التربوية

أهمية الأهداف
● توجيـــــه المعلـــــم والطلبة.
● توجه المعلم لاختيار الأنشـطة والوسائل الملائمة.
● توجه المعلم لاختيار أدوات التقويم.
● توجه الطلبة للتركيز على الأساسيات.

إن لكل منهج دراسي أهدافاً تربوية، هـي التـي تحـدد المحتوى والموضوعات التي يشملها المنهج. وهي التي تحدد موضوعات الكتاب المدرسي الذي يؤلف ليترجم هـذا المنهج. والمعلم حين يريد أن يدرس الكتاب أو جزءاً منه، فإنه يبحث عـن الأهـداف ويختـار أنشطته وأساليبه لتحقيق هـذه الأهداف. وكل منهج وكل حصة ليس لها أهداف واضحة ستكون حصة مشوشة ومضطربة. ومـن هنا تنبع أهمية الأهداف.

فالمعلمون:

يختارون أنشطتهم التعليمية بموجب هـذه الأهداف ويختـارون أسـاليب التـدريس والمـواد التعليمية وأوراق العمل والوسائل التعليمية اللازمة لتحقيق الأهداف ويختارون أسـئلتهم وأدوات تقويمهم الأكثر ارتباطا بهذه الأهداف.

والطلبة أيضاً،

ينظرون للأهداف كموجهات لسلوكاتهم ودراساتهم واهتماماتهم وخلا صات تعليمهم .

فالأهداف هي نتاجات التعلم التي تبقى معهم والسلوكات التي يستطيعون القيام بها.

الهدف ومكوناته

1- سلوك أو فعل.
2- فاعل.
3- محتوى.
4- معيار.

مكونات الهدف

عرفنا أن الهدف هو التغيّر الذي نخطّط لإحداثه في سلوك المتعلم، وهذا الهدف يتكون من محتويات وعناصر هي السلوكات. والمطلوب القيام بها ومحتوى هذا السلوك ودرجة إتقان هذا السلوك.

ولذلك فإن المعلم مطالب عند صياغة أهدافه أن يقوم بالخطوات التالية:

1- تحديد السلوك الذي يرغب في أن يعلمه للطالب مثل: يرسم، يكتب، يلخص، يستوعب ...الخ.

2- تحديد المعلومات التي يحتاج إليها أو تحديد محتوى الهدف مثل: يرسم لوحاً فنياً موضوعه النبات.

أو: يكتب جملة خبرية.

أو: يلخص قاعدة علمية عن الضغط الجوي.

أو: يستوعب عوامل النهضة العربية.

إننا هنا حددنا المحتوى المطلوب لكي يقوم الطالب بالسلوك المطلوب.

ويمكن للخطوتين السابقتين أن تكونا متبادلتين، حيث يمكن أن نبدأ بالخطوة الثانية وهي تحديد المعلومات المطلوبة ثم نكمل بالخطوة الأولى لتحديد السلوك المراد تعلمه: مثال:

يريد المعلم أن يدرس الثورة الفرنسية. إنه هنا اختار الموضوع وعليه أن يختار السلوكات المطلوب من الطالب القيام بها. فيقول:

لماذا أعلّم الثورة الفرنسية؟

ما الذي سينتج عن هذا التعلم؟ ما الذي سيكتسبه الطلاب، وهنا يحصل على إجابات مثل:

سيكون الطالب بعد نهاية هذا الدرس قادراً على ما يلي:

- أن يحدّد الظروف التي سبقت قيام الثورة.
- أن يعدد خطوات قيام الثورة.
- أن يذكر تاريخ قيام الثورة.
- أن يستنتج أثار الثورة داخل فرنسا.

هذه الإجابات هي الأهداف التي نسعى لتحقيقها وهي النواتج التعليمية التي سيكتسبها الطلبة من هذا النشاط.

3- تحديد معايير الأداء المطلوب من الطالب.

إننا لا نكتفي بتحديد السلوك المطلوب من الطلبة مثل:

- أن يرسم خريطة طبيعية.
- أن يكتب موضوعا عن البيئة.

لأن علينا أن نضع معياراً للقيام بهذا السلوك بين درجات إتقان الطالب لهذا السلوك أو سرعة القيام به، فنقول:

- أن يرسم خريطة طبيعية استناداً إلى معلومات موضوعة في جدول.
- أن يكتب موضوعاً بيئياً في مدة ثلاث دقائق.

إننا هنا لا نريد من الطالب أن يرسم خريطة طبيعية فقط، بل نريد منه أن يحول المعلومات المعطاة له في جدول ويضعها في خريطة.

ونريد منه أن ينجز كتابة الموضوع في فترة زمنية محددة. هذه المعايير هي الأساس في تقييم مدى تحقق الهدف.

4- أما الفاعل فهو الطالب دائماً لأن الشخص الذي يقوم بالأداء هو الطالب. ولذلك نقول:

- أن يرسم الطالب خريطة طبيعية.
- أن يكتب الطالب موضوعاً بيئياً.

كيف نصوغ الأهداف؟

إن دقة الهدف ترتبط بمدى قدرتنا على صياغته وفق شروط معينة هي:

1- أن يعكس الهدف ناتج التعلم وليس عملية التعليم.

إن المعلم يقوم بأنشطة عديدة مثل: مناقشة، أوراق عمل عرض وسائل، اختيار محتوى الدرس، إثارة أسئلة، تلخيص الدرس. هذه كلها نشاطات يقوم بها المعلم كجزء من عملية التعليم. ولذلك لا تسمى أهدافاً. لأن الأهداف هي نواتج التعلم وليس عملية التعلم.

مثال على عمليات التعليم:

- تلخيص النقاط الرئيسة في الدرس.
- تقديم أمثلة على أنشطة بيئية.
- رسم خريطة وعرضها.

> عملية التعليم يعكس النشاط الذي يقوم به المعلم. أما ناتج التعلم فهو ما يتكون لدى الطالب من مهارة نتيجة لعملية التعلم.

مثال على أهداف التعلّم:

- يكتب الطالب تقريراً عن فوائد الصيام دون أخطاء لغوية.

- يرسم الطالب العلاقات بين الخطوط المتوازية في ثلاث دقائق.

ما الفرق بين المجموعتين؟ المجموعة الأولى عرضت أنشطة تعليمية للمعلم فهي ليست أهدافاً.

أما المجموعة الثانية فهي سلوكات يقوم بها الطالب فهي أهداف سليمة.

2- **أن تبدأ العبارة الهدفية بفعل سلوكي مضارع.**

مثل: يرسم، يكتب، يذكر، يحلّل، يلخص

وإن أهمية الفعل أنه يعكس سلوكاً. وأهمية الفعل المضارع أنه فعل يعكس سلوكاً مطلوباً أو يتم في المستقبل.

فالهدف هو سلوك يطلب من الطالب القيام فيه مستقبلاً أو بعد لحظات من الوقت الحاضر.

3- **أن يذكر أن الطالب هو الذي يقوم بالسلوك، مثل:**

- أن يــرسم الطالب ....
- أن يــكتب الطالب ....
- أن يلخص الطالب ....

فالهدف هو سلوك يقوم به الطالب وليس المعلم.

4- **أن يحتوي الهدف على ناتج تعليمي واحد فقط.**

فالهدف السلوكي يجب أن يكون واضحاً ودقيقاً. فلا يجوز أن يشمل على سلوكين أو أكثر من أداء، مثل:

- أن يرسم الطالب الخريطة ويحدد عليها المدن الرئيسة والتضاريس.

هذا هدف معقد. يحوي على أكثر من سلوك.

فالهدف يحتوي على ناتج واحد. مثل:

- أن يذكر الطالب أن المبتدأ مرفوع.

5- **أن يكتب الهدف بشكل فعل مضارع سلوكي قابل للقياس، مثل:**

- أن يذكر الطالب ثلاثة أسماء مرفوعة بالألف.

- أن يعدد الركعات في كل صلاة.

- أن يقرأ ثلاثة أبيات شعر من قصيدة أبي فراس.

إن قابلية الفعل للقياس تساعد المعلم على تقييم مدى تحقق الهدف.

فإذا كان الهدف:

- أن يذكر الطالب ثلاثة أسماء مرفوعة بالألف.

فإن تقييم هذا الفعل من خلال السؤال التالي:

اذكر ثلاثة أسماء مرفوعة بالألف.

أما إذا كان الهدف:

- أن يتذوق الطالب الجمال في لوح فني.

فإن تقييم هذا الهدف صعب. فما معنى يتذوق؟ وكيف نعرف أنه تذوق؟

لذلك لا تقول إن هذا الهدف قابل للقياس بسهولة.

أنواع الأهداف التربوية وتصنيفاتها

يصنف المربون الأهداف التربوية إلى فئات ثلاث:

أولاً - الأهداف المعرفية: تصنيف بلوم   Bloom

ثانياً- الأهداف الانفعالية: تصنف كراثول Karathol

ثالثاً- الأهداف النفسحركية: تصنيف سمبسون Simpson

وفيما يلي عرض لهذه التصنيفات.

أولاً - الأهداف المعرفية: تصنيف بلوم

مســـتويات الأهـــداف المعرفية
1- الحفظ والتذكر.
2- الاستيعاب والفهم.
3- التطبيق.
4- التحليل.
5- التركيب.
6- التقويم.

يعتبر تصنيف بلوم للأهداف الأكثر شهرة في مجال الأهداف التربوية، والتربية العملية وتخطيط الدروس. فمنذ طرح هذا التصنيف 1956 وحتى الآن ما زال يحظى باهتمام في مختلف الأوساط التربوية.

وقد قسم بلوم تصنيفه إلى ست مستويات متدرجة من الأدنى إلى الأعلى، ومرتبة ترتيباً هرمياً حيث يحتل المستوى الأول قاعدة الهرم. والمستوى السادس قمة الهرم.

والشكل التالي يوضح هذا التسلسل الهرمي:

وفيما يلي توضيح لهذه المستويات:

1- المعلومات: Knowledge

ويشمل المعلومات وحفظ الحقائق وتذكرها وهي أدنى المهارات العقلية. حيث غالباً ما يركز المعلومات والمناهج الدراسية والامتحانات على هذا المستوى. صحيح أنه مستوى هـام وضروري لاستكمال المهارات العقلية الأخرى، لكن الاقتصار عليه - كما هو شائع حالياً - يجعل التعليم في أدنى مستوياته.

> المعلومات تشمل الحصول على الحقائق والبيانات، وحفظها وتذكرها. وهي أدنى مستويات الأهداف.

وفيما يلي أمثلة على هذا النوع من الأهداف:

- أن يسمي الطالب ثلاثة عناصر أساسية لحياة النبات.

- أن يذكر أنواع الجملة المفيدة.

- أن يعدد عناصر المناخ.

- أن يكمل القصيدة التالية: .....

2- الاستيعاب Comprehension

وهو أعلى مرتبة من الحفظ والتذكر. فالطالب الـذي
يحفظ يذكر ما حفظه، أما الاستيعاب فيعنـي قـدرة الطالـب
على تفسير مـا يحفـظ، أو فهمـه، أو إعـادة صياغتـه بلغـة
جديدة.

> لا نكتفي بالتطبيق بحفظ
> المـادة أو اسـتيعابها.
> فـالتطبيق هـو استخدام
> وممارسـة في المجـال
> العملي.

وفيما يلي أمثلة على الاستيعاب:

- أن يذكر الطالب معاني المصطلحات التالية:.............

- أن يفسر بيت الشعر بلغته الخاصة.

- أن يقرأ الجدول الرقمي التالي.

- أن يستوعب الحكمة من الوضوء.

- أن يشرح الآية الكريمة التالية: ....

- أن يلخص الفقرة التالية: ....

فالاستيعاب إذن هو أعلى درجة من الحفظ حيث يقوم الطالب بعمليات الفهم والتفسير
والشرح والتعبير والتلخيص.

3- التطبيق Application

يعتبر التطبيق هدفاً متقدماً. لأن التعلم هـو تغـير في السـلوك، وإن الهـدف مـن الـتعلم هـو تطبيق ما تعلمناه في المدرسة والإفادة منه واستخدامه في مواقف جديدة.

فإذا تعلمنا درساً عن التعاون:

فإن حفظ الدرس هو إعادة ذكر عناصره.

وإن استيعاب الدرس هو تلخيصه وفهمه وشرحه.

أما تطبيق الدرس فهو أن يقوم الطالـب بممارسـة التعـاون في حياتـه اليوميـة، مـع أصدقائه وأسرته ومع الناس الآخرين. فيقدم لهم مساعدة ما، كأن يساعد في أعمال المنزل، أو في دعـم زميـل، أو في مساعدة طفل على قطع الشارع.

وفيما يلي أمثلة على أهداف تطبيق:

- أن يستخدم التشكيل: الضم والفتح والكسر في أثناء الحديث.
- أن يقدم أمثلة عملية على مساعدة الآخرين.
- أن يخطط بناء حديقة وفق نظرية فيثاغورس.
- أن يعرب جملة ما.
- أن يحسب عمر الشجرة استناداً إلى مقطع عرضي للساق.
- أن يستخدم الفرجار في رسم دائرة على مساحة كبيرة من الأرض.
- أن يحل مسألة رياضية بتطبيق قانون ما.
- أن يحسب الزمن في مدينة بعيدة استناداً إلى خطوط الطول والعرض.
- أن يختار ملابس تتلاءم مع حالة الجو.

فالتطبيق يعني أن الطالب عرف، واستوعب ثم أصبح قادراً على تطبيق معارفه واستخدامها في مواقف مماثلة أو جديدة.

4- التحليل Analysis

التحليل مهارة عقلية عليا، تتطلب أن يقوم الطالب بتجزئة الموقف أو النص أو الرأي إلى عناصر جزئية لاكتشاف ما بينها من علاقات وروابط.

فالتحليل في النص هو تجزئة النص إلى أفكار أساسية وثانوية أو إلى عواطف وأفكار وآراء وحقائق، والتحليل في الموقف هو اكتشاف العقدة الأساسية فيه، ومعرفة الأحداث وكيفية تسلسلها. والأسباب التي أدت إلى وقوعها.

> **التحليل**
> هو مهارة تجزئة الموقف إلى عناصره الأولية من أجل فهمه بشكل أفضل وإدراك العلاقات الداخلية بين العناصر أو بين العناصر والكل.

ومن الأمثلة على أهداف تحليلية ما يلي:

- أن يميز بين الآراء والحقائق في نص ما.
- أن يحدد الفكرة الأساسية في موقف ما.
- أن يميز بين عناصر أساسية وعناصر هامشية.
- أن يميز بين الأسباب والنتائج في موقف ما.

وفيما يلي عرض لبعض أهداف تحليلية في مواد دراسية مختلفة:

- أن يستنتج لماذا استخدم الشاعر بشار بن برد صوراً بصرية في قصيدته.
- أن يقارن بين الخلية النباتية والخلية الحيوانية.
- أن يكتشف التجديد الشعري في قصائد أبي تمام.
- أن يحلل طريقة عمل الجرس الكهربائي.
- أن يستنتج أسباب الحروب الصليبية.
- أن يقارن بين التربة الطينية والتربة الرملية.
- أن يحدد العلاقات بين مكونات النواة.
- أن يستنتج علاقة الورقة بصناعة غذاء النبات.

إذن في التحليل يقوم الطالب بتحديد العلاقات بين العناصر والتي لم تكن ظاهرة قبل عملية التحليل.

5- التركيب Synthesis

التركيب هو مهارة إعادة تنظيم الأجزاء وبنائها بشكل جديد، فإذا كان التحليل هو تجزئة الكل فالتركيب هو إعادة تركيب الأجزاء لإنشاء كل جديد مختلف عن الكل الأصلي. إن مهارة التركيب تعني ما يلي: تنظيم جديد، اقتراح جديد، علاقة جديدة، استخدام جديد، فالملاحظ أننا في التركيب نحصل على شيء جديد.

> **التركيب**
> إبداع وإنتاج جديد أو علاقات جديدة أو نظرة جديدة.

ومن الأمثلة على أهداف تركيب:

- أن يقترح الطالب نموذجاً جديداً لأداة ما.
- أن يستخدم آلة ما في غرض جديد.
- أن يكتب بيت شعر جديد.
- أن يصنع جهاز راديو من أسلاك وبطارية ومكثف.
- أن يؤلف نصاً أو رسالة.
- أن يقترح إستراتيجية جديدة لحماية البيئة المحلية.
- أن يحل مسألة بطريقة جديدة.
- أن يستخرج الجذر التربيعي لعدد دون استخدام التحليل.
- أن يرسم دائرة دون استخدام الفرجار.
- أن يرسم مثلثاً متساوي الأضلاع دون استخدام المنقلة.
- أن يقيس طول عمارة دون استخدام المتر.

6- التقويم Evaluation

> التقويم ينمي مهارة الطالب في إصدار أحكام واختيار البدائل، واتخاذ موقف مما يجري.

يتعلق هذا الهدف بإصدار أحكام لتقييم الأحداث والشخصيات والوسائل والأساليب المستخدمة. وهو أعلى درجات الأهداف لأنه لا يتحقق إلا إذا تحققت الأهداف الأدنى وهي: المعرفة والاستيعاب والتحليل والتطبيق والتركيب.

ومن تحليل مهارة التقويم، فإنه غالباً ما يقوم به بأفعال سلوكية مثل: يصدر أحكاماً، يقرر، يختار، ينفذ، يتمنَ.

ومن الأمثلة على أهداف تتعلق بالتقويم ما يلي:

- أن يحكم على سلوك عمر بن الخطاب في فتح بلاد الشام.
- أن يتخذ موقفاً من خالد بن الوليد حين قبل قرار العزل.
- أن يبدي رأيا في شعر نزار قباني.
- أن يحكم على دور الحكومة في مكافحة الفساد.
- أن ينفذ ادعاءات بريطانيا في إصدار وعد بلفور.
- أن يدافع عن حق الفلسطيني في تحرير أرضه.
- أن يختار شاعراً مفضلاً.
- أن ينقد منطق أرسطو الصوري.

ثانياً - الأهداف الوجدانية أو الانفعالية Affective Domaine

> الأهداف الوجدانية تتعلق بمشاعر الطلبة واتجاهاتهم وعواطفهم نحو الأشياء والأشخاص والأهداف.

وضع المربي الأمريكي كراثول Krathwohl عام 1946 تصنيفه الشهير بالأهداف الوجدانية أو الانفعالية، على اعتبار أن الإنسان ليس عقلاً فحسب، بل المشاعر تؤثر في موقفنا مما نتعلمه، فقد نحب ونكره،

نتلقى ونهتم أو نرفض نستجيب أو نتخذ موقفاً محايداً، كما أن المشاعر تؤثر على حماسنا وخياراتنا، فنحن عادة نتحمس لما نشعر أننا نحبه ونميل إليه، ومن هنا جاءت أهمية المواقف الانفعالية في التعليم.

وقد صاغ كراثول أهدافه الوجدانية بشكل هرمي على النحو التالي:

وفيما يلي تعريف بهذه المستويات مع أمثلة دالة:

1- الاستقبال

يتعلق هذا الهدف بتنمية قدرة الطالب على الانتباه لموضوع أو حدث والاهتمام به. والوعي بما يجري من أحداث. وبدء الاستعداد للمشاركة فيها.

والطالب المستقبل هو طالب: يهتم، يصغي، يتفَهم، يتقبَل، يعي. ويلاحظ أن هذه الأفعال جميعها تعكس الوعي والاهتمام الهادئ السلبي، ولا يعكس دوافع هامة في التحرك واتخاذ موقف والمشاركة...

ومن الأمثلة على هذا الهدف:

- أن يهتم الطالب بقضايا الفقر.
- أن يعي أهمية مكافحة التصحر.
- أن يصغي باهتمام لحديث المحاضر.
- أن يتفهم أوضاع المسلمين في معركة أُحد.
- أن يعي أهمية زيادة الضغط الجوي في مكان ما.
- أن يعي أهمية تطبيق القواعد الهندسية في البناء.
- أن يعي أهمية التلوث البيئي.

2- الاستجابة:

في الاستجابة يتقدم الطالب لاتخاذ موقف متحرك مما يجري فلا يقف عند حدود الاهتمام. بل يتعدى ذلك إلى المشاركة البسيطة أو القوية. فيبدي ردود فعل تتراوح بين التقبَل والرفض، والتأييد والمعارضة. والمشاركة أو الإحجام.

> في الاستقبال يهتم الطالب بما يجري دون أن يشارك فيه. بينما في الاستجابة يظهر الطالب رد فعل نشط:يشارك، يرفض، يقبل، يستمتع ...

فالطالب المستجيب يتخذ موقفاً ويمارس أفعالاً مثل: يشارك. يدافع. يهاجم، يرفض، يقبل، يؤيد، يعارض، يقاوم، يساند.ومن الأمثلة على أهداف استجابية:

- أن يشارك في حملة لمكافحة التصحر.
- أن يناقش الفكرة التي قالها المحاضر.
- أن يستمتع بالاستماع إلى قصيدة المتنبي.
- أن يدافع عن وجهة نظر فلسطيني في مقاومة الاحتلال.
- أن يحرص على تطبيق القواعد الهندسية في البناء.
- أن يؤيد حملة مكافحة التلوث.

3- التقييم:

يتعلق هذا الهدف بإعطاء قيمة تقديرية للأحداث والمواقف والأشخاص والسلوكات، وترتبط مواقف الأفراد وتقييماتهم بما يجهلونه من عقائد وأفكار واتجاهات.

ومن يصدر أحكاما تقيميه عادة يمارس الأفعال التالية:

* يؤيد، يقيم، يختار، يدعم.

ومن الأمثلة على هذه الأهداف:

* يقدر باحترام جهود تحرير المرأة.
* يقاوم فكرة إباحة الطلاق.
* يقدرّ أهمية دور المرأة في التنمية.
* يدعم فكرة إلغاء التميز.
* يرفض فكرة الثار العشائري.
* يقدر دور القائمين على فكرة حماية الأسرة.
* يثمن دور الحكومة في تنظيم العمالة الوافدة.
* يقدر أهمية المشاركة في نشاط مدرسي.

4- التنظيم

يرتبط هدف التنظيم بقدرة الطالب على استخدام مجموعة من السلوكات المختلفة في تحقيق مشروع ما. كأن ينظم أسلوباً لجمع التبرعات، أو خطة لمكافحة التسول، أو يقدم مشروعاً لمساندة الطالب الفقير.

> في التنظيم نجمع عدداً من السلوكات لتنظيم خطة ما.

فالطالب التنظيمي يقوم بأفعال وسلوكات مثل: يخطط، يقدم مقترحات، يبني مشروعاً.

ومن الأمثلة على أهداف تنظيم ما يلي:

- أن يخطط لندوة في موضوع استخدام اللغة العربية.
- أن يدير نقاشا حول تنظيم الأسرة.
- أن يضع خطة لرحلة مدرسية.
- أن يضع خطة لتأسيس شركة إنتاجية.
- أن ينظم مسابقة سفرية.
- أن يعدل خطته في الدراسة.
- أن يضع خطة لإدارة وقته.

5- التذويت:

ويقصد به بناء نظام قيمي ثابت يوجه سلوك الفرد ويصبح جزءً من ذاته أو شخصيته، إن من بنى هذا النظام القيمي يمارس أفعالاً مثل:

يؤمن، يعتقد، يلتزم، يعتز.

إن هذه الأفعال تشكل شخصيته وأفكاره وتبنى ذاته ومن الأمثلة على هذه الأهداف.

- يعتز بدور الأمة العربية في بناء الحضارة الإنسانية.
- يؤمن بحق الآخر.
- يلتزم بالتفكير الناقد منهجا في البحث عن الحقيقة.
- يؤمن بأهمية الفيزياء في تطوير الحياة.
- يتمتع بروح رياضية عالية.
- يعتز باللباس الموحد للمدرسة.

ثالثاً- الأهداف النفسحركية

يعـد تصنيف سمبسـون Simpson للأهداف الحركيـة الأكثر شيوعاً وانتشاراً والأسهل فهماً وتطبيقاً من بين التصنيفات المختلفة حيث وضع تصنيفاً هرمياً متـدرجاً، كـما يظهـر مـن الشكل التالي:

> الأهداف النفسحركية هي أهداف تركز على مهارات حركيـة جســمية يمكـن قياسـها بالدقـة والسرعـة في الأداء. ويهـــدف إلى التعلّم لا مجرد الحركة.

- الإبداع
- التكيف
- الاستجابة المعقدة
- الاستجابة الآلية
- الاستعداد
- الإدراك الحسي

وفيما يلي عرض يوضح هذه الأهداف مع تقديم أمثلة على مختلفها:

1- الإدراك الحسي: Perception

الحواس هي أدوات الحصول على إدراكاتنا ، فنحن نستخدم جميع حواسنا أو معظمها بين وقت وآخر لتزويدنا بالمدركات وأحداث الحركات الجسمية الملائمة. ومن الأفعال المرتبطة بالإدراك الحسي: الاختيار، التميز، الرقص، المشي، الرسم، الركض، القفز ... الخ.

وحين نركز في التعليم على هذه المهارات الحركية فإننا نستثمر الحركة في التعليم وتنشيط الدماغ، خاصة وأن البحوث الحديثة في الدماغ أشارت إلى أهمية الحركة في تنشيط الدماغ وفي تطوير مدركاتنا الحسية .

ومن الأمثلة التعليمية على مهارات الإدراك الحسي ما يلي:

> استخدام الحركة في التعليم ينسجم مع مبادئ عمل الدماغ.

- أن يستخدم الطالب أدوات الرسم الهندسية.
- أن يلون خريطة وفق تضاريسها.
- أن يعد وسيلة توضيحية لموقف تعليمي.
- أن يصنف مواد أو أشكال أو ألوان.
- أن يمسك مقصاً، أداة.
- أن يضرب الكرة بقدمه.
- أن يتوضأ. يصلي ... الخ.
- أن يكتب مستخدماً: القلم، اللون ...
- أن يؤدي دوراً في مسرحية.
- أن يكنس، يخيط، يرتب سريره، يقص ...
- أن يقلّد حركة الشرطي، السيارة، الممثل، .... الخ.

2- الاستعدادات Sets

يعرف الاستعداد بأنه إمكان القيام بعمل ما سواء كان العمل جسمياً أو عقلياً أو انفعالياً. والاستعدادات من محركات السلوك. ولذلك يهتم المعلمون بتنمية هذه الاستعدادات وتطويرها إلى قدرات عملية. وما يعنينا هنا الاستعدادات المرتبطة بالقدرات الحركية.

ومن يمتلك الاستعدادات يقوم بالحركات المرتبطة به مثل:

يمارس، يرغب، يتحمس، يتطوع، يشارك، يركب، يفكك، يجري تجارب، يقيس، يزن، يصنع، يؤدي، يلعب.

ومن الأهداف التربوية التي يمكن أن تكون مثالاً على الاستعداد ما يلي:

يظهر الطالب استعداداً للقيام بما يلي:

- يتابع عملية صناعة أداة، لعبة، وسيلة، ... الخ.
- يتحمس للمشاركة بألعاب رياضية حركية...
- يقلد سقراط في مشيه أثناء الحوار.
- ينتبه بدقة إلى حركات راقص، لاعب، سائق ... الخ.
- يعزف على آلة موسيقية.
- يؤدي أو يلقي شعراً.
- يعد مائدة، ينظم وجبة، يطبخ ... الخ.
- يزرع، يُعلم، ...

3- الاستجابة الموجهة Guided Response

ترتبط هذه الاستجابة بحركات تقليد، أو تعليم، كأن يمارس الطالب أداة مهارة معينة مع تلقي توجيهات مستمرة، مثل تعلم السباحة، تقليد خطوات عمل كعكة،

فالاستجابة الموجهة هي بداية القيام بالعمل الفعلي ومن الأمثلة على الأهداف تتعلق بالاستجابة الموجهة ما يلي:

ويشترط ممارستها تحت إشراف أو تقليداً لسلوك مرئي...

- يمارس ألعاب توازن.
- يعيد ممارسته خطوات الوضوء - الصلاة - مناسك العمرة ... الخ.
- يلقي قصيدة مستخدماً نبرة الصوت، حركات اليد ..
- يقلد كتابة نص معين، حركة معينة، ...
- يجري تجربة علمية وفق خطوات منظمة .
- يؤدي حركة رقص، لعب، تمثيل ...
- يعزف... يمزج ألواناً... يمسك المضرب..
- يصنع قطعة أثاث، أداة، تمريناً ...
- يؤلف مسرحية، يؤدي حركات.
- يمدّد أسلاكاً كهربائية للوصول بين قطبين.

4- الاستجابة الآلية Mechanic

في الاستجابة الموجهة، يبذل الطالب جهداً حتى يتمكن من أداء المهارة، ولكن بعد أن يمارس العمل أو الأداء أكثر من مرة، فإن هذه الممارسة تصبح عادة، فيؤدي الحركات بشكل تلقائي ودون جهد.

إن أبرز أهداف التعليم هو الوصول إلى درجة إتقان الأداء، بحيث تصبح الاستجابة آلية ويؤدي الطالب المهارة دون تكلف أو جهد يذكر.

في الإدراك الحسي والاستعداد يبدي الطالب اهتماماً للقيام بأداء معين.
أما في الاستجابة الموجهة فهي بداية الممارسة أو الأداء الفعلي.

(جودت سعادة:2001)

من يتعلم السباحة يمارس استجابات موجهة، يقلد المدرب يبذل جهداً فيراقب حركاته.
ولكن من يتقن السباحة يؤدي الحركات بشكل آلي، ويوازن بين حركات يديه وجسمه وتنفسه دون وعي بذلك.

ومن أمثلة أهداف الاستجابة الآلية:

أن يمارس سلوكات حركية مثل:

- يخيط، يسبح، يكتب، يقص، يركض، يرقص، يعزف .... الخ
- يستخدم القاموس.
- يمثّل، يلعب، يتوازن، يرسم أشكالاً، وجوهاً ....
- يستخدم الأدوات: آلة التصوير، الكمبيوتر، المجهر، .....
- يجري تجارب: تحليل الماء، قياس الضغط، الحرارة .....
- يلوّن، يخطّط، يؤدي دوراً، يقف في المكان المناسب في الملعب.

5- الاستجابة المعقدة   Complex

وهي القدرة على أداء المهارات بدرجة عالية من الإتقان والدقة والسرعة، وبأقل درجة من الجهد والتعب والخوف من الفشل.

> حين يتقن الطالب المهارة ويؤديها بشكل آلي، تزداد ثقته بنفسه فيـؤدي المهارة بوعي ودقة كاملة. وهـذه هـي الاستجابة المعقدة.

ومن الأمثلـة عـلى الاستجابة المعقـدة ، القيـام بحركات مهارية في مجالات دقيقة مثل:

أعمال التطريز، الفسيفساء، دقة التصويب في الرقابة، دقة الحركات في الرقص، التلوين صياغة أشكال نماذج دقيقة، حسابات معقدة رسومات خرائط، نماذج التضاريس، إقامة معارض.

أما صياغتها كأهداف تربوية، فيمكن صياغتها كما يلي:

- أن يصنع لوحة فسيفساء بقطع صغيرة.
- أن يصيب الدائرة الدقيقة في رماية السهم.
- أن يؤدي حركات توازن دقيقة في رقصة النحاس.

- أن يتزلج بسرعة.
- أن يعزف بالتزامن مع عازف آخر.

6- التعديل Adapted Response

في هذا المستوى يقوم الطالب بعد إتقانه الشديد للمهارة، بممارستها مع شيء من التجديد والتطوير والقدرة على اكتشاف الأخطاء والعيوب في مدى إتقان الآخرين بهذه المهارة، أو من يجري تعديلاً على طريقة عزف أو رمية كرة أو استخدام آلة أو جهاز، حين يمارس الآخرون هذه المهارات.

فالطالب حين يتقن المهارة ويكون قادراً على تكييفها وتعديلها يمارس السلوكات التالية:

- يكتشف الخطأ في أداء أغنية، لحن، تمثيل ...
- يعدَل من سلوكات آخرين يؤدون حركات خاطئة.
- يحكم على صحة أداء طالب في الوضوء، الصلاة ...
- يعدَل من طريقة صناعة لعبة أو أداء تمرين.
- ينقَح نصاً ما.
- يعيد ترتيب خطوات تجربة علمية.
- يصحَح طريقة رمي الكرة.

إن ممارسة هذا المستوى من المهارة تعني ما يلي:
- قدرة الطالب على اكتشاف الأخطاء لدى الآخرين.

7- الأصالة أو الإبداع Origination

وهي القدرة على تطوير الحركات وأداء المهارات المختلفة، كالفنان الذي يخرج عن النص في مسرحية. أو المطرب الذي يعيد تشكيل اللحن، ويسبق العازفين. أو الرياضي الذي يطور ضربة الكرة بأسلوب لولبي أو منحني.

فالإبداع هو الخروج عن الحركات المألوفة ، وتأديتها بأسلوب جديد.

ومن الأمثلة التدريسية على هذه المهارة:

- يصمم الطالب لوحة جديدة. نموذجاً جديداً.

- يكتشف حركة جديدة، يطور أداء الحركة.

- يضيف حركة جديدة إلى تمرين.

- يمثل دور شخصية ما، بأسلوب جديد.

- يكتب قصيدة على وزن جديد.

- يقيس سرعة، مسافة، زمناً بطريقة جديدة.

- يكتشف طريقة لضرب الكرة بقوة أكبر.

الأهداف السلوكية: نقد وتحليل

كانت الأهداف السلوكية منذ ستينات القرن الماضي الأكثر تأثيراً في الساحة التربوية، فمنذ انطلقت في الخمسينات، بدأت حملات التأييد والمعارضة. وسنعرض في هذا الجزء آراء المؤيدين والمعارضين.

أولاً- المؤيدون:

ليس هناك من خلاف على أن الأهداف هي موجهات السلوك وأن الأنشطة والأساليب ترتبط بالأهداف نفسها، فإذا ما تمكن المعلم من تحديد أهدافه وصياغتها بشكل سلوكي فإنه سيكون قادراً على اختيار الأنشطة التعليمية الملائمة. ويرى المؤيدون أن القيام المعلمين لتحديد أهدافهم وصياغتها سلوكياً يمكن أن تحدث الإيجابيات التالية في عمليات التعلّم والتعليم:

إيجابيات
- التخطيط أساس النجاح.
- تفريد التعلم والتعليم المتمايز.
- سهولة الوصول إلى هدف محدد.
- زيادة تحصيل الطلبة.
- سهولة تقييم التعلم.

1- التخطيط أساس النجاح.

إن صياغة الأهداف السلوكية خطوة أساسية في عملية التخطيط. فلا تخطيط دون أهداف.

فالأهداف هي التي تنظم خطوات التعلم لدى كل من المعلم والمتعلم، فإذا ما تمت صياغتها بشكل سلوكي فأنها ستكون هادية لتوجهات المعلم والطالب، وسيكون المعلم والمتعلم أكثر التزاماً بها.

2- إنها تساعد على قيام تقديم تعليم متمايز.

فحين يضع المعلم أهدافاً بمستويات متنوعة، فإن ذلك يعكس ارتباط هذه المستويات بإمكانات الطلبة وقدراتهم، وسيجد كل طالب ما يناسبه من أهداف.

3- إنها تقود المعلم والطالب باتجاهات محددة، وتبعد الارتباك والتشدّد فالهدف السلوكي طريق محدد واضح لا مجال للخطأ فيه، فإذا كان الهدف أن يحفظ الطالب فالأنشطة كلها تنصب حول هذا الهدف.

4- إن الدراسات العديدة تشير إلى أن وضوح الأهداف بأذهان الطلبة وعرضها أمامهم يجعلهم أكثر قدرة على الوصول إليها حيث أوضحت الدراسات تفوق الطلبة تحصيلياً إذا درسوا وفق خطط تنتهج الأهداف السلوكية (Eelon & Schmidt: 71) (Olson71)، (الأجد:81) (حتاملة:82).

5- إن وجود أهداف سلوكية محددة تجعل عمليات قياس نتائج التعليم سهلة ودقيقة. فالهدف المحدد الدقيق يمكن قياسه بينما يصعب قياس أهداف غير سلوكية مثل:

- تنمية الحس الوطني
- زيادة تفاعل الطالب مع بيئته.

إن عمليات التقويم والاختبارات في ظل الأهداف السلوكية تكون أكثر منطقية لأن المعلمين يقيسون فقط ما علّموه أو ما تعلمه الطلاب.

ثانياً: المعارضون الإداريون

"ليس كل ما هو قابل للقياس هاماً. وليس كل ما هو هام قابلاً للقياس"

إن المزايا العديدة للأهداف السلوكية. وخاصة في مجالي التعليم والإدارة. لا تعني عدم وجود نقاط ضعف في طبيعة الأهداف السلوكية. فالإداريون يرون صعوبات عديدة في هذا المجال خاصة في مجال الإدارة في الأهداف ومن أبرز هذه الصعوبات:

1- إن الأهداف إذا لم تكتب بطريقة واضحة. أو إذا لم تكن أهدافاً ذات قيمة، فإن المؤسسة بكاملها ستصرف جهداً ضائعاً على تحقيق أهداف غير ضرورية أو غير ملائمة.

2- يحتاج العاملون في كل مؤسسة إلى تدريب متكامل حول وضع رسالة المؤسسة وأهدافها العامة وأهدافها المحددة. وهذا ليس متاحاً للمعلمين الذين غالباً ما ينقصهم التدريب.

3- إن وضع أهداف سلوكية يعني أنها أهداف قصيرة المدى ومن الصعب ربطها بالتوجهات الكبرى للمؤسسة. حيث يصعب على عامل النجارة أن يرى تأثير وضع المسمار على أناقة الباب الخارجي للمنزل. وكذلك المعلم من الصعب أن يرى مدى تأثير هدف سلوكي صغير على تحسين أدائه أو أداء الطالب.

4- إن عمليات الإدارة في الأهداف قد تتحول إلى مواقف جامدة، تنقصها المرونة، حيث من الصعب أن تتغير هذه الأهداف إذا وجد أنها عديمة الفائدة.

5- إن التركيز على أهداف قابلة للقياس قد يهمل الاهتمام بأهداف أُخرى عديدة يصعب قياسها. فليس كل ما هو قابل للقياس هاماً، وليس كل هام قابلاً للقياس.

6- إن الاهتمام بأهداف دقيقة أو سلوكية قد يدخلها في تفاصيل دقيقة لا تؤثر على مجرى الأحداث الإدارية الكبرى.

إن معظم الاعتراضات في موضوع الإدارة بالأهداف تصلح أيضا كاعتراضات في الموقف التعليمي الصفي، إضافة إلى ما يلاحظه التربويون العاملون في الميدان من اعتراضات أُخرى، نعرضها فيما يلي:

ثالثاً- المعارضون التربويون

إن من يعارضون الأهداف السلوكية مزيج من مربين يقاومون المدرسة السلوكية كأصحاب المدرسة المعرفية، أو مربين يرفضون تحديد التعليم بحصره بأهداف معينة دقيقة تجعل من التعليم عملية آلية لا روح ولا حياة فيها، كما أن هناك فئة من الممارسين والمعلمين يرون مقالات أنصار الأهداف السلوكية في تفتيت التعليم وتحويله إلى أفعال وسلوكات جزئية محددة قليلة القيمة .

ويتلخص آراء المعارضين بما يلي:

1- لم يقدم أنصار الأهداف السلوكية تعليما متكاملاً. بل قدموا سلسلة غير مترابطة من الأهداف التي يصعب صياغتها في تعلم متكامل.

إن أهدافاً مثل أن يذكر

وهدفاً مثل أن يعدد

وهدفاً مثل أن يستوعب

وهدفاً مثال أن يلخص

لا تشكل في مجموعها موقفا تعليما كاملاً

2- لقد أهدرت حركة الأهداف السلوكية جهود المعلمين والمشرفين والمديرين في محاكاة ومخالطات لغوية من مثل الأفعال التي يمكن استخدامها، والتي لا يمكن استخدامها وجعلت المواقف التربوية والإشرافية سلسلة من جدل وحوار عقيم لا يرتبط بعمليات تحسين التعليم.

3- لم يستطع أحد إقناع المعلمين بأهمية صياغة أهدافهم بشكل سلوكي، فما يواجهونه

مع طلابهم أكثر تعقيداً من مشكلة صياغة هدف بطريقة صحيحة أو غير صحيحة.

وما زالت هذه الأهداف مصدر تؤثر في علاقات المعلمين بمديرهم ومشرفيهم.

4- لم يؤمن المعلمين بالارتباط بين الأهداف السلوكية المحددة وبين الأهداف الوجدانية الأكثر عمومية. أو بين الأهداف السلوكية المحددة وبين الأهداف المرحلية أو العامة . أو بين أهداف درس ما وبين أهداف الوحدة الدراسية التي تضم هذا الدرس. فشعروا أنها أعباء عليهم وليس تحسيناً في تدريسهم .

5- تاه الباحثون والمربون والمعلمون في تصنيفات الأهداف. ومن الفروق التعسفية التي يضعونها بين مستوى ومستوى، وبين تكرار بعض الأهداف المعرفية مثل التقييم وإصدار الأحكام وبين بعض الأهداف الوجدانية كالتقييم، أو بين بعض أهداف التطبيق في المجال المعرفي وبين مستويات متعددة من الأفعال الحركية.

6- وحتى المسابقات غير المبررة في تفتيت التعليم إلى أهداف معرفية وأهداف حسية حركية وأهداف انفعالية، ألا يخالف ذلك مبادئ عمل الدماغ؟ ومدى تأثير الحركة والعاطفة في التفكير المنطقي؟

7- شعور المعلمين بصعوبة صياغة الأهداف، ويضعف جدوى وضع معايير لتحقيق الهدف ، حيث يعتبرون ذلك سفسطة لغوية لا تؤثر كثيراً على مجريات الدرس.

8- وجود دراسات عديدة، مدعومة بأحاسيس المعلمين يضعف تأثير الأهداف السلوكية على تحصيل الطلبة.

الفصل الثالث

مبادئ التدريس
وفق بحوث الدماغ الحديثة

دماغنا: معلومات أساسية

1- وزن الدماغ 2% من وزن الجسم بمتوسط 1.3-1.4 كغم.

2- يستهلك الدماغ 20% من وزن طاقة الجسم. 20% من الأكسجين الوارد إلى الجسم.

3- يصل الدماغ 8 جالون دم في الساعة.

4- يحتاج الدماغ إلى 8 - 12 كأس ماء يومياً. ماء وليس عصيراً.

5- 90% من خلايا الدماغ غروية، 10% خلايا عصبية هي المسؤولة عن التفكير.

6- لو فقدنا نصف مليون خلية عصبية يومياً. وعشنا قروناً. فلن نفقد شيئاً من طاقة الدماغ. فلدينا 100 بليون نيرون.

7- نستخدم حالياً جزءاً بسيطاً من طاقتنا الدماغية $\frac{1}{1000}$

8- التعلّم هو تغير فيزيولوجي يحدث في خلايا الدماغ العصبية.

9- يعمل الدماغ بزيادة عدد الحواس. ويحتاج إلى الحواس التسع عشرة حتى يكون التعلّم فعالاً.

10- يؤثر الغذاء جداً على الدماغ. السكر والبروتين أولاً ثم الكربوهيدرات.

11- الموسيقى هامة جداً لنمو الدماغ؛ وتوفير بيئة عمل مناسبة له.

12- العواطف هامة جداً لنمو الدماغ.

13- القشرة الدماغية غطاء خارجي سميك تشبه قشرة البرتقالة لكنها مليئة بالتلافيف.

14- يتكون الدماغ من نصفي كرة: أيمن وأيسر مرتبطين بألياف عصبية عددها 250 مليون. يعالج كل جانب أموراً مختلفة، ويمكن استخدام الجانبين معاً.

مصادر معلوماتنا عن الدماغ

تقدمت وسائل معرفة الدماغ مع تقدّم التكنولوجيا، حيث أصبح بالإمكان تصوير العمليات التي تجري داخله في ظروف وأوضاع مختلفة، ومن أبرز وسائل معرفتنا بالدماغ:

1- أجهزة التصوير: الرنين المغناطيسي Magnetic Resonance Imaging أو ما يعرف MRI، والرنين المغناطيسي النووي Nuclear أو ما يعرف NMRI. حيث بالإمكان الحصول على صورة كل 50 ملثانية بما يسمح بقياس تسلسل التفكير، وتتبّع مقدار النشاط الدماغي في أثناء حل المشكلات.

2- الدراسات الإكلينيكية حيث يمكن قياس زمن الرجع أو سرعة الاستجابة Reaction time من خلال وجود متطوعين في العيادة أو المختبر.

3- جهاز التصوير الشعاعي الطبقي: Position Emission Tomography أو ما يسمى PET. حيث يقرأ هذا الجهاز كمية المادة المشعة الناتجة عن استهلاك الدماغ للجلوكوز، كما يقرأ نشاط الجلوكوز في مختلف أجزاء الدماغ.

4- التشريح: إن إجراء عمليات تشريح للدماغ كشفت كثيراً من المعلومات، ومن أبرز هذه الاكتشافات ما يحدث للشجيرات العصبية في الدماغ حين يتعرض الدماغ لمواقف صعبة، حيث اتضح أن من خضعوا لمهام تعليمية أو غير تعليمية معقدة تغيرت أدمغتهم فزيولوجياً بدرجة أكبر. ونمت لديهم شجيرات عصبية أكبر.

5- مقاييس الطيف: وهي أجهزة تقيس كيماويات الدماغ والإرشادات العصبية الناتجة عن نشاطه.

متطلبات نمو الدماغ

1- اختر معطيات حسية متنوعة وقوية.

2- أغن البيئة بالمعطيات والمواقف القوية.

3- لا تترك نفسك أمام التلفاز فترة طويلة.

4- تدرّب على إتقان المهارات.

5- خذ وقتاً كافياً للتأمل والتدريب.

6- تخلّص مما لا يلزمك من معارف ومهارات

الدماغ "استخدمه أو فقدته" "Use or Lose"

أظهرت بحوث الدماغ الحديثة أن الأفكار القديمة عن الذكاء لم تعد صالحة الآن. فالذكاء ليس سمة عامة يمتلكها الشخص، فيكون ذكياً أو غير ذكي. كما أن الذكاء ليس سمة ثابتة حددت لنا عبر الوراثة، فنحن كما يقول (جاردنر) نمتلك أنواعاً مختلفة ومتفاوتة من الذكاء، كما أن البيئة الغنية والإرادة يمكن أن تقوي الذكاء. فالذكاء ينمو من خلال الخبرة. وكما ترى Diamond فإن التعلم يزيد من النمو المادي للدماغ وأن الدماغ يتغيّر فيزيولوجياً حين ينغمس في بيئة غنية بالمثيرات (Diamond،98) وحدد Diamond التغيرات التالية في الدماغ:

1- تزداد كثافة الدماغ وثقله، وروابطه العصبية عندما تزداد تفاعلاتنا مع الحياة، فإذا كان الإنسان مندمجاً في تفاعلات ومواقف صعبة فإن النيترونات العصبية تنشط وتزدهر.

2- إن البيئـة الغنيـة، و هـي البيئـة التـي تـوفر لنـا معطيات حسية عديدة يمكن أن تزيد نمو الدماغ بنسبة 20% عـن أولئـك الـذين يعيشون في بيئات فقيرة بهذه المعطيات.

3- لا تجلـس دون عمـل أو دون تفكيـر، حتـى لـو كنـت شاهدت فيلماً سينمائياً أو مسلسلاً تلفزيونياً حاول إشغال نفسك بالتحليل والتأمل والبحـث عـن الـروابط والعلاقات والأسباب والنتائج.

إن الدماغ يعمل بمبدأ: " استخدمه أو إنك ستخسره"

أي أننا مطالبون بتشغيل الدماغ دائماً، وأن لا نمر بفترات ركود، حيث أوضحت دراسات أن أربعة أيام مـن الركود و الكسـل كافيـة للتـأثير سـلباً عـلى الـروابط العصبية

(Goldberg.2001)

العناصر الأساسية لنمو الدماغ:

تطبيقات عملية

تحـدثنا د. سـوزان كوفاليـك ود. كـارين أولسـن عـن أن الدماغ ينمو في ظروف وشروط معينة. يجب توافرهـا حتـى يصل إلى أفضل نحو.

فالحيـاة المدرسية التـي تتسـم بـالجمود وقلـة الحركة، وضعف المعطيـات الحسـية، والمقـررات الثابتة، والهـدوء والجلوس ساعات طويلة للاستماع إلى المعلمين، ليست هـي الشروط الملائمة ، بل على العكس تماماً ، إنها ظروف معيقة لعمل الدماغ.

مواصفات المنهج الملائم لنمو الدماغ

1- مـنهج مفـاهيم وعلاقـات لا مـنهج حقائق.

2- منهج مرتبط بالحيـاة الحقيقية ومشكلاتها، لا بالكتــب وأوراق العمل.

3- منهج يشجع المـمارسـة والتطبيقات الحقيقية.

عنـاصـر أساسـية لنمـو الدماغ

1- بيئة غنية.

2- خبرات ذات معنى.

3- التعاون والتآزر.

4- الحركة.

5- البدائل والخيارات.

6- الوقت الكافي.

7- التغذيـة الراجعـة الفورية.

8- الإتقان.

9- غياب التهديد.

فما هي العناصر أو الشروط الأساسية التي تيّسر عمل الدماغ؟ (كوفاليك، أولسن: 2003)

أولاً - البيئة الغنية:

إن حواسنا تسع عشرة حاسة، وليست خمس حواس كما كان معروفاً، وحتى هذه الحواس الخمس لم تستثمر حتى الآن في عمليات التدريس والتعلّم.

وهذا يفسّر صعوبة الحياة المدرسية الحالية، وصعوبة حفظ المعلومات وتذكرها وبطء نمو الدماغ وانخفاض مستوى أدائه.

> البيئة الغنية هي التي توفر استخدام تسع عشرة حاسة، تزود الدماغ بمعطيات حسية قوية ومتنوعة وشاملة.

فالحواس المستخدمة حالياً هي السمع والبصر، وحتى البصر لا يستخدم إلا نادراً فكيف نشرك حواسنا كاملة في عمليات التعلّم؟

تقدم كوفاليك و أولسن نموذجاً للتعلم مبنياً على أساس إستخدام أكثر كمية من الحواس. وتصنفان المعطيات الحسية إلى خمسة معطيات هي:

1- خبرات المعايشة:

> **التعليم التقليدي**
> 90% من المعطيات الحسية تتم من خلال الكتب والمحاضرات والتمثيليات الرمزية: الكلمات، الخطوط، والعلاقات.
> وهذه أدنى المعطيات وأقلها إثارة للدماغ.

وتتم هذه الخبرات من المشاركة في الأحداث والحقيقية كما حصلت وفي سياقها الحقيقي. فإذا أردنا أن نتعلم البيع و الشراء، فإن خبرات المعايشة تتم في السوق أو السوبر ماركت، حيث يعيش الطلبة الخبرة الحقيقية في مكانها الحقيقي. وهذه الخبرة تشغل جميع الحواس التسع عشرة مما يولد أفضل ظروف لنمو الدماغ، وهذه الخبرات تنتقل الفصل إلى العالم.

2- الانغماس:

وهي خبرة معايشة أو حضور الحدث الحقيقي، لكن في غير سياقه الطبيعي، فإذا أردنا أن نغمس الطلبة في هذه الخبرة فإننا نحضر لهم الخبرة الحقيقية إلى داخل الفصل، فالبيع والشراء مثلاً يمكن أن يتم بفتح سوبر ماركت كامل داخل الفصل. بحيث يعيش الطلبة الخبرة الحقيقية ويتبادلون عمليات البيع والشراء كما تتم فعلاً لكن داخل الفصل وليس في مكانها الحقيقي، وهذه الخبرات تنقل إلى العالم الفصل.

إننا هنا أعددنا الفصل ليكون سوبر ماركت مليئاً بالمواد المختلفة، والأدوات الحاسبة، والبائعين، والمشترين والمحاسبين والإداريين... الخ.

الحواس ذات الصلة بالانغماس

- المغناطيسية.
- الكهربائية.
- القرب.
- الدهليزية.
- الاتزان.
- الأنفية.
- الألم.
- الحرارة.
- الشم.
- الذوق.
- اللمس.
- الخيال.
- السمع.
- البصر.

3- المعطيات الحقيقية:

وهي خبرات حقيقية ، تختلف عن خبرات المعايشة التي تتم في سياقها الحقيقي، وتختلف عن خبرات الانغماس التي لا تتم في سياقها. كأن نحضر بائعاً من السوبر ماركت و معه بعض المواد و آلة حاسبة، ليقوم الطلبة بدراسة أو معايشة هذه الخبرة وتحليلها ، فهي عينات من الخبرات الحقيقية.

وتعمل هذه الخبرة على تشغيل أو تنشيط عشرة حواس. ويسهل على المعلمين استخدام هذه الخبرة الجزئية لكنها أقل فاعلية من خبرات المعايشة وخبرات الانغماس.

الحواس ذات الصلة بالأشياء الحقيقية

- الاتزان.
- الأنفي.
- الألم.
- الحرارة.
- الشم.
- الذوق.
- اللمس.
- الخيال لتذكري.
- السمع.
- البصر.

4- الخبرات التمثيلية:

وهذه الخبرات تمثل الخبرات الحقيقية. كنماذج لها. كأن نحضر نموذجاً بلاستيكياً لطائرة أو لخضار وفواكه. وهذه الخبرات تشغل أو تنشط أربع حواس فقط هي اللمس والخيال التذكري والسمع والبصر.

5- الخبرات الثانوية:

وهي الخبرات اللفظية أو البصرية كالكتب والأفلام و الصور وترتبط هذه الخبرات بتوصيف الأشياء كأن نصف الفاكهة أو تصويرها كأن تقدم صورة لها. وتشغل هذه الخبرات ثلاثة حواس فقط هم السمع والبصر والخيال التذكري. وهي من أكثر الخبرات شيوعاً في مدارسنا، مع أنها لا تعمل على تنشيط الدماغ ولا تساعد الدماغ على البحث عن نمط أو معنى.

6- الخبرات الرمزية:

وهي الخبرات اللغوية، ويهتم بها 20% من الطلبة وهي الخبرات المرتبطة بالكلمات والقواعد اللغوية والعبارات الرياضية ويحتاج الطلبة إلى ذكاء لغوي عالٍ للإفادة منها.

> **التعليم التقليدي**
> يشغل حاستين فقط هما السمع والبصر. ويتعلم بهما فئة قليلة من الطلبة (20%) فقط.

مصادر إثراء بيئة الدماغ:

تبدأ عمليات الإثراء منذ مرحلة ما قبل الولادة، حيث يمكن البدء بالقراءة وإسماع الأطفال الموسيقى.

وتتعدد مصادر إثراء الدماغ بعد الولادة:

1- القراءة: يقرأ الآباء والأمهات لأطفالهم. فالأطفال مستعدون للقراءة من سن 3-4 سنوات، وتكتمل استعدادات الأطفال للقراءة في سن 12 سنة. ولذلك تعتبر هذه الفترة شبابيك القراءة أو فرص القراءة الملائمة، حيث تكون الخلايا العصبية

جاهزة. أما بعد ذلك السن، فتصعب عمليات تعلم القراءة بسبب انشغال الخلايا العصبية بمهام أخرى. والكتابة والقراءة مهمتان في استثارة الدماغ.

2- **الحركة:** عرفنا أن أطفال اليوم محرومون من الحركة لدواعٍ أمنية. فهم يجلسون أوقاتاً طويلة، وحتى يمنعون من الزحف. ولذلك تزداد حاجتهم إلى الحركة، وهذه مهمة أساسية لرياض الأطفال والمدرسة الابتدائية التي يفترض أن تدمج الأنشطة التعليمية بالحركة. وسنتحدث عن أهمية الحركة للدماغ والتعلم في جزء لاحق.

3- **التفكير وحل المشكلات:** تكتمل قدرة الأطفال على التفكير المجرد بعد اكتمال نمو الجسر الواصل بين الدماغين الأيمن والأيسر في سن 11-13. وقد ثبت أن الدماغ يصرف جلوكوزاً أكثر حين يواجه مشكلات أكثر تعقيداً. كما أنه يصرف أكثر حين يبدأ تعلم مهارة أو معلومات ومفاهيم جديدة. ثم يقل صرفه للطاقة بعد إتقان هذا التعلم. ومن المهم أن يتدرب الدماغ على حل المشكلات. فنمو الدماغ يحدث نتيجة التفكير لا نتيجة الحصول على الإجابات الصحيحة ولذلك يجب أن تشجع المدرسة عمليات التفكير ومواجهة المشكلات، بدلاً من غرفة الصف التقليدية التي تحد من استراتيجيات التفكير حين يصر المعلمون على الحصول على الإجابة الصحيحة. وحين يكتفي المعلمون بإجابة واحدة بدلاً من البحث عن بدائل وخيارات. (جنسين: ص20)

> إن عملية التفكير نفسها هي التي تنمي الدماغ. وليس مجرد الحصول على المعلومات والحقائق أو التوصل إلى الإجابات الصحيحة. فسواء حصل الطفل على الإجابة أم لا، فإن دماغه ينمو لمجرد التفكير.

4- **الفنون:** وتشمل الموسيقى والتركيب، فالموسيقى مثيرة وحافزة وناقلة للأفكار، حيث أظهرت دراسات تفوق الطلبة الذين يسمعون الموسيقى في القراءة. (جنسين: ص48)

5- **إثراء البيئة الجانبية:** إن غرفة الصف يجب أن تكون غنية بمصادر متعددة وألوان

ورسوم وكتب وأشكال لها صلة بما يتعلمه الأطفال. وجميع هذه المصادر تحفز الدماغ.

الحواس التسع عشرة

في الموقف التالي، تمت صياغة الموقف لتحديد الحواس المختلفة فيه.

"وبعد يوم ماطر، أشرقت الشمس، وارتفعت درجات الحرارة. قاد الأب سيارته للتنزه شرق الحقول. وبعد لحظات غرزت السيارة في طريق طيني لزج. نزلت حنان مع أخيها يدفعان السيارة بقوة، غاصت رجلاهما في الطين اللزج والحجارة ولكن بقيا على ثباتهما. بينما كانت عجلات السيارة تتحرك ببطء إلى الأمام تارة وإلى الخلف تارة. اختلطت رائحة الطين بالعرق المتصبب على وجه حنان وأخيها، وهما يضحكان بصوت يعلو صوت محرك السيارة.

جلست حنان وأخوها تحت أشعة الشمس. شربا العصير في محاولة لأخذ قسط من الراحة بعد هذا العناء والألم والشعور بالانتعاش. تبادلا الذكريات قبل مواصلة السفر".

إن هذه القطعة احتوت على عدد كبير من الحواس:

الحاسة	المعطى الحسي العام أو المثير	المعطى الحسي في الموقف
1- البصر	النور	نور الشمس، والمنظر ككل
2- السمع	الأصوات	أصوات الضحك، صوت محرك السيارة
3- اللمس	الاتصال اللمسي	لمس السيارة. غوص الأقدام في الطين
4- الذوق	الطعم	طعم العصير
5- الشم	الرائحة	رائحة الطين
6- الاتزان	الثبات والتوازن	المحافظة على ثبات أقدامهما في الطين.
7- الدهليزية	الحركة المنتظمة	حركة عجلات السيارة. حركة الموتور
8- الحرارة	حركة الجزيئات في المادة	ارتفاع درجات الحرارة وتأثيرها
9- الألم	التعب والألم	الشعور بالتعب والألم والحاجة إلى الراحة
10- الخيال التذكري	تذكر صورة ما	صورة الموقف، وتذكر الموقف بعد فترة
11- المغناطيسية	الموقع	موقع الحادث، المتنزه
12- تحت الحمراء	أشعة الشمس. أمواج طويلة	أشعة الشمس
13- فوق بنفسجية	أشعة الشمس. أمواج قصيرة	أشعة الشمس
14- الأيونية	الشحن الكهربائية	الانتعاش
15- الأنفية	الرائحة الكيماوية	رائحة العرق، رائحة الطين، دخان السيارة
16- القرب	المجاورة	جلوسهما معاً، الدفع بقرب بعضهما
17- الكهربائية	الشحنات	الكهرباء الساكنة
18- البارومترية	الضغط الجوي	الضغط الجوي في ذلك المكان
19- الجاذبية الأرضية	الإحساس بالكتلة	الكتل: السيارة، الطين، الحجارة

إن وجود مثل هذه الحواس، واستخدامها في الدرس، يجعل الدماغ منشغلاً ونشطاً ويجعل الدرس خبرة معايشة حقيقية، وتجعل التعلم غير قابل للنسيان.

والتحدي أمام الجميع، هو كيف نضع دماغنا في مثل هذه المواقف دائماً؟

ثانياً - المحتوى ذو المعنى:

إن المحتوى ذو المعنى هو المحتوى المرتبط بحاجات الأطفال وخبراتهم السابقة. فلا معنى لكثير من الخبرات التي تقدمها المدرسة إلا إذا كان الطفل يمتلك بعض الخبرات السابقة عنها.

> يمتلك أطفال الأمس خبرات حقيقية، خبرات معايشة في المزارع والأسواق والشوارع. أما أطفال اليوم فقد خسروا معظم هذه الخبرات لدواعي أمنية. فليس مسموحاً لهم أن يتحركوا خارج منازلهم.

فالمدرسة لا تستطيع بناء خبرات دون أساس، ولذلك أطفال الأمس وأطفال اليوم تفشل الكثير من المناهج المقدمة للأطفال لعدم استنادها إلى خبرات سابقة، أو لعدم ربطها مع خبرات سابقة. أو لعدم تقديمها في سياق معايشة حقيقي.

ويمكن تحديد المحتوى ذي المعنى بما يلي:

1- إنه محتوى مرتبط بحاجات الأطفال وخبراتهم السابقة. وهذا ما يجعل الدماغ منتبهاً، نشطاً، ومهتماً.

> إن تقديم خبرة معايشة للأطفال تقضي على مظاهر عدم المساواة والتكافؤ. وتجعل جميع الأطفال فاعلين ونشطين ومهتمين. فلا فروق بين الأقوياء والضعفاء.

2- إن الخبرة ذات المعنى هي الخبرة التي تأتي في سياق حقيقي، وخبرات المعايشة أو الانغماس أو الخبرات شبه الحقيقية مثل العينات أو الأجزاء الحقيقية. ويلاحظ المهتمون أن لا وجود لفروق بين الأطفال في الخبرات الحقيقية و هي خبرات

المعايشة. أما الخبرات الرمزية و هي خبرات الكتب و اللغة، فالفروق كبيرة، ذلك لأن هذه الخبرات تمثيلية لا ترتبط بكثير من الحواس. فإذا أردنا القضاء على مظاهر عدم التكافؤ بين الأطفال علينا تقديم خبرات معايشة حقيقية لهم.

3- إن الخبرات ذات المعنى هي الخبرات التي تستند إلى دراسة مفاهيم وعلاقات، وليس دراسة حقائق. فالحقائق جامدة ثابتة لا تحرك الدماغ، بينما تعمل المفاهيم على تنشيط الدماغ وجعله يبحث عن روابط جديدة وعلاقات جديدة بشكل متواصل.

4- اجعل الطفل جزءاً من موقف التعلم، ودعه يشعر بأن الموضوع ذو صلة مباشرة فيه، وأنه ليس مجرد مراقب للأحداث أو المشاهد لها.

إن إدماج الطفل في الموقف التعليمي يتطلب إحداث خبرات معايشة أو خبرات انغماس، تلزم الطفل باتخاذ موقف مما يجري، كأن يحكم على صحة الموقف، أو يقيّم الموقف، ويقترح تعديلات أو إضافات عليه.

ثالثاً- التعاون:

التعليم التعاوني مطلوب لنمو الدماغ. فالتعليم التقليدي المستند إلى الجلوس والهدوء والعمل المنفرد أصبح قاصراً عن إثارة دماغ الأطفال. فالأطفال يتعلمون من خلال اتصالهم بالآخرين وتفاعلهم معهم، وتبادل الخبرات والأحكام والآراء.

فالطلبة يمتلكون خبرات متنوعة، لابد من تداولها وتبادلها لإغناء خبراتهم كأفراد.

> إن معلماً واحداً يواجه صفاً من ثلاثين دماغاً مختلفاً. لا يتمكن من أداء مهماته. فلا بد من تعاون الطلبة معاً.
> " كوفاليك، وألسن"
> تجاوز التوقعات (1)
> ص22:1

وينظم العمل التعاوني بما يجعل كل مشارك في مجموعة يؤدي عملاً يخدم المهمة التي تقوم بها هذه المجموعة، وبحيث لا يستطيع أي مشارك أن يقوم بكل العمل نيابة

عن المجموعة. وقد أوضحت الدراسات العديدة فوائد العمل التعاوني وعمل المجموعات في زيادة تحصيل الطلبة وتحسين أدائهم وإكسابهم المهارات الحياتية المختلفة.

رابعاً- الحركة:

تعتبر الحركة من العوامل الهامة لتنشيط الدماغ.

فالألعاب والأرجوحة والقفز والمشي مهمة جداً في تنمية الأذن الداخلية، وهي أول جهاز ينضج لدى الإنسان، كما أنها مهمة لنمو المخيخ.

ويرى العلماء أن الحركة تطلق عامل BDNF وهو مادة مغذية للدماغ تعزز التفكير وتقلل التوتر. ولذلك ينصح بإجراء تمارين منتظمة على مدى الأسبوع، بمعدل ثلاث مرات أسبوعياً ولمدة عشرين دقيقة في كل مرة.

إذا أردت أن تخلق مشكلة مع طفل، امنعه من الحركة

التوتر يطلق كيماويات تقتل الخلايا العصبية المرتبطة بالذاكرة طويلة الأمد. ويؤثر على الهايبوكامبوس مركز هذه الذاكرة.

وتشير الملاحظات أن أطفال اليوم محرومون من الزحف ومن الحركة، فلم يعودوا ينطلقون في الشوارع والمزارع والأحياء ولم يعودوا يستخدمون المراجيح والألعاب بداعي خطورتها. وبقوا في منازلهم يجلسون ساعات طويلة دون حراك يشاهدون التلفزيون على مدى ساعات طويلة. إن الحركة تساعد الطفل على التعلم، ولذلك يستغل المنهج الحديث الحركة ويوظفها في التعلم، حيث تشير دراسات أن من يمارسون نشاطاً رياضياً بتحسن أدائهم الأكاديمي بنسبة 13%، كما تشير دراسات إلى علاقة إيجابية بين انخفاض الحركة والعنف، حيث يزيد عنف الأطفال المحرمون من الحركة.

الحركة والسرور

ترتبط الحركة بإثارة كيماويات تولد السرور وقلتها تولد الإحباط.

إن استغلال الحركة في التعلم يتطلب.

- صفوفاً ذات حجم كبير.
- أنظمة تسمح بالحركة والمشي وتغيير المقاعد.
- أنشطة تعليمية تتطلب حركة مثل: ابحث عن ....، أحضر ....، جد زميلاً ....
- ممارسة تمارين المدّ والاسترخاء والحركة.

خامساً- البدائل والخيارات:

كل دماغ فريد من نوعه، له روابطه العصبية وخلاياه الخاصة والتي تشكلت عبر ما مرّ به من خبرات، ولذلك فإن تعليم الأطفال بطريقة موحدة، ومادة واحدة هو نقيض للدماغ، فكل دماغ يحتاج إلى تعلّم خاص وبطريقة خاصة.

ومن هنا فإن من المهم وضع الأطفال أمام خيارات وبدائل، وتستطيع المدرسة الناجحة تقديم الخيارات التالية:

- تقديم تعليم جماعي و مجموعي وزوجي وفردي.
- تنويع التعليم حسب مستويات أهداف بلوم: التذكر والاستيعاب والتطبيق والتحليل والتركيب والتقويم.
- تنويع التعلم حسب ذكاءات "جاردنر" الثمانية والتي سيتم التحدث عنها في فصل لاحق.
- تقديم خيارات حسية أو معطيات حسية متنوعة يختار منها الطالب تفضيلا ته الخاصة.
- تقديم خيارات في الوقت، بحيث يحدد الطالب أوقاتاً أكثر ملاءمة.

> لعل من أبرز الخيارات والبدائل تلك المرتبطة بأنواع الذكاءات الثمانية. والتي تعكس خيارات مفضلة للطلبة

> لأنهم ليسوا متماثلين قدّم لهم خيارات

إن تقديم الخيارات للطلبة يولد تعلّماً نشطاً وساراً، ويجعل الطلبة أكثر دافعية للتعلم.

سادساً- الوقت:

ولأن كل دماغ فريد، فإنه يحتاج إلى وقت خاص ويختلف الوقت اللازم للتعلّم باختلاف أدمغة الأطفال. ولكن بشكل عام، يحتاج التعلم إلى وقت. ويحتاج الدماغ إلى وقت كافٍ للقيام بالعمليات التالية:

- معالجة المعلومات.
- التأمل في المعلومات.
- إحداث التغييرات الفيزيولوجية اللازمة في الدماغ.
- نقل المعلومات إلى الذاكرة بعيدة المدى.

من المهم تعليم الأطفال كيف يديرون وقتهم؟ وكيف يخططون؟

ويمكن للمعلمين توفير الوقت اللازم باستخدام الاستراتيجيات التالية:

1- تقليل عدد الحقائق والموضوعات المعطاة، لصالح التعمّق في عدد محدود من المفاهيم والأحداث والعلاقات. فالنوع أكثر أهمية من الكم.

2- إعطاء الطلبة وقتاً كافياً للتأمل واستيعاب المواقف ومعالجة وتحليل الأمور.

فترة وقت الانتظار من 3-5 ثوانٍ

3- إن استخدام استراتيجيات تدريس مثل التعلّم التعاوني أو حل المشكلات يتطلب وقتاً أطول من التعليم التقليدي.

يشترط في الواجبات أن لا تكون تكراراً لما تعلمه الطالب بل استكمال وإضافة وامتداد وتطبيق وتقويم.

4- يعطي المعلم وقت انتظار كاف للطالب حتى يجيب عن السؤال فلا يجوز أن ينقل السؤال فوراً من طالب إلى آخر دون أن يعطى فترة انتظار كافية لإنتاج الإجابة المطلوبة أو استدعائها.

5- شجع الطلبة على استخدام وقت إضافي داخل المدرسة وخارجها من خلال الواجبات المنزلية بشرط المحافظة على شروط الواجب السليم.

6- وأخيراً، يفترض تدريب الطلبة على تخطيط الوقت ووضع برنامج زمني مرن يمكنهم من إنجاز مهامهم التعليمية وغير التعليمية.

سابعاً- التغذية الراجعة الفورية:

> يفترض أن تكون التغذية الراجعة إيجابية، فورية، مستقبلية

التغذية الراجعة هي ما يقدمه المعلم تعليقاً على سلوك قام به الطالب. وهذه مفيدة لنمو الدماغ. حيث يطلق الدماغ كيماويات تجعل الطفل يشعر بالارتياح لما تلقاه من ملاحظات خاصة إذا كانت إيجابية تحفز الطفل أو تصحّح موقفاً له دون إحراج أو نقد أو إحباط.

إن الأطفال يتلقون التغذية الراجعة بشكل فوري في حياتهم اليومية، فحين يتحدثون أو يأكلون أو يمارسون نشاطاً ما، يتدخل ذووهم مباشرة في تقديم التغذية الراجعة بخلاف ما يحدث في المدرسة حيث تؤجل التغذية الراجعة. ومن مظاهر التأجيل ما يلي:

1- توزع أوراق الامتحان بعد فترة طويلة نسبياً.

2- تعلق نتائج الطلبة في نهاية العام.

> إن تأجيل حصول الأطفال على التغذية الراجعة يؤدي إلى توتر، وارتباك وعجز وهذه عوامل مضادة لعمل الدماغ.

كما تقدم المدرسة تغذية راجعة سريعة، وغالباً ما تكون حكيمة أو تغذية خارجية. فالمطلوب تنظيم التغذية الراجعة بحيث تراعي ما يلي:

1- أن تكون فورية بعد القيام بالسلوك مباشرة. وأن لا تؤجل.

2- أن تقدم لهم بصفة دورية مستمرة وليست موسمية على فترات ثابتة.

3- أن تطوّر المدرسة استراتيجيات جديدة مثل:

- تغذية راجعة داخلية.
- تأمل الطفل لأنشطته.
- تجول المعلم بين الطلبة لتقديم التغذية.
- تقديم تغذية قبلية تقلّل الوقوع في الأخطاء.
- يتبادل الطفل التغذية الراجعة مع جاره أو زميله.
- أن يحكم الطفل على نشاطه استناداً إلى معيار أو مرجع.
- إدماج الآباء في تقديم التغذية الراجعة.

ثامناً- الإتقان:

الإتقان عادة عقلية، يمارسها الدماغ بعيداً عن العجرفة والغرور، وهذه العادة تعكس ثقة بالذات، ويعتبر الدماغ متقناً لمهارة ما أو موضوع إذا تحقق ما يلي:

- إذا تحدث الشخص مستخدماً مصطلحات ولغة الموضوع.
- إذا قام بأداء المهارة في مواقف جديدة وطارئة.
- إذا استخدم المهارة في حل مشكلات جديدة.
- إذا استطاع تعليم المهارة إلى شخص آخر. (Caine:94)

الإتقان لا يعني الحصول على علامة 100% في موضوع ما. بل هو القدرة على أداء سلوك ما أو مهارة ما.
(كوفاليك- أولسن 2002)ص: 27:2

فالإتقان لا يعني حصولنا على درجة كاملة. فقد نحصل على هذه الدرجة دون أن نتقن مهارة الأداء. ويمكن للطفل أن يحكم على نفسه في مدى إتقانه للموضوع أو للمهارة. فإذا كان التعلم يمر بخطوتين هما:

- تكوين المعنى مما نتعلمّه.

- تكوين برنامج عقلي وخزنه في الذاكرة البعيدة فإن الإتقان يعني أن نتقن هاتين الخطوتين معاً.

إن المدرسة الجيدة لا تكتفي بأن يصل 20% من الأطفال إلى مستوى الإتقان كما هـو معهـود في منحنى الذكاء. فالتعلّم الإتقاني يستطيع إيصال الطلاب جميعاً إلى مستوى إتقاني مرتفع.

تاسعاً- غياب التهديد:

إن التعليم ليس نشاطاً اختيارياً في معظم دول العالم.

فالتعليم إلزامي، ومع ذلك فـإن جـو التعليـم الحـالي مـليء بالتهديدات والمخاوف:

- تهديد عدم إتقان المادة.
- تهديد الخوف والفشل والقلق في الامتحان.
- تهديدات الأنظمة والقوانين.
- تهديدات من معلمين غير مؤهلين: عقوبات، ضرب.
- غياب العدالة وعدم النزاهة.
- تهديدات من زملاء سلبيين.

هذه التهديدات غالباً ما توجد في معظـم المـدارس. فالطلبـة مهددّون فهل يجب عليهم تحمّل التهديد والبقاء في المدرسة؟

إن التهديد يجعل الطلبة متوترين وخـائفين، ويصـعب عـلى الدماغ المهدّد أن ينتبه، فهو مشـغول بالبحـث عـن الحمايـة أو رد العدوان، فالمهدد يشغل وقته بالبحث عن مصادر تهديد، أو الوقاية منها، أو في البحث عـن ضـحايا لعنف أو عدوان قادم.

لا تسبّب الأذى

إن أول قـوانين أبقـراط في الطـب هـو: لا تسـبّب الأذى للمريض.

ألـيس ذلـك حرياً بـأن يكون قانوناً مدرسياً؟

التـوتر والتهديـد يطلقـان الكـورتيزول الـذي يقلّـل المناعـة ويقتـل الخلايـا الدماغيـة المرتبطـة بالذاكرة.

كـما يقلـلان مـن السـيراتونين مـما يطلـق العنان للأطفال العدوانيـة والعنف.

إن الـدماغ المهـدد يطلـق كـورتيزول وأدرينـالين وهـذان الكيماويان يغيران من طريقة تفكيرنا وشعورنا.

إن خلايا الدماغ تتضاءل وتضعف في أثناء التهديد، ويميل الإنسان المهدّد إلى الانكفاء حول ذاته والتمركـز حـول موضوع التهديد، فيفقد قدرته على مواجهة موقف التعلّم أو الانتباه له.

والمدرسـة الجيـدة تحمـي الـدماغ مـن التهديد، فتبعد مصادر التهديد، وتوفر الأمن، ولا تلزم الأطفال بمواعيـد دقيقـة وثابتة وحرجه. ولا تضع قواعد تعامل غير مقبولة أخلاقياً أو منطقياً. ولا تستخدم العقوبات والنقد كوسائل للتعليم وإثارة الحـوافز والـدوافع، فالطلبـة ليسـوا عـمال بنـاء كي نحفـزهم بالمكافأة ونهددهم بالعقوبـات. فالـدماغ يحفـز مـن الـداخل. فالتعلم هو الحافز على التعلم.

استـراتيجيات مدرسـية للحماية من التهديد

- تقـديم خيـارات أمـام الطلبة.
- إعطـاء الطلبـة وقتـاً كافياً.
- الـتعلّم التعـاوني والاعتماد المتبادل.
- وضع قواعـد للتعامـل مع مصادر التهديد.
- توفير الاستراحة.
- توفير مكونات عاطفيـة مثل الحب والحنان.

الباب الثاني
استراتيجيات حديثة في التدريس

اشتمل هذا الباب على عدد من الاستراتيجيات الحديثة في التدريس مثل:

📖 التعليم المتمايز.

📖 الاستقصاء.

📖 التعليم التعاوني.

📖 حل المشكلة.

وقد تم عرض الفكرة النظرية لكل إستراتيجية بشكل مبسط، وتقديم نموذج درس تطبيقي عليها.

الفصل الرابع

التعليم المتمايز

هو تعليم يهدف إلى رفع مستوى جميع الطلبة، وليس الطلبة الذين يواجهـون مشـكلات في التحصيل. إنه سياسة مدرسـية تأخـذ باعتبارهـا خصـائص الفـرد وخبراتـه السـابقة، وهـدفها زيـادة إمكانات وقدرات الطالب. إن النقطة الأساسية في هذه السياسة هي: توقعات المعلمين من الطلبة، واتجاهات الطلبة نحو إمكاناتهم وقدراتهم.

إنها سياسة لتقديم بيئة تعليمية مناسبة لجميع الطلبة. ويرتبط مفهوم التعليم المتمايز بما يلي:

- استخدام أساليب تدريس تسمح بتنوع المهام والنتاجات التعليمية.
- إعداد الدروس وتخطيطها وفق مبادئ التعلّم المتمايز.
- تحديد أساليب التعليم المتمايز وفق كفايات المعلمين.

إن التحدي الذي يواجه المعلم: كيف يعلم جميع الطلبة علماً بأن كل طالب مختلف عن غيره؟

إنّ للطلبة قدرات مختلفة،واهتمامات، ودوافـع. إن تقـديم تعلـيم متمايـز لهـم يعتمـد عـلى ضرورة معرفة كل طالب وعلى قدرة المعلم على معرفة اسـتراتيجيات ملائمـة لتـدريس كـل طالـب، فليس هناك طريقة واحدة للتدريس.

إن كل طالب يأتي إلى المدرسة محمّلاً بخبرات مختلفة.بعضهم يعرف عن الحيوانات، الآخرون عن الزهور، بعضهم مارس عملاً منزلياً، حقلياً مع والديه، إنهم من بيئات مختلفة ويأتون بخبرات مختلفة.

سأل المعلم: 2+2 == ؟

أجاب الطالب: هل أنا بائع أم مشترٍ. فلكل حالة جواب !!

الاختلافات بين الطلبة

يمكن التحدث عن الاختلافات التالية:

> التعلـيم المتمايـز لا يتـم بتكيـيـف المـنهج، بـل باتخـاذ الطـرق الملائمـة لتنظيـم تقـديم المـنهج بأسـاليب مختلفـة تلائـم جميع الطلبة.

- اختلافات في البيئة المنزلية.
- اختلافات في الثقافة.
- اختلافات في التوقعات من المدرسة.
- اختلافات في الخبرات.
- اختلافات في الاستجابة لمتطلبات الدراسة.
- اختلافات في طرق إدراك العالم.

والتحدي أيضاً: كيف نعلّم هؤلاء؟

من الظلم أن نطالب المعلم باكتشاف طريقة تعليم تناسب كل طالب. فالمسألة تتطلب تنظيم الطلبة في مجموعات، وتدريس كل مجموعة بالطريقة الملائمة. إن عمليات التدريس والمناهج تتضمن ما يلي:

- مقررات ومحتوى.
- أهدافاً.
- أساليب.
- مصادر.
- تقويماً.

إن أبرز نقطة هنا هي نقطة البدء وهي التقويم.إننا نقوّم قدرات كل طالب لتكون أساساً لتعليمه. ثم نقيّم التعليم برمته: أهدافه وأساليبه ومصادره لنحكم هل تلقى الطالب ما يلائمه من تعليم؟ والتقويم هنا نقطة انطلاق جديدة لتعليم جديد.

خطوات التعليم المتمايز

1- يحدد المعلم المهارات والقدرات الخاصة بكل طالب محاولاً الإجابة عن السؤالين:

- ماذا يعرف كل طالب؟
- ماذا يحتاج كل طالب؟

إنه بذلك يحدد أهداف الدرس، ويحدّد المخرجات المتوقعة، كما يحدد معايير تقويم مدى تحقق الأهداف.

2- يختار المعلم استراتيجيات التدريس الملائمة لكل طالب أو المجموعات لطلبته والتعديلات التي يضعها لجعل الاستراتيجيات تلائم هذا التنوع.

3- يحدد المهام التي سيقوم بها الطلبة لتحقيق أهداف التعلم

الفرق بين التعليم العادي والتعليم المتمايز

في التعليم العادي يقدم المعلم مثيراً واحداً أو هدفاً واحداً.يكلّف الطلبة بنشاط واحد ليحققوا نفس المخرجات.

نفس المثير ← نفس المهمة أو النشاط ← نفس المخرجات

إذا أراد المعلم أن يراعي الفروق الفردية فإنه يعمل على تقديم نفس المثير للجميع ونفس المهمة ولكن يقبل منهم مخرجات مختلفة. ففي هذه الحالة يراعي قدرات وإمكانات الطلبة، فهم لا يستطيعون جميعاً الوصول إلى نفس النتائج أو المخرجات لأنهم متفاوتون في قدراتهم.

نفس المثير ← نفس المهمة ← مخرجات مختلفة حسب مستوياتهم

أما إذا أراد المعلم تقديم تعليم متمايز. فإنه يقدم نفس المثير، ومهام متنوعة ليصل إلى نفس المخرجات.

نفس المثير ← مهام متنوعة وأساليب متنوعة ← نفس المخرجات

إننا هنا علّمنا الجميع نفس الدرس لكن بأساليب ومهام متنوعة.

مثال:

قدم المعلم درسه وكان الهدف (المثير). أن يدرك الطالب أهمية التعاون والاعتماد المتبادل. ولتحقيق هذا الهدف المشترك للجميع قسم الطلبة مجموعات:

- المجموعة الأولى   :   تكتب قصة عن الموضوع.
- المجموعة الثانية   :   ترسم لوحة عن الموضوع.
- المجموعة الثالثة   :   تقدم موقفاً تمثيلياً عن الموضوع.
- المجموعة الرابعة   :   تقدم أمثلة واقعية عن حالات تعاون.
- المجموعة الخامسة   :   تناقش موضوعاً في مجلة يتحدث عن الموضوع.

أما المخرجات فهي التأكد من أن الطلبة يدركون أهمية التعاون والاعتماد المتبادل مع أنهم قاموا بأنشطة مختلفة.

وهكذا تعلموا التعاون بينهم لكن من خلال أنشطة متمايزة تناسب اهتماماتهم وذكاءاتهم المتنوعة.

أشكال التعليم المتمايز

يتخذ التعليم المتمايز أشكالاً متعددة منها:

1- **التدريس وفق نظرية الذكاءات المتعددة.** وتعني أن يقدم المعلم درسه وفق تفضيلات الطلبة وذكاءاتهم المتنوعة، وستعرض هذه الطريقة بتوسّع في فصل خاص.

2- **التدريس وفق أنماط المتعلمين.** يضيف بعض علماء النفس التربوي أنماط المتعلمين إلى: سمعي وبصري وحركي، ويضيف بعضهم نمطاً حسياً. والتدريس وفق هذه الأنماط شبيه بالتدريس وفق الذكاءات المتعددة، بمعنى أن يتلقى الطالب تعليماً يتناسب مع النمط الخاص به.

3- **التعلّم التعاوني.** يمكن اعتبار التعلم التعاوني تعليماً متمايزاً إذا راعى المعلم تنظيم المهام وتوزيعها وفق اهتمامات الطلبة وتمثيلاتهم المفضلة.

وسنتحدث عن التعلّم التعاوني في الفصل اللاحق.

مجالات التمايز في التعليم:

يمكن أن يتم التمايز في أي خطوة من خطوات التعليم:

1- **في مجال الأهداف:** يمكن أن يضع المعلم أهدافاً متمايزة للطلبة، بحيث يكتفي بأهداف معرفية لدى بعض الطلبة وبأهداف تحليلية لدى آخرين وفي هذا مراعاة للفروق الفردية حسب مستوياتهم العقلية.

2- **في مجال الأساليب:** يمكن أن يكلف المعلم بعض الطلبة بمهام في التعليم الذاتي، كأن يقوموا بدراسات ذاتية وعمل مشروعات وحل مشكلات، في حين يكلف طلبة آخرين بأعمال يدوية وآخرين بمناقشات... وهكذا وهذا النوع يسمى تعليماً متمايزاً حسب اهتمامات الطلبة.

3- **في مجال المخرجات:** كأن يكتفي بمخرجات محدودة يحققها بعض الطلبة، في حين يطلب من آخرين مخرجات أخرى أكثر عمقاً. وينوع المعلم في أساليب تقديم هـذه الأهـداف. وفي هـذا النوع يقبل المعلم ما بين الطلبة من تفاوت عقلي.

إن المستويات الثلاثة السابقة من التعلم المتمايز يمكن تحقيقها، ولكـن الاكتفـاء بـالتميز في الأهداف لا يحقق الغرض، لأن الهدف من التعليم المتمايز تقديم تعليم لكل الطلبة. ويمكن تحقيق هذا التعليم إذا تم استغلال تمثيلات الطلبة وإمكاناتهم. واستغلال مجالات قوتهم لتدعيم مجالات ضعفهم:

مثال:

طالب ضعيف في اللغة الإنجليزية. لكنه يحب الرياضة!

كيف نستغل الرياضة لتدعيم تعلم اللغة الإنجليزية؟

الحل:

طلب المعلم من الطالب أن يقدم أخباراً رياضية باللغة الإنجليزية، من خلال إعطائه صحيفة باللغة الإنجليزية. صار الطالب يبحث عن أخبار رياضية يقدمها أمام زملائه يوميـاً. اكتسـب ثقـة بنفسه وبلغته الإنجليزية.

إننا هنا لم نعدل المنهج، ولم نقبل مستوى متدنياً من هذا الطالب، إنما ركزنا على تنمية ضعفه من خلال استغلال نقاط قوته.

الفصل الخامس

الاستقصاء

يقصد بالاستقصاء أن يقوم الطالب ببذل جهد في الحصول على معلومات تفسر له المشكلة التي يواجهها. فالطالب حين يواجه سؤالاً محيراً أو موقفاً غامضاً أو مشكلة تحتاج حلاً، فإنه يشعر بعدم المعرفة، فيلجأ إلى خبراته السابقة والبحث عن الحلول ومحاولة اكتشاف الإجابة. إنه يستخدم حواسه وتفكيره لإزالة الغموض أو الحيرة أو عدم الوضوح.

الاستقصاء
الجهد الذي يبذله الطالب في سبيل الحصول على حل لمشكلة أو موقف غامض أو الإجابة عن سؤال.

إنه يضع فروضاً أولية لتفسير الموقف ثم يجمع معلومات لفحص هذه الفروض والتأكد من صحتها أو عدم صحتها إلى ان يتوصل إلى الحل المناسب.

خطوات طريقة الاستقصاء

إن خطوات الاستقصاء هي نفس خطوات البحث العلمي:

1- الإحساس بالمشكلة:

نضع الطالب أمام مشكلة لا يجد تفسيراً لها أو سؤال محير يستثير الطالب إلى البحث عن حل أو إجابة كأن نقول للطلاب الموقف التالي:

المشكلة
هي موقف غامض أو سؤال مثير يدفع الطالب إلى البحث عن حل أو إجابة.

كيف يتزايد السكان في بلادنا؟

هذه مشكلة غامضة تحتاج إلى تحديد. ولذلك نقـوم بالمشـاركة مـع الطلبـة في تحديد هـذه المشكلة.

2- تحديد المشكلة:

يقوم الطلبة بجمع معلومات حول المشكلة، مثل:

- يتزايد السكان الريفيون.

- يتناقص عدد سكان المدن الأصلية.

- تتزايد أعداد الوافدين.

- يقل حجم الأسرة في المدينة بينما يزداد حجم الأسرة الريفية.

- ارتفع سن الزواج في المدينة وانخفض في الريف.

هذه معلومات متضاربة بحاجة إلى تحديد. فهل المشكلة هي:

- تزايد السكان بشكل عام؟ أم تزايد الوافدين؟

- هل هي انخفاض سن الزواج؟ أو زيادة حجم الأسرة؟

ولذلك يقوم الطلبة مع المعلم بتحديد المشكلة كأن نقول:

(ما أثر انخفاض سن الزواج على زيادة عدد السكان؟)

إننا هنا أمام سؤال محدد واضح، لكنه يحتاج إلى إجابة.

إننا ندفع الطلبة إلى تقديم إجابات من خلال خبراتهم السابقة أو المعلومات التـي جمعوهـا. وهذا ما يقودنا إلى الخطوة الثالثة:

3- وضع حلول أو إجابات مؤقتة:

نطلب من الطلبة إعطاء تفسيرات أو إجابات عن السؤال المحدد:

ما أثر انخفاض سن الزواج على زيادة عدد السكان؟

فقد نحصل على الإجابات المبدئية التالية:

- لا يؤثر سن الزواج على زيادة عدد السكان.
- يؤثر سن الزواج بشكل محدد.
- يؤثر سن الزواج بشكل كبير جداً.
- انخفاض سن الزواج ليس موجوداً في المدينة.
- ارتفاع مستوى التعليم هو الذي يؤثر على سن الزواج.
- الأميون كثيرو الأطفال.

إننا أمام إجابات محتملة كثيرة. لا بد من تحديدها واختيار الأكثر منطقية منها. كأن نختار ما يلي:

" إن انخفاض سن الـزواج شـائع في الريـف أكثـر مـن المدينـة. وأن المعلمـين لا يتزوجـون في سـن منخفض. "

هذا هو الحل المؤقت الذي اخترناه. ولكن هل هو حل صحيح؟

إننا لا نعرف. فلابد من القيام بعمليات استقصاء وبحث عـن المعلومـات حتـى نفحـص هـذا الحل. وهذا يقودنا إلى الخطوة التالية:

4- فحص الحل المقترح.

في هذه المرحلة نطلب من الطلبة جمع معلومـات لفحـص الحـل. فنكلـف مجموعـات مـن الطلبة باستقصاءات حول:

- معدل سن الزواج في المدينة.
- معدل سن الزواج في الريف.
- معدل سن الزواج لدى من يحملون مؤهلات علمية عالية.

- معدل سن الزواج لدى من يحملون مؤهلات علمية متدنية.
- حجم الأسرة في المدينة، وفي الريف.

إننا نجمع هذه المعلومات وننظمها في جداول لتبيّن لنا أي العوامل التي تؤثر على حجم الأسرة: وما أثر المدينة والريف؟

وما أثر الآباء والأمهات حسب مؤهلاتهم العلمية؟

فإذا وجدنا مثلاً ما يلي:

المتغيرات / سن الزواج	المدينة		الريف	
	ذكور	إناث	ذكور	إناث
معدل سن الزواج	27	25	18	15

إن هذه المعلومات التي توصلنا إليها تشير إلى وجد فروق في سن الزواج بين المدينة والريف.

ثم ننظم المعلومات الأخرى حسب مؤهلات الآباء والأمهات في جدول خاص:

مؤهلات الآباء والأمهات	سن الزواج	مؤهلات الأمهات	سن الزواج
درجة جامعية فما فوق	30	درجة جامعية فما فوق	26
شهادة متوسطة	25	شهادة متوسطة	19
شهادة ابتدائية	23	شهادة ابتدائية	18
أمي	19	أمي	18

إن هذه المعلومات تشير إلى أن سن الزواج يرتفع بارتفاع درجة تعليم الأب والأم.

ومن هنا يمكن التوصل إلى النتيجة وهي الخطوة التالية:

5- النتيجة:

إن المعلومات التي جاء بها الطلبة وكما نُظمت في الجداول السابقة تشير إلى النتائج التالية:

● النتيجة الأولى: يرتفع سن الزواج لدى ذكور وإناث المدينة.

● النتيجة الثانية: يرتفع سن الزواج بارتفاع المؤهلات العلمية للزوجين.

6- مناقشة:

يثير المعلم نقاشاً حول ما تعنيه هذه النتائج للطلبة. وماذا يمكن أن يستفيدوا منها. وكيف يمكن أن يستخدموها. وكيف يمكن أن يفسروا بعض الظواهر المرتبطة بها؟ ويمكن أن يثير المعلم سؤالاً حول:

لو كنت صاحب قرار. ما القرار الذي ستتخذه بشأن سن الزواج؟

درس تطبيقي على الاستقصاء

الموضوع: المغناطيس / علوم

الصــف: المرحلة الأساسية الأولى 1- 3

الـهـدف: أن يستنتج الطالب خاصية المغناطيس.

المشكلة:

وضع المعلم ثلاثة قوارب ورقية في الماء.

أحضر المعلم مغناطيساً. قربّه من القوارب الثلاثة. تحرك أحدها فقط. ولم يتحرك القاربان الآخران.

سأل الطلبة: لماذا تحرك القارب ولم يتحرك القاربان الآخران؟

خبرات الطلبة السابقة:

- هناك خيط مربوط بين المغناطيس والقارب.
- صدفة.
- جاء هواء خفيف حرك القارب.
- يوجد محرك صغير في القارب.

دور المعلم:

- طلب المعلم من الطلبة اختبار الإجابات لمعرفة مدى صحتها.
- قام ثلاثة طلاب بمشاهدة القارب فلم يجدوا خيطاً مربوطاً.

- فحص الطلبة القارب فلم يجدوا فيه محركاً صغيراً.
- استبدلوا أماكن القوارب. فلم يلاحظوا أن القارب تحرك بفعل هواء خفيف.

النتيجة:

استبعد الطلاب فكرة الخيط المربوط والهواء الخفيف والمحرك.

- أعاد المعلم التجربة: تحرك القارب نفسه ولم يتحرك القاربان الآخران.
- طلب المعلم من بعض الطلبة: فتح القاربين فلم يجدوا سوى ورقة بيضاء.
- طلب المعلم فتح القارب الذي تحرك. وجدوا فيه مسماراً صغيراً.

اندهش الطلبة.

- أعاد المعلم بناء أحد القاربين القديمين ووضع المسمار فيه ووضعه في الماء. أحضر المغناطيس. تحرك القارب.
- سأل المعلم لماذا تحرك الآن ولم يتحرك سابقاً؟

الطلبة: لأن فيه مسماراً.

المعلم: ماذا فعل المغناطيس.

الطلبة: جذب المسمار فتحرك القارب.

التطبيق:

طلب المعلم من الطلبة عمل قارب ورقي. ووضع مسمار فيه. أعطاهم المغناطيس. تحرك القارب.

الاستنتاج:

المغناطيس يجذب الحديد.

أمور تراعى في استخدام الاستقصاء:

1- يمكن استخدام الاستقصاء في جميع مراحل التدريس بدءاً من رياض الأطفال. ويراعى تنوع المشكلات ومستوى المشكلة. فما هو مشكلة بالنسبة لمستوى الصف الخامس قد لا يكون مشكلة بالنسبة لمستوى الصف السادس مثلاً.

2- يجب أن يكون الموقف مثيراً وحافزاً للطلبة على القيام بالاستقصاءات اللازمة. إن موضوعاً مثل إعداد الخبز مثلاً قد يكون مثيراً لطلاب الأرياف لكنه مثير جداً لدى الطلاب في المدينة الذين لا يعرفون أن الخبز من العجين، والعجين من الطحين، والطحين من القمح. والقمح من المزرعة...

3- يحتاج الطلبة إلى إثارة دوافع مثل حب الاستطلاع. والتفكير وحب البحث والتجريب. حتى يقوموا بالاستقصاءات اللازمة.

4- يحتاج الطلبة إلى تعلم المهارات مثل الملاحظة والتفكير النقدي والمقارنة وتنظيم المعلومات. وهي مهارات أساسية في البحث والاستقصاء.

5- يدرك المعلم أن الهدف هو القيام بالاستقصاء. وأن الحصول على نتيجة محددة ليس هو الهدف، إننا بالاستقصاء ندرب مهارات الطلبة وننّمي اتجاهات عقلية إيجابية لديهم.

الفصل السادس

التعليم التعاوني

بقصد بالتعلم التعاوني أن يعمل الطلبة في مجموعات أو في أزواج لتحقيق أهداف التعلم. ويستند هذا النوع من التعلم إلى الأسس التالية:

- التعاون والاعتماد المتبادل بدلاً من التنافس.
- يعمل الطلبة في فريق ويقيمون علاقات اجتماعية قوية بتفاعل قوي.
- ضرورة العمل معاً لحل مشكلات يصعب حلها فردياً.
- تحقيق الالتزام بالعمل مع الآخرين.
- المساواة الفردية لكل عضو في الجماعة.

> **الاعتماد المتبادل**
> مـا هـو موجـود عنـدك أحتاج إليه أنا. وما هو موجود عندي تحتاج إليه أنت فلماذا لا نعمل معاً؟

خطوات تنفيذ الدرس التعاوني:

يمر الدرس التعاوني بخطوات متعددة هي:

1- اختيار موضوع الدرس:

يتم اختيار موضوع الدرس وفق الأسس التالية:

> **المسؤولية الفردية**
> كـل عضـو في الجماعـة مسؤول عـن النتيجـة النهائية لعمل المجموعة.

- أن يرتبط الدرس بحاجة تثير اهتمام الطلبة.
- أن يمتلك الطلبة خبرات سابقة ذات صلة بموضوع الـدرس حتى يتمكنوا من

دراسته ذاتياً، وحتى يحاولوا إيجاد نقاط أساسية للبدء منها.

- أن يمكن تقسيم الدرس إلى مجموعة مهام متكاملة.

2- **تقسيم الدرس إلى مجموعة مهام.**

3- **تشكيل المجموعات.** بحيث تضم المجموعة من 4 - 6 أشخاص مختلفين في اهتماماتهم وقدراتهم أو يمكن عمل مجموعات متجانسة من أشخاص متقاربين في حالات معيّنة.

4- **توزيع المهام على المجموعات.** يمكن توزيع نفس المهمة لكل مجموعة كما يمكن توزيع مهام متباينة، وذلك يعتمد على عوامل عديدة مثل هدف الدرس وطبيعته والوقت المخصص للنشاط. وفيما إذا كان العمل يتم داخل الفصل أو خارجه.

ويشترط في إعداد المهام ما يلي:

- إن تكون المهمة محددة ومثيرة ومقبولة من الطلبة.
- أن تكون متشعبة بحيث تتطلب تضافر جهود وليس جهداً فردياً.

5- **تخصص وقت معين لأداء كل مجموعة.** ويطلب منها تقرير مفصل عن أعمالها.

6- **تعرض كل مجموعة أعمالها.** ويمكن أن يكون العرض بإحدى الوسائل التالية:

- عرض تقرير شفوي أو باستخدام أجهزة العرض.
- طباعة التقرير وتوزيعه على الطلبة.
- تعليق التقرير في مكان بارز ومناقشته مع من يرغب.

7- يقيّم المعلم أعمال المجموعات كوحدة واحدة. وتحصل المجموعة على تقييم مشترك. فأعضاء المجموعة ليسوا متنافسين، بل يدعمون بعضهم. ويعملون معاً للحصول على إنجاز وتقييم أفضل وقد يميز المعلم بين أفراد المجموعة إذا وجد ما يبرّر ذلك.

أمور تراعى في الدرس التعاوني:

يراعي المعلم عددا من القضايا الهامة في إعداد الدرس التعاوني وتنفيذه:

1- **حجم المجموعة:** يمكن أن تتكون المجموعة من عضوين أو أكثر إلى ستة أو سبعة أعضاء. مع مراعاة أن المجموعة قليلة العدد يمكن أن تعمل بكفاءة أكثر. ولكن إذا كان حجم العمل كبيراً يمكن تشكيل مجموعات أكبر عدداً. وينصح المربون أن تكون المجموعة الملائمة من 4- 5 أعضاء.

2- **تشكيل المجموعة:** تشكل المجموعة بشكل عشوائي غير مقصود، فلا يفترض أن تشكل مجموعة للطلبة الأقوياء، وأخرى للمتوسطين، فالمجموعات المتجانسة ليست ضرورية، إننا نريد أن تتشكل المجموعة بحيث تتوافر فيها طلاب من اهتمامات مختلفة وقدرات مختلفة لأنهم سيمارسون أدواراً مختلفة مثل المنسق، الملخص، المقوّم، المسجّل، الملاحظ، المشجّع..

3- **يعطي المعلم كل التعليمات، ويوزع المهام،** ويوضحها قبل أن ينصرف الطلاب إلى مجموعاتهم. لأنه لن يتمكن من توصيل ما يريد إذا انتقل الطلاب إلى المجموعات مما سيضطره أن يمّر عليهم جميعاً لإعطائهم التعليمات. وهذا يستهلك وقتاً طويلاً لا لزوم له ويفضل أن تعطى التعليمات مكتوبة.

4- **يقوم المعلم في أثناء عمل المجموعات بالمهام التالية:**

- يتجول بين المجموعات. وقد يجلس مع بعضها إذا وجدها بحاجة إلى مساعدة.
- يحافظ على وجود جو إيجابي، مثير للعمل، بعيد عن الصخب والفوضى.
- يحفز بعض الطلبة على المشاركة إذا وجد أن ذلك ضرورياً.

5- **يمكن للمعلم أن ينظم مجموعات ثابتة،** فما يسمح بإقامة علاقات وثيقة بين أفراد المجموعة، بحيث تبقى المجموعة تعمل معاً فترة طويلة على مدى فصل دراسي أو عام.

كما يمكن للمعلم أن يغيّر من تشكيل المجموعات لإتاحة الفرصة أمام الطلبة بالالتقاء والتفاعل مع أعداد كبيرة. ويمكن للمعلم أن يستخدم الشكلية بين فترة وأخرى. بحيث يستخدم مجموعات ثابتة على مدى شهر أو أكثر. ثم يشكل مجموعات وقتية لمناقشة مشكلات محددة في حصة أو وقت زمني محدد.

6- **إن التعليم التعاوني لا يعني أن يعمل الطلبة في مجموعات طوال الوقت** بل قد يلجأ المعلم إلى استخدام المجموعات في جزء من الحصة أو في بعض الحصص، ويمارس الاستراتيجيات الأخرى في حصص أخرى.

فليس المطلوب تحويل كل التعليم إلى تعلّم تعاوني، إلاّ إذا كانت ذلك سياسة المدرسة وفلسفتها.

درس تطبيقي في المجموعات

الموضوع: التضاريس

المـــادة: جغرافيا

الصف: الأول الثانوي

أهداف الدرس:

1- أن يستوعب الطالب مصطلحات ومفاهيم الدرس.

2- أن يميز الطالب بين تضاريس المرتبة الأولى والمرتبة الثانية.

3- أن يستنتج الطالب تغيّر شكل القارات عبر الزمن.

4- أن يميز الطالب بين تضاريس المرتبة الثانية.

إجراءات الدرس:

1- يوزع المعلم الطلبة في خمس مجموعات.

2- يعد المعلم أوراق عمل مختلفة لكل مجموعة.

3- يوزع ورق العمل لكل مجموعة.

4- يطلب من المجموعات البدء بالعمل.

5- تناقش كل مجموعة عملها أمام المجموعات الأخرى.

6- يقيم المعلم أعمال الطلبة.

أوراق العمل:

يعد المعلم أوراق العمل التالية:

ورقة العمل الأولى:

مصطلحات ومفاهيم (1)

الهدف: أن يستوعب المفاهيم والمصطلحات.

التعليمات:

1- فيما يلي عدد من المفاهيم والمصطلحات. حاولوا تفسير هذه المفاهيم بلغتكم الخاصة. وأعطوا مثالاً على كل منها من بيئتكم أو من بيئة أخرى إذا لم تجدوا في بيئتكم.

2- مدة العمل عشرون دقيقة.

3- سجلوا أعمالكم على لوح كرتوني أو ورق عادي أو شفافيات أو على الكمبيوتر.

المصطلحات والمفاهيم

- تضاريس، تضاريس قارية، تضاريس بحرية، تضاريس مرتبة أولى، تضاريس مرتبة ثانية.

ورقة العمل الثانية:

مصطلحات ومفاهيم (2)

الهدف: أن يستوعب المفاهيم والمصطلحات.

التعليمات:

1- فيما يلي عدد من المفاهيم والمصطلحات. حاولوا تفسيرها أعط أمثلة من لبيئة أو

من أي بيئة أخرى.

2-   مدة العمل عشرون دقيقة.

3-   سجلوا أعمالكم على شفافيات، كمبيوتر، أية وسيلة أخرى.

المصطلحات والمفاهيم

● بانغيا، لوراسيا، غندوانا، الرف القاري، الأخدود البحري، المنحدر القاري، الجبال المحيطة.

ورقة العمل الثالثة:

شكل القارات

الهدف: أن يستنتج أن القارات كانت كتلة يابسة متصلة.

التعليمات:

1-   اقرأ النص. وأجب عن الأسئلة أو اعمل المطلوب.

2-   مدة العمل عشرون دقيقة.

3-   اعرضوا أعمالكم على شفافيات.

النص:

تقول إحدى النظريات أن القارات الحالية كانت واحدة باسم بانغيا وهي من اليابس. انقسمت فيما بعد إلى لوراسيا وغندوانا.

كيف اكتشف العلماء هذه النظرية؟

كيف يثبتون صحتها؟

حاولوا قص كل قارة وألصقها معاً؟ هل يثبت ذلك صحة النظرية؟

ورقة العمل الرابعة:

تضاريس المرتبة الأولى والثانية.

الهدف: أن تميّز حجوم تضاريس المرتبة الأولى.

التعليمات:

- انظر إلى خارطة العالم الموجودة أمامك والدوائر الإلكترونية. وحاول الإجابة عن الأمثلة أو عمل المطلوب منك.

- مدة العمل عشرون دقيقة.

- اعرضوا نتاجكم على شفافيات أو...

المطلوب:

- خذوا الدائرة الصفراء واقسموها بخط إلى قسمين: يابسة وماء خذ الدائرة الزرقاء واقسموها بخطوط إلى سبعة أقسام بحيث يمثل كل قسم إحدى القارات.

- خذوا الدائرة الحمراء واقسموها بخطوط إلى أربعة أقسام بحيث يمثل كل قسم إحدى المحيطات.

ورقة العمل الخامسة:

تضاريس المرتبة الثانية

الهدف: أن تدرك خصائص التضاريس البحرية.

التعليمات:

- انظروا إلى الرسم التالي. وحاولوا الإجابة عن الأسئلة أدناه.

- مدة العمل عشرون دقيقة.

- اعرضوا أعمالكم بالطريقة التي ترونها ملائمة.

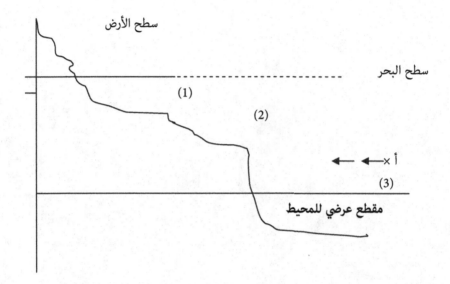

مقطع عرضي للمحيط

1-   ما اسم المنطقة (1)؟ (2)؟ (3)؟

2-   أين تذهب إذا أردت صيد السمك؟

3-   غرقت سفينة وتم انتشالها بسهولة. في أي منطقة غرقت؟

4-   غرقت سفينة ولم يعثر على حطامها. في أي منطقة غرقت؟

5-   ما أغنى المناطق بالنسبة لثرواتها؟

6-   ما المنطقة الصالحة للسباحة؟ للسفن؟

7-   سارت غواصة من المنطقة (أ) ماذا تتوقع أن يحدث لها؟

الفصل السابع

حل المشكلات

إن أبرز الاتجاهات نقل الطلبة من الحفظ والتلقين هو وضعهم أمام مشكلات حقيقية شعروا بها أو عايشوها. فالتعليم التقليدي قد يوفر فرصة الحفظ والتذكر لفترة محددة، ولكنه لا يوفر فرصاً للفهم والاستخدام والتطبيق في مواقف مماثلة أو غير مماثلة. فالتعلم من خلال المشكلة يكسب الطلبة معلومات ومهارات حياتية، لأن الطلبة يتعلمون من خلال العمل وفي مواجهة مواقف واقعية.

ويمكن تبسيط أسلوب حل المشكلة بما يلي:

1- وضع الطلبة أمام المشكلة كما وردت في المناهج والكتب المدرسية.

2- تقديم المشكلة للطالب على أنها مشكلة واقعية حياتية.

3- يحدد الطلبة إجراءات حل المشكلة والمعلومات التي يحتاجون إليها.

4- يطبق الطلبة إجراءات الحل من خلال عملهم في مجموعات تعاونية.

وهكذا يمكن اعتبار المشكلة على أنها:

طريقة منظمة يقوم من خلالها الطلبة بالتفكير بحل مشكلة يشعرون بوجودها وبحاجتهم إلى حلها. فهم يكتسبون معلومات ومهارات ذات صلة بحياتهم ومشكلاتهم وليس من أجل تقديم امتحان والنجاح فيه.

وسنقدّم في هذا الفصل نموذجاً لمشكلة وخطوات حلها.

" المشكلة المقترحة "

يلاحظ أن بعض الطلبة يشكون من آلام في السنان. كما يشكو كثير من الناس مثل هذه الآلام يقول بعض المهتمين أن الحلويات هي السبب. ولكن أطباء الأسنان يقولون بأن هناك أسباب عديدة مثل نوع ماء الشرب وطريقة تناول الغذاء وسوء الاستخدام.

كيف يمكن أن نساعد الأطفال على التمتع بأسنان سليمة. كيف نوضح لهم العوامل التي تؤدي إلى تلف أسنانهم ؟؟

1-   يناقش المعلم هذه المشكلة ويطلب من الطلبة أن يذكوا الحقائق التي يعرفونها حول هذا الموضوع.

ذكر الطلبة بعض الحقائق مثل:
- الأفكار والحلول المقترحة.
- إحضار طبيب أسنان يتحدث إلى الصف.
- عرض صورة لأسنان سليمة.
- كتابة بعلامات تدعو للمحافظة على الأسنان.
- يستخدمون أسنانهم يشكل صحي.
- ينظفون أسنانهم.
- لا يقطعون أو يكسرون بها شيئا.

- يتمهلون في الطعام
- قراءة بحوث ونصوص حول الموضوع.

في هذه المرحلة قدم الطلبة مقترحات أولية. وبعد الانتهاء من هذه المقترحات ينتقل المعلم بهم إلى المرحلة التالية:

2- الحقائق المعروفة حول الموضوع.

يطلب المعلم من الطلبة أن يذكروا الحقائق التي يعرفونها حول الموضوع مثل:

الحقائق التي يعرفها الطلبة.

- يعاني الكثيرون من تسوس الأسنان.
- تسوس الأسنان يؤدي إلى خلعها.
- هناك أطعمة تزيد من تسوس الأسنان.
- عدم غسل الأسنان يزيد من التسوس.
- الأطباء يساعدون في حماية الأسنان.
- الأهل الواعون يساعدون.
- السوس ينخر عظم السن.
- معجون الأسنان يحمي الأسنان.
- الكلور مفيد في حماية الأسنان.

هذه الحقائق كما طرحها الطلبة. وهي حقائق هامة، لكنها ليست شاملة وهناك حقائق أخرى لا يعرفونها. لم يتدخل المعلم لإبلاغهم بها، بل تركها لهم كي يكتشفوها في أثناء حل المشكلة.

بعد هذه الخطوة انتقل بهم المعلم إلى الخطوة التالية للإجابة عن سؤال:

ماذا تحتاجون لمعرفة المعلومات المطلوبة ؟

3- المعلومات التي يحتاج إليها الطلبة لحل المشكلة:

يقود المعلم نقاشا حول ما يحتاج إليه الطلبة. وبعد النقاش عبر الطلبة عن الحاجة إلى الإجابة عن الأسئلة التالية:

- ما المقصود بتسوس الأسنان؟
- ما هو السوس؟ وما مصادره؟
- ما العوامل التي تسببه؟
- ما مكونات معجون الأسنان؟
- ما مواصفات الماء الملائم للشرب والأسنان؟
- ما كمية الكلور؟ الفلور؟ المناسبة.
- ما المادة المخدرة التي يستخدمها الأطباء؟
- ما الرق الملاءمة للمحافظة على الأسنان؟
- ما المواد الكيماوية التي تؤدي إلى التلف؟
- ما المقصود بتقويم الأسنان؟

إن الطلبة قطعوا شوطا هاما في إنهاء المشكلة. والخطوات التالية هي وضع خطة العمل التي تقودهم إلى حل المشكلة.

4- خطة العمل.

يطلب المعلم مقترحات من الطلبة حول كيفية الحصول على الإجابة عن الأسئلة، والحصول على المعلومات التي لا يعرفونها، والمصادر التي سيلجؤون إليها.

- قراءة مجلات طبية.
- مقابلة ثلاثة أطباء أسنان.
- مقابلة صيدلاني.
- قراءة نشرات عن أنواع معجون الأسنان.
- الدخول إلى الانترنت.
- إجراء تجربة في المختبر.

وبعد ذلك ينظم المعلم والطلبة المعلومات السابقة في جدول على النحو التالي.

المقترحات الأولية	الحقائق والمعلومات المعروفة	المعلومات التي يحتاج إليها الطلبة	خطة العمل والمصادر
• التحدث مع طبيب أسنان • كتابة إعلانات للوقاية. • عدم كسر أجسام صلبة. • عدم قطع خيوط. • استخدام فرشاة الأسنان. • التقليل من الحلويات. • تغيير نظام الأكل. • غسل الأسنان باستمرار. • عدم الأكل بين الوجبات.	• التسوس يصيب الكثيرين. • التسوس يشوه الفم. • التسوس يؤدي إلى خلع السن. • عدم غسل الأسنان يؤدي إلى تلفها. • الأطباء يساعدون. • المعجون مهم. • الأهل يهتمون. • المواد الكيماوية: كلور،فلور، مفيد.	• ما المقصود بالتسوس؟ • ما أضراره؟ • ما العوامل المسببة له؟ • كيف نحمي أسنانا؟ • كيف نختار المعجون الملائم؟ • كيف نختار الفرشاة الملائمة؟ • ما المقصود بزراعة الأسنان؟ • ما المقصود بتقويم الأسنان؟ ما كلفة صيانة الأسنان؟ • ما المواد الكيماوية المفيدة؟ • ما المواد الضارة؟ • ما تأثير الحلويات؟ • ما مواصفات الأسنان السليمة؟	• استخدام الانترنت. • مقابلة ثلاثة أطباء أسنان. • إجراء تجربة مخبرية باستخدام أنواع من معاجين الأسنان. • مقابلة صيدلي. • مقابلة أشخاص تلفت أسنانهم. • مقابل أشخاص يتمتعون بأسنان سليمة. • قراءة مجلات علمية. • قراءة إعلانات معجون الأسنان. • زيارة مختبر أسنان.

ويستطيع الطلبة في هذه المرحلة إضافة أية معلومات وحقائق وأفكار حول هذا الجدول.

كيف تنفّذ خطة العمل ؟

إن حل المشكلة في الأساس عملية تعاونية،أكثر منها عملية فردية، خاصة إذا كان للمشكلة طبيعة عامة، شارك الجميع باختيارها وتحديدها، ووضع خطة عملها، ولذلك يمكن بدء التنفيذ باستخدام أسلوب عمل المجموعات.

- يوزع الصف إلى مجموعات.

- تختار كل مجموعة أحد النشاطات.

- تحدد فترة زمنية لانجاز العمل.

- يتم تبادل انجازات كل مجموعة بالطريقة المناسبة.

تحليل إستراتيجية حل المشكلة:

نتناول في هذا التحليل دور المعلم ودور الطلبة وخصائص التعلم بأسلوب حل المشكلة، وآثاره، ومتطلبات تحقيقه.

1- دور المعلم ودور الطلبة.

في هذه الإستراتيجية، لا مجال للحديث عن الدور التقليدي للمعلم، ولا عن دفتر التحضير، وخطوات عرض الدرس، ومتطلبات الإدارة الصفية التقليدية، إن جميع هذه الأمور تختفي حين نستخدم إستراتيجية حل المشكلة، ويتحدد دور المعلم الجديد بما يلي:

- تهيئة عدد من المشكلات على ضوء ما يراه من حاجات الطلبة.

- إثارة اهتمام الطلبة بالمشكلات المطروحة، وتنظيم إسهاماتهم في وضع خطة العمل.

- ربط المشكلة وحلها بالمعلومات التي يحتاج إليها الطلبة، وبالمهارات اللازمة لهم.

- توزيع الأدوار.

- مراقبة الطلبة ومتابعتهم وهم يعلمون.

- تقيم أداء الطلبة.

فالمعلم إذاً يتدخل في اختيار المشكلة، وتقديم صياغة أولية لها، مراعياً في ذلك ارتباطها بكل من حاجات الطلبة وبالمنهج المدرسي.

وقد تكون المشكلة قصيرة يمكن حلها في حصة دراسية واحدة، أو في مجموعة حصص، أو حتى يمكن أن تحل خارج إطار الحصص، كما يمكن أن تكون مشكلة تحتاج إلى وقت أطول شهر أو فصل. إن هذا يعتمد على طبيعة المشكلة.

وقد تكون المشكلة مرتبطة بمادة دراسية واحدة أو بعدة مواد دراسية. فالمشكلة السابقة هي مشكلة مرتبطة بمادة واحدة هي العلوم أو التربية الصحية، ويمكن تطويرها لتشمل مواد دراسية متعددة على النحو التالي:

2- ربط المشكلة بأكثر من مادة دراسية:

يمكن أن تربط هذه المشكلة: المحافظة على الأسنان بعدد من المواد الدراسية مثل:

- اللغة العربية.
- اللغة الإنجليزية.
- الرياضيات.
- التاريخ.
- الفنون.
- الجغرافيا.

أ- اللغة العربية:

يقرأ الطلبة نشرات عن صحة الأسنان والعلاجات المختلفة ويكتبون موضوعات إنشائية حول صحة الأسنان. كما يكتبون ملصقات وإعلانات حول الموضوع. ويمكن أن تبادلوا رسائل مع زملائهم أو مع أهلهم حول موضوع الأسنان.

ب- اللغة الإنجليزية:

يقرأ الطلبة نشرات باللغة الإنجليزية، يكتبون أسماء مصطلحات، مثل الأدوية، أنواع المعجون، طبيب الأسنان، أسماء الأسنان ويكتبون إعلانات وملصقات.

ج- الرياضيات:

يمكن إجراء الحسابات التالية:

- عدد الأسنان - أنواعها.
- أسعار علاج الأسنان: الحفر، الحشو، الخلع.
- أسعار تركيب الأسنان.
- أسعار التقويم.
- أسعار معجون الأسنان، فرشاة الأسنان.
- ما يصرفه الشخص على أسنانه: وقاية، علاج.

د- التاريخ:

- نشأة طب الأسنان.
- تاريخ فتح أول عيادة، أول معالجة.
- تطور علاجات الأسنان.
- تطور أدوات طبيب الأسنان.
- تطور استخدام الأسنان عبر مراحل تطور الأسنان.
- أسنان الإنسان القديم. الإنسان في العصر الإنسان.
- أسنان الإنسان القديم. الإنسان في العصر الحجري، البرونزي.

هـ- الجغرافيا:

- في أي المناطق شأ طب الأسنان.

- تطور طب الأسنان في القطار المتقدمة، في العالم الثالث.
- رسم خريطة للسن.
- رسم خريطة من المنزل إلى عيادة الأسنان.
- انتشار أمراض الأسنان في المناطق الجغرافية المختلفة.

و- الفنون:

- رسم أسنان.
- رسم أدوات علاج الأسنان.
- إقامة معرض عن سلامة الأسنان.

3- خصائص التعلم بأسلوب حل المشكلة.

يتميز إستراتيجية حل المشكلة بما يلي:

أ- إن التعلم هو تعلم ذو معنى، مستند إلى حاجات الطلبة ومشكلات واقعية على عاشوها، ويعالج وضعاً مرتبطاً بواقع معايش.

ب- إنه تعلم يعتمد على خبرات الطلبة السابقة و توظيفها في البحث عن حلول لمشكلات جديدة ولذلك يكون التعلم نشطاً، يقوم الطلبة من خلاله بالمشاركة في تحديد المشكلة وبذل الجهد في متابعتها، والعمل مع زملائهم لحلها.

ج- إنه يمكن أن يربط بين مواد دراسية مختلفة، مما يمكّن الطلبة من مواجهة مشكلاتهم خارج المدرسة، فالمشكلات خارج المدرسة لا يعتمد حلها على مادة دراسية واحدة. فمن يريد أن يشتري خضاراً على سبيل المثال يحتاج إلى معلومات:

رياضية : عن الأسعار

جغرافية : عن موطن هذه الخضار

كيماوية : عن الأسمدة والهرمونات المستخدمة

لغوية : التخاطب مع البائع

اجتماعية : عن مهارات التواصل.

إن تقديم التعلم كمشكلة مترابطة مع أكثر من مادة يساعد الطلبة على التكيف مع مشكلات الحياة وحلها.

4- إنه تعلم منشط للدماغ لأنه يمكن الطالب من اختيار المادة الدراسية والنشاط الذي يرغب فيه، والوقت الذي يعمل فيه، فهو تعلم أكثر انسجاماً مع مبادئ عمل الدماغ لأنه يقدم خيارات للطالب، ويمكن الطالب من الاتصال بزملائه، كما يمكنه من الحركة. وكلها عوامل مساندة لتنشيط الدماغ.

أمثلة لدروس عملية في حل المشكلات من المناهج المدرسية:

- زراعة حديقة منزلية.
- مكافحة التلوث في بيئة معينة.
- وضع خطة لتنظيم الوقت.
- الوجبة الغذائية الصحية.
- زيادة الوزن.
- تقليل حوادث السيارات.
- التدخين.
- ممارسة الرياضة اليومية.
- استخدام الكيماويات في الزراعة.
- ترشيد استهلاك الماء، الكهرباء، النقود.
- مواصفات المنزل الجيد.

الباب الثالث
استراتيجيات التدريس الإبداعي

اشتمل هذا الباب على عدد من استراتيجيات التدريس الإبداعي، والتي تستند إلى استخدام مهارة إبداعية أو أكثر. مثل:

📖 التدريس بالمجاز والتشبيهات.

📖 التدريس بالإثارة العشوائية.

📖 التدريس باستخدام قبعات التفكير الست.

📖 التدريس بأسلوب التعليم المدمج.

📖 التدريس باستخدام التخيل.

📖 التدريس باستخدام التعليم البصري.

📖 لتدريس باستخدام الخرائط المعرفية والخرائط الذهنية.

وقد تم عرض تطبيقات عملية لاستخدام هذه الاستراتيجيات من عدد من الدروس كما جاءت في الكتب والمناهج المدرسية.

الفصل الثامن

التدريس بالمجاز والتشبيهات

التعليم المجازي: التشبيهات

التعليم بالمجاز أو التشبيهات إستراتيجية يستخدمها المعلمون للربط بين الخبرات السابقة للطلبة، والخبرات الجديدة. فالطلبة لديهم خبرات عن موضوعات عديدة، وعلينا استغلالها لتعريفهم بموضوعات جديدة. فما الإستراتيجية الملائمة؟

التعليم بالمجاز هو محاولة إيجاد علاقة بين موضوعين غير متشابهين. يعرف الطالب أحدهما. ولا يعرف الآخر. فيحاول إيجاد السمات المشتركة وغير المشتركة بين الموضوعين.

فلو أردنا أن نعلم الطالب عن إشارة المرور نقول له إن إشارة المرور تشبه الباب.

بماذا يتشابهان؟

الباب يفتح، فيمر الناس عبره.

الباب يغلق، فيتوقف الناس.

الباب يفتح أحياناً، ويغلق أحياناً.

الباب ضروري. لا يوجد منزل، حديقة بدون باب.

الباب حين يتعطل يحدث فوضى، سرقة، مشاكل.......

وإشارة المرور أيضاً:

تفتح فتمر السيارات. تغلق فتتوقف.

تفتح فترة وتغلق فترة.

ضرورية: لا شوارع رئيسية بدون إشارات.

حين تتعطل تحدث فوضى.

ماذا تحقق لنا هذه الإستراتيجية؟

تحقق إستراتيجية المجاز الفوائد التالية:

1- تستخدم المعلومات السابقة للطلبة في تعلم الموضوعات الجديدة.

2- تثبت المعلومات القديمة، وتعطى الطلبة الفرصة لمراجعتها، واختبار مدى صلاحيتها، وتطوير معلوماتهم عنها.

3- تجعل التعليم ممتعاً من خلال إثارة الطلبة للبحث عن تشبيهات وإيجاد علاقات جديدة.

4- تعتبر الإستراتيجية من استراتيجيات تعلم التفكير النقدي والتعليم الإبداعي.

استخدام التشبيهات في التدريس

> السينكتكست هي آلية إنتاج أفكار إبداعية تستند إلى الإثارة العشوائية والمجاز

إن التشبيهات المجازية هي جزء من عملية التدريس الإبداعي. فنحن هنا نحاول إيجاد علاقة بين شيئين متماثلين، وهذه العملية جزء مما يسمى بالسينكتكست Synectics.

ويمكن استخدام السينكتكست في التدريس من خلال الخطوات التالية:

1- يقدّم المعلم عرضاً بسيطاً يوضح فيه موضوع الدرس والفكرة الأساسية فيه، وهذه خطوة هامة لأن الموضوع جديد، لا يمتلك الطلاب معلومات عنه.

2- يقوم المعلم بتشبيه هذا الموضوع الجديد بموضوع أو شيء قديم يعرفه الطلاب.

3- يطلب المعلم من الطلاب إيجاد أوجه الشبه وأوجه الاختلاف بين الموضوعين.

4- يطلب المعلم من الطلاب تكوين علاقات بين الموضوع الجديد وأشياء أخرى مادية أو غير مادية، بشكل فردي أو مجموعات.

5- يقوم كل طالب أو مجموعة بعرض تقريرها.

6- يناقش الطلبة تقارير المجموعات

درس تطبيقي على التشبيهات المجازية

الموضوع: الوطن العربي.

المـــادة : اجتماعيات.

الصـف: الرابع- السادس

أهداف الدرس:

- أن يستوعب الطلبة أهمية الاعتماد المتبادل.
- أن يدرك أهمية العلاقات العربية.

إجراءات الدرس:

1- يقول المعلم: الأقطار العربية تشبه السيارة.

الأقطار العربية تشبه مجموعة أصدقاء.

الأقطار العربية تشبه جسم الإنسان.

الأقطار العربية تشبه أفراد الأسرة.

2- يسأل المعلم :   ما الذي أعجبكم من هذه التشبيهات؟

طالب   :   جسم الإنسان.

المعلم   :   تعالوا نرى بماذا يتشابه جسم الإنسان مع الأقطار العربية.

طالب   :   جسم الإنسان مكون من عدة أعضاء مترابطة.

المعلم	:	بماذا يتشابه مجموعة الأصدقاء مع أقطار الوطن العربي؟
طالب	:	الأصدقاء يحبون بعضهم.
المعلم	:	وبماذا يتشابه أفراد الأسرة مع الأقطار العربية؟
طالب	:	إنهم أسرة واحدة مترابطة.
المعلم	:	هل يمكن تشبيه الوطن العربي بأشياء أخرى؟
طالب	:	المدينة.
طالب	:	صفحات الكتاب
طالب	:	المزارع والتاجر،والبائع والمشتري.
طالب	:	فريق كرة القدم.

3- المعلم: يختار بعض التشبيهات ويكتبها على السبورة مثل:

1- أفراد الأسرة.

2- فريق كرة القدم.

3- صفحات الكتاب.

4- المدينة.

4- المعلم: يوزع الطلبة في مجموعات. تختار كل مجموعة أحد الأنشطة أو التشبيهات الأربعة السابقة. ويعطي كل مجموعة عشر دقائق للإيجاد علاقات بين الوطن العربي والتشبيه الذي اختاروه.

5- يعمل الطلبة ويكتبون تقريراً عن أعمالهم. وتعرض كل مجموعة تقريرها.

مثال: تقرير مجموعة: الوطن العربي يشبه الأسرة.

أوجه الشبه:

- في الأسرة عدة أفراد.

- الأفراد متمايزون في العمر، الطول، الوزن، الخبرة...وهكذا أقطار الوطن العربي.

- في الأسرة قواعد تنظم العلاقات، وهذا ما تفعله الجامعة العربية أو الاتفاقات بين الأقطار.

- يعيش جميع الأفراد في مكان واحد، والوطن العربي يحتل مكاناً محدداً.

- تحدث في الأسرة بعض الخلافات، وفي الركن العربي خلافات.

- أفراد الأسرة متساوون في حقوقهم، ولكل دولة أو قطر نفس الحقوق.

أوجه الاختلاف:

- الأقطار العربية تتجاور وبينها حدود.

- الأقطار العربية ليس لها قائد واحد.

- بعض الأقطار غنية وبعضها فقير.

ماذا لو أصبح للأقطار العربية قيادة موحدة؟؟

وهكذا... تضع كل مجموعة تقريرها.

6- تناقش تقارير المجموعات، ويتم تشكيل لجنة لصياغة النتائج وعرضها أو طباعتها وتوزيعها على الطلبة.

أمور تراعى في هذه الإستراتيجية:

يراعي المعلم ما يلي:

1- يسمح للطلبة بإيجاد التشبيهات التي يرغبون بها.ولا يفرض عليهم تشبيهات معينة. يمكن للمعلم أن يقدم نموذجاً للتشبيه لتعريفهم بالفكرة الأساسية. ثم يطلب منهم إيجاد التشبيهات الملائمة.

2-   يوجه المعلم الطلبة إلى أن لا يبتعدوا كثيراً في تشبيهاتهم، حيـث قـد يلجـأ بعـض الطلبـة إلى تشبيهات سـاخرة، أو يتعسـفون في إيجـاد علاقـات قسريـة بـين موضوع الـدرس والتشبيه المستخدم.

3-   يوجـه المعلـم أن وجـود أوجـه للشبـه لا يعنـي التطـابق بـين موضـوع الـدرس والمجـاز المستخدم.فتبقى هناك فروق هامة. وخصائص هامة فردية لكل من موضوع الدرس والتشبيه المستخدم.

الفصل التاسع

التدريس بالإثارة العشوائية

الإثارة العشوائية هي إحدى آليات إنتاج أفكار إبداعية جديدة. وتستند فكرة الإثارة العشوائية إلى ضرورة تحريك الدماغ واستثارته للخروج عن قوالب سابقة من خلال إيجاد علاقات جديدة بين أشياء لا توجد أصلاً بينها علاقات.

> **إن الفكرة نفسها قـد لا تقودنا إلى جديد. لكن ربطها باستثارة عشوائية قـد تحرك الفكرة وتولـد منهـا معان جديدة**

فما العلاقة مثلاً بين الفراشة والمدير؟

أو العلاقة بين العلم والمفتاح؟

لا توجد علاقات ظاهرة لكن جمع هذه الأشياء معاً يضطرنا للبحث عن روابط وعلاقات قد تنتج أفكاراً جديدة.

إذن نحن نعتمد البحث عن الإثارة. ويفضل أن تكون عشوائية، بمعنى غير مقصود. فإذا أردنا أن ننتج أفكاراً عن المعلم، فإننا نقدم أي إثارة عشوائية مثل: دبوس، مرآة، كرة. أسد هذه كلمات غير مدروسة. ولا علاقة لها بالمعلم. لكن ربطها بالمعلم قد يقودنا إلى أفكار جديدة وعديدة.

من أين نستمد الكلمات العشوائية ؟

لا يوجد مصدر لتزويدنا بالكلمات العشوائية. فقد نحصل عليها من أي مصدر مثل:

- القاموس: نفتح القاموس عشوائياً على أي صفحة، وأي سطر. ونأخذ الكلمة التي نجدها مثل ص 292، كلمة 15.

- أي كتاب: نفتح الكتاب عشوائياً. ثم نحدد أي سطر ثم أي كلمة مثل: صفحة 43 سطر 12 كلمة رقم 5.

كيف نربط الكلمة العشوائية بموضوعنا ؟

بعد أن نختار الكلمة العشوائية. نحاول إيجاد صلات وعلامات مع موضوعنا.

فإذا كنا بصدد البحث عن أفكار حول التعلم الجيد. ونريد استثارة عشوائية لتحريك أفكارنا. وحصلنا على الكلمة العشوائية "بيتزاهت". فما العلاقة بين التعلم والبيتزاهت؟

1- نكتب الكلمتين على السبورة: تعلم جيد - بيتزاهت.

2- نطلب من الطلبة تقديم أفكار عن البيتزاهت.

3- نحصل على إجابات مثل:

- طازجة.
- ساخنة.
- مبهرة حسب الطلب.
- نطلبها ونختارها نحن.
- أحبها. تأتي إلينا حتى المنزل.
- مغلّفة بعلبة أنيقة.
- تحوي مزيجاً من مواد.
- شكلها جذاب.
- سهلة الهضم.
- لذيذة لفترة قصيرة.
- لا تؤكل باردة.

4- نطلب من الطلبة إيجاد روابط بين التعلم الجيد وخصائص البيتزا:

- البيتزا طازجة. ما التعلم الطازج؟
- البتزا ساخنة. كيف يكون التعلم ساخناً؟
- البيتزا نختارها نحن. كيف نختار التعلم؟

وهكذا... نتوصل إلى خصائص جديدة للتعلم الجيد من خلال هذا الربط العشوائي. فنقول التعلم الجيد هو:

- تعلم نختاره نحن، لا يفرض علينا، تعلّم مواد حديثة غير مجمدة، جذاب يثير دوافعنا، لذيذ، أنيق.

الإثارة العشوائية كإستراتيجية للتدريس:

إن الإثارة العشوائية هي إستراتيجية لإنتاج أفكار جديدة. ولذلك يمكن أن نستخدمها كمعلمين في عمليات التدريس المختلفة، مثل:

تدريس المفاهيم والقيم والاتجاهات، وفي شرح الأفكار وتوضيحها وفي عمليات التحليل والتركيب وإصدار الأحكام، وفي عمليات التطبيق والتدريب والتقويم. وفيما يلي أمثلة لموضوعات دروس يمكن تدريسها من خلال استخدام الإثارة العشوائية:

- القيم والاتجاهات، مثل: الجذر، الضرب، المربع، أكبر، أصغر.....
- المشاعر والعواطف، مثل: الحب، الكراهية، الفرح.....
- المفاهيم العلمية، مثل: الضغط، الجاذبية، الدقة، التجربة.....
- العمليات والمهارات، مثل: قيادة السيارة، أعمال النجارة.....
- حل مشكلات، مثل: تحسين الغذاء، تقليل الوزن، زيادة السلامة في السيارة، تصميم جديد قطف العنب..... الخ.

درس تطبيقي

موضوع الدرس: القدس الشريف - لغة عربية

الصف   : الثالث الأساسي - من مناهج الإمارات.

أهداف الدرس:

- أن يستوعب الطالب المفاهيم التالية: مدينة، أجداد، الإسراء، البطل، العدو، تحرير، المحتل.
- أن يكتسب الطالب اتجاهات وطنية.

إجراءات الدرس:

1- بعد قراءة الدرس. وتوضيح أفكاره بشكل عام.

2- اطلب من الطلبة تحديد المفاهيم الجديدة. أو قم أنت بتحديدها.

3- قدم مثالاً على الاستثارة العشوائية لأحد المفاهيم: مثل " مدينة". الإثارة العشوائية: مخزن.

4- اعمل مع الطلبة جلسة عصف فكري لتقديم أفكار عن المخزن.

5- سجل الأفكار على السبورة:

- المخزن: منطقة آمنة.
- يضم أشياء عديدة.
- له مفتاح.
- له حارس.
- نحافظ عليه.

- يختلف كل مخزن عن غيره.
- فيه أقسام من الداخل.
- نخزن فيه الأشياء.
- يوجد في كل منزل.
- يضم الأشياء القديمة.
- يسرقه اللصوص.
- يكبر باستمرار لأننا نخزن فيه.
- ....

6- اطلب من الطلبة إيجاد روابط وعلاقات بين المدينة والمخزن. ستجد بالطبع بعض الأفكار السابقة لها علاقة وبعضها ليس لها علاقة.

7- سجل الأشياء ذات العلاقة:

المدينة: مكان آمن له حارس (محافظ، مسؤول). فيه أقسام (أحياء). يضم أشياء قديمة (آثاراً) توجد في كل منطقة. تختلف كل مدينة عن غيرها.

تنمو باستمرار............الخ.

8- قسم الطلبة إلى مجموعات. أعط كل مجموعة مفهوماً معيناً واطلب منهم إيجاد كلمات عشوائية، وإقامة روابط بينها وبين المفاهيم المعطاة.

بعض الأمور التي تراعى في الإثارة العشوائية:

1- يخصص وقت قصير للإثارة العشوائية قد لا يزيد عن دقائق 3-5 دقائق. وإلاّ أحدثت مللاً.

2- تجري الإثارة في جو جدي. لأن طبيعة النشاط قد تشجع الطلبة على تقديم أفكار مضحكة، أو ساخرة. أو لا علاقة لها بالموضوع.

3- يمكن تقديم عدة إثارات عشوائية وليس إثارة واحدة فإذا أردنا توضيح مفهوم مثل: التدريس مثلاً. يمكن تقديم عدة إثارات مثل:

جسر، مرآة، علم، عجين، إذاعة، زبيب، عشب. ونجد روابط بين التدريس وبين كل منها.

4- يشجع الطلبة على تقديم إثارات عشوائية خاصة بهم. فلا يجوز فرض الإثارات عليهم. ويستحسن تقديم إثارات عشوائية محسوسة مثل: أشياء محسوسة مثل:

قلم، كتاب، علم، معجون أسنان، تفاحة... الخ.

5- لا تقلق إذا لم يجد الطلبة أفكاراً جديدة. فالأفكار الجديدة قد لا توجد دائماً.

6- يفضل الطلبة عادة مثل هذه الاستراتيجيات. فعليك وضع خطة للإفادة منها بين فترة وأخرى. ويمكنك استخدامها في كل حصة لكن لفترة قصيرة.

7- يمكن أن تستخدم هذه الاستراتيجيات فردياً. أو في مجموعات أو أزواجاً أو جماعياً.

الفصل العاشر

التدريس باستخدام قبعات التفكير الست

قبعات التفكير الست

قبعات التفكير الست هي إحدى نظريات أو أفكار دي بو نو عن عملية التفكير حيث يرى أن هناك نماذج مختلفة من التفكير، ولا يجوز الوقوف عند أحد هذه النماذج وأعطي كل قبعة لوناً يعكس طبيعة التفكير المستخدم. فالقبعة البيضاء تعكس مثلاً الحياد والموضوعية، خلافا للقبعة السوداء التي تركز على السلبيات والنقد، وهكذا أعطى لوناً لكل قبعة كما هو مبين فيما يلي:

القبعات
1- البيضاء : الموضوعية.
2- الحمراء: المشاعر.
3- السوداء : النقد
4- الصفراء: الإيجابيات
5- الخضراء: الإبداع
6- الزرقاء : التنفيذ

1- **القبعة البيضاء:** وهي قبعة الحياد والموضوعية. من يرتدي هذه القبعة يقوم بدور الباحث عن المعلومات والحقائق، يسأل أسئلة بهدف الحصول على المعلومات.

2- **القبعة الحمراء:** وهي قبعة المشاعر والعواطف، بخلاف القبعة البيضاء فمن يرتدي القبعة الحمراء، يسمح له بالتعبير عن مشاعره حتى لو لم يكن لديه حقائق ومعلومات كافية. فهو يقول:

أشعر بأن الفكرة خطرة ؟

اشعر بان دماراً سوف يلحق بالشركة ؟

أشعر أن الموضوع مفيد وناجح جداً ؟

انه يعبر عن مشاعره دون قيود.

3- **القبعة السوداء:** وهي قبعة البحث عن العيوب والسلبيات، فمن يرتدي هذه القبعة يقوم بالدور التالي:

- يبين العيوب والأخطاء.
- يحذر من العواقب.
- ينقد، ويصدر أحكاماً.

4- **القبعة الصفراء:** وهي قبعة البحث عن الايجابيات والمنافع، من يرتدي هذه القبعة يقوم بالدور التالي:

- التفاؤل والأمل.
- الايجابيات والمنافع.
- التفكير البناء الداعم.

5- **القبعة الخضراء:** وهي قبعة الخصب والنماء، من يرتدي هذه القبعة يقوم بالدور التالي:

- يقدم مقترحات وأفكار جديدة.
- يبتكر، يبدع.
- يقدم بدائل متنوعة.

6- **القبعة الزرقاء:** وهي قبعة التحكم والإدارة والتنفيذ والتنظيم ومن يرتدي هذه القبعة يقوم بالدور التالي:

- يضع الخطط التنفيذية.
- يراعي كل الأفكار المطروحة من القبعات الأخرى.
- يتخذ القرارات.

أهمية هذه الأفكار:

إن ارتداء القبعات يعني ما يلي:

1- إن على الإنسان أن يغير من طريقة تفكيره بين مرحلة وأخرى. فلا يجوز أن يرتدي قبعة واحدة فترة طويلة من الزمن. لأنها قد تفسد في رأسه ويبدو عنيداً ومتخلفاً.

2- إن على كل شخص أن يلبس جميع القبعات. ففي أي اجتماع أو مناقشة يمكن للجميع أن يرتدوا جميع القبعات. فيناقشوا الأفكار معاً دون جدال لأن كل شخص يلبس نفس القبعة في وقت واحد فالجميع يرتدون القبعة البيضاء معاً. ثم يرتدون الحمراء، فالسوداء وهكذا...... وبذا يبعدون عن الجدل والصراعات.

3- تعطي المرونة للشخص. فحين يغير قبعته، فانه يرى الأشياء بصور مختلفة، ومن جوانب مختلفة، مما يجعله منفتحاً على جميع الأفكار.

4- انك حين ترتدي قبعة مثل قبعة زميلك تستطيع أن تحس معه وتتعاطف معه، وتتفهم طريقة تفكيره.

هذه هي أفكار هذه النظرية. فكيف تستخدمها في التدريس؟

التدريس وفق القبعات الست

إن التدريس وفق القبعات الست هو أحد أشكال ومهارات يعلم التفكير. حيث يستخدم المعلم القبعات في مختلف مراحل الدرس على النحو التالي:

1- القبعة البيضاء:

البيضاء: عرض الحقائق والمعلومات الرئيسية.

يقوم المعلم في بداية الدرس:

- الحقائق الأساسية والأفكار الرئيسية.
- المعلومات والبيانات المتوافرة.

ويمكن أن يستخدم المعلم عدة أساليب في عرض الحقائق مثل:

المحاضرة - المناقشة - الأسئلة والإجابات - الاستقصاء......... الخ فليس هناك طريقة محددة المهم في استخدام القبعة البيضاء هو تعريف الطلبة بالحقائق الأساسية. وبعد استكمال هذه الحقائق ينتقل المعلم إلى القبعة الحمراء. ويقول: ارتدوا الآن قبعتكم الحمراء.

2- القبعة الحمراء:

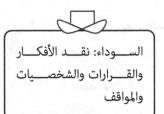

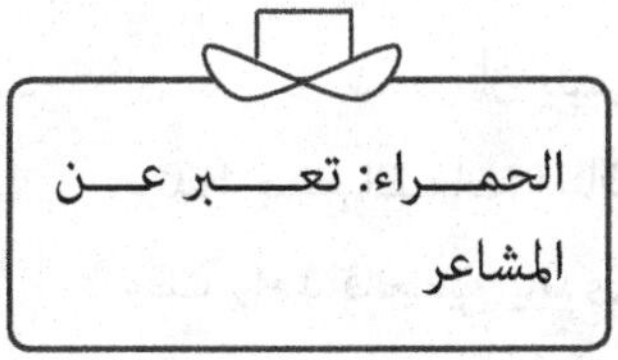

الحمـــراء: تعـــبر عـــن المشاعر

يعطي المعلم الفرصة للطلاب بالتعبير عن مشاعرهم وأحاسيسهم نحو موضوعات الدرس. ويعبر الطلاب عن مشاعرهم ويتفهمون مشاعر شخصيات الدرس إن وجدت.

وفي هذه المرحلة يسمح للطلبة بفترة قصيرة حرة يبدون فيها مشاعرهم مثل:

- أحب هذه الشخصية.

- أكره القرار الذي اتخذ بشأن.............

- أنا مندهش من هذا الموقف.............

- أشعر بأن خطراً ما سوف يواجه........

وبعد أن عبر الطلبة عن مشاعرهم لفترة قصيرة من 2-4 دقائق ينتقل المعلم إلى القبعة الثالثة ويقول: اخلعوا القبعة الحمراء. لنلبس الآن القبعة السوداء.

3- القبعة السوداء:

السوداء: نقـد الأفكــار والقــرارات والشخصيــات والمواقف

يعلن المعلم إننا نرتدي القبعة السوداء. وبناء على ذلك يطلب من الطلبة تقديم ملاحظات ونقد على الموقف في الدرس، فيقدمون تعليقات وأحكاماً سلبية مثل:

- هذه شخصية لا يجوز أن تكون قائدة.

- ارتكبت هذه الشخصية الأخطاء التالية......
- إن القرارات المتخذة كانت دماراً.
- سيؤدي هذا الحل إلى المصائب التالية.......
- إن العيش في الجبال محفوف بالمخاطر التالية........
- إن استهلاك الماء على هذا النحو سيؤدي إلى........

وبعد انتهاء النقد، يعلن المعلم الانتقال إلى القبعة الصفراء.

4- القبعة الصفراء:

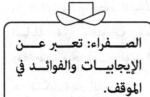

الصـفراء: تعـبـر عــن الإيجابيـات والفوائـد في الموقف.

يعلـن المعلـم أن القبعـة الصفـراء تتطلـب البحـث عـن الإيجابيات والفوائد، فيقدم الطلبة تعليقات إيجابية مثل:

- إن الموقف الجيد هو......
- هذا أفضل قرار يمكن أن يتخذ في مثل هذا الوضع.
- سلوك المرأة إيجابي جداً.
- هذه المعركة كانت ضرورية.
- تم اتخاذ القرار بالأغلبية.
- استمع الأب إلى آراء جميع أفراد الأسرة.

وبعد انتهاء هـذا الـدور يعلـن المعلـم الانتقال إلى القبعة الخضراء.

5- القبعة الخضراء:

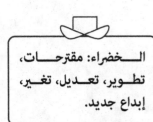

الـخضـراء: مقـترحـات، تطوير، تعديل، تغير، إبداع جديد.

يعلـن المعلـم إننـا الآن بموجب هـذه القبعة نبحـث عـن أفكار جديدة، مقترحـات جديدة. تغـيرات ضـرورية: إضـافية، حذف، تعديل، فيقدم الطلبة آراءهم ومقترحاتهم مثل:

- أقترح تشكيل مجلس للإدارة الأسرة.

- أقترح أن تكون إدارة الأسرة دورية.

- أقترح أن يكون حجم الأسرة..........

- يمكن إضافة شخصية جديدة لهذا الموقف........

وبعد انتهاء هذا الدور يطلب المعلم ارتداء القبعة الأخيرة.

6- القبعة الزرقاء:

> الزرقـــاء: وضــع خطــط التنفيذ واتخاذ القرارات.

يعلن المعلم أن القبعة الزرقاء هي قبعة التنفيذ، يطلب من الطلبة وضع خطط للتنفيذ على ضوء ما تم في القبعات السابقة من معلومات ومشاعر وسلبيات وإيجابيات ومقترحات. فيحددون خطوات التنفيذ مثل:

- تشكيل لجان للعمل......

- الاتصال بمؤسسات أخرى........

- جمع الأدوات وتجهيزها..........الخ

- والآن سنقدم نموذجاً لدرس تطبيقي باستخدام القبعات الست.

درس تطبيقي في القبعات الست

المـــادة : تاريخ

الموضوع : ميادين القتال مع الروم في بلاد الشام.

الصـف : الثاني الثانوي- المنهج السعودي.

1- القبعة البيضاء: المعلومات والحقائق.

يعرض المعلم معلومات وحقائق من الدرس مثل:

- جهز أبو بكر رضي الله عنه أربعة جيوشز لكل جيش قائد، ووجهه معينة.
- قرار تعيين خالد بن الوليد قائداً، ونقله من العراق إلى الشام.
- الخطة السابقة، وخطة خالد.
- معركة اجنادين، اليرموك، دمشق، بيت المقدس، الجزيرة.
- يطلب من الطلبة إثارة أسئلة بهدف استكمال المعلومات الناقصة لديهم أو الحصول على معلومات جديدة.

2- القبعة الحمراء: المشاعر

يطلب المعلم من الطلبة التحدث عن:

- مشاعر المسلمين في المعارك المختلفة.
- مشاعر الروم.
- مشاعر القيادات الإسلامية.
- مشاعر المسلمين حين عين خالد بن الوليد، مشاعرهم حين عزل.
- مشاعر خالد بن الوليد حسن عزل.

- مشاعر الطلبة نحو الأحداث المختلفة.
- مشاعرهم نحو المعارك السابقة، مشاعرهم نحو الأوضاع العربية الحالية.

3- القبعة السوداء:

يطلب المعلم من الطلبة تقديم ملاحظاتهم عن السلبيات والأخطاء والنقد كان يقول الطلبة وهي وجهات نظر قد تكون صحيحة أولا:

- خوض معركة غير متكافئة في العدد والعتاد.
- تقسيم الجيش إلى أربعة جيوش بدلاً من جيش واحد.
- نقل خالد بن الوليد في أثناء المعركة. ثم عزله بعد انتصاره.

4- القبعة الصفراء:

يطلب الملم من الطلبة تقديم ملاحظاتهم عن إيجابيات ومواقف سليمة في هذا الدرس - وهي وجهات نظر أيضاً – كأن يقول الطلبة مثلاً:

- وجود خالد على رأس القيادة.
- التزام الجيوش بالسير على الخط المرسوم.
- اتخذ خالد قراراً قتالياً سريعاً مستخدماً أكبر حشد في أجنادين.
- استجابة أبي بكر للتقرير الذي أعده أبو عبيدة.
- ازدياد حماس المسلمين ورغبتهم في إنهاء فتح بلاد الشام.
- تدارس خالد بن الوليد خطة الأعداء بالتشاور مع القادة الآخرين.
- مشاركة النساء في المعركة.
- استجابة المسلمين لطلب حاكم دمشق بالصلح.
- إرسال أبي عبيدة تقاريره إلى الخليفة عمر للسماح له بفتح جديد في الجزيرة.

5- القبعة الخضراء:

يمكن أن يثير المعلم أسئلة إبداعية أو يطلب من الطلبة تقديم مقترحات من شأنها إحداث تغيير في سير المعارك في حينها. مثل:

- ماذا لو بقي خالد بن الوليد ولم يعزل؟
- ماذا لو خسر المسلمون معركة أجنادين؟
- ماذا لو كان جيش المسلمين موحداً بدلاً من أربعة جيوش؟

مقترحات من الطلبة:

- يمكن أن تتطور مشاركة المرأة في القتال مباشرة.
- اقترح لو أنذر المسلمون الروم قبل الحرب، ليتجنبوا ويلات الحرب.
- إن أي عمل ناجح يتطلب مشاركة في القرار كما حدث مع خالد بن الوليد حين استشار القادة قبل معركة اليرموك.
- اقترح تسمية دوّار، حيّ، مدينة باسم خالد بن الوليد.
- كان يمكن أن يبقى الجيش موحداً بقيادة خالد بن الوليد.
- لماذا غاب اسم خالد بن الوليد عن ذاكرة المسلمين؟ كيف يمكن إحياء هذا الاسم؟
- يمكن للمسلمين التخطيط لمعركة ناجحة مع أعدائهم لو استخدموا مهارة خالد بن الوليد.

6- القبعة الزرقاء:

يطلب المعلم من الطلبة التفكير في إعداد خطط مثل:

- خطة لإدارة شؤون المدرسة استناداً إلى خطط خالد بن الوليد.
- مناقشة أصحاب مقترحات القبعة الخضراء! السوداء! الصفراء!
- تلخيص الانطباعات عن أسباب انتصار المسلمين.

- وضع خطوات تنفيذية لمعركة ناجحة مع عدو.
- وضع خطوات تنفيذية لإقامة معسكر تدريبي، رحلة، إدارة حوار.....

تمرين

ميز بين القبعات

فيما يلي عدد من العبارات. بيّن أي قبعة تعكس كل عبارة.

1- جهز الخليفة أربعة جيوش وجعل لكل جيش قائداً.

2- وصل جيش أبو عبيدة إلى البلقاء في الأردن، وانتصر على أهلها.

3- تقسيم الجيش إلى أربعة جيوش شتّت وحدة الجيش.

4- شعرت بالفخر وأنا أتابع حركة الجيوش.

5- لدي إحساس عظيم بقوة المسلمين إذا اتحدوا.

6- كانت معارك المسلمين حاسمة في نشر الإسلام.

7- أعجبني تشاور القادة معاً.

8- كان إعفاء خالد من قيادة الجيش خطأ غير مفهوم.

9- الموقف واضح، قوة المسلمين في وحدتهم دائماً.

10- لو تأجلت معارك المسلمين لأمكن فتح بلاد الشام دون قتال.

11- إن خلاصة الموقف: الوحدة طريق النصر.

12- إذا أردنا أن نخوض معركة علينا بالوحدة أولاً.

13- حين يبدأ المسلمون بالمعركة عليهم أن يراعوا حقوق دماء الأبرياء.

14- لا يجوز اتهام المسلمين بأنهم استخدموا العنف في فتوحاتهم.

15- علينا أن نفكر بإستراتيجية جديدة للحفاظ على وحدة المسلمين.

الحل:

1، 2 (بيضاء)   3،8   (سوداء)

4، 5 (حمراء)   6، 7   (صفراء)

9، 11، 12، 14 (زرقاء)   10، 15 (خضراء).

ملاحظات على إستراتيجية التدريس بالقبعات الست

إن استخدام إستراتيجية التدريس بالقبعات الست يمكن أن يحقق أغراض التعليم الجيد من خلال:

1- تقديم نشاطات متنوعة. تبدأ بالمعلومات والحقائق وتتنوع حسب متطلبات استخدام كل قبعة. فلكل قبعة دور معين، وهذا الدور يتطلب نشاطاً مختلفاً. فالدرس إذن مجموعة أنشطة متنوعة.

2- إنها إستراتيجية تسمح للطالب بالمشاركة في جميع مراحل الدرس بدءاً من البحث عن المعلومات (القبعة الصفراء) وحتى تقديم التوجيه والتنظيم (القبعة الزرقاء)

3- إنها إستراتيجية تسمح للطالب بالقيام بعمليات استقصاء لجمع المعلومات، وبعمليات التفكير الايجابي (القبعة الصفراء) والتفكير النقدي (القبعة السوداء)، والتعبير عن المشاعر (القبعة الحمراء).

4- إنها إستراتيجية تنسجم مع متطلبات التفكير الإبداعي، حيث تتطلب أن يقدم الطلبة مقترحات تطوير، وأفكاراً جديدة لتعديل الأوضاع وتنظيمها.

5- إنها إستراتيجية يمكن أن تستخدم في عرض الدرس وتقديمه. كما يمكن أن تستخدم في تقويم تعلم الدرس. كأن نطلب من الطالب ارتداء قبعة معينة ليقدم لنا معلومة. وأخرى ليقد نقداً وثالثة ليقدم مقترحات وهكذا...

كما يمكن أن تستخدم في عمليات المراجعة أو تلخيص الدرس أيضاً.

الفصل الحادي عشر
التدريس باستخدام التعلم المدمج

إستراتيجية التعليم المدمج

تستند هذه الإستراتيجية إلى جعل التعليم ذا معنى بالنسبة للطلبة من خلال ربط المواقف التعليمية بحياة الطلبة الواقعية وجعلهم يعيشون الخبرة التعليمية في مواقعها الحقيقية وتعرف هذه الإستراتيجية بأنها تحديد موضوع دراسي يمكن من خلاله تقديم مواد دراسية مختلفة، كأن نختار موضوعاً مثل الماء. وندرس هذا الموضوع من خلال روابطه مع مواد دراسية أخرى مثل: الدين والماء. العلوم والماء. التاريخ والماء. الجغرافيا والماء. الفنون والماء. موضوعات وقصائد شعرية عن الماء... الخ.

والنقطة الأساسية في هذه الإستراتيجية هي اختيار الموضوع.

> **منهاج مناقض لنمو الدماغ**
> المنهاج المملوء بالحقائق والمعلومات والتواريخ، والمنهاج الذي يركز على المهارات الأساسية.
> إنه يحتاج إلى وقت وجهد لكي نتعلمه ولكن سرعان ما ننساه.

فالموضوع الملائم هو مشكلة مرتبطة بمفهوم وليس بحقيقة. إن المناهج التي تضم حقائق ومهارات أساسية يجب أن تكون وسيلة وليست غاية. إننا لا نقرأ من أجل القراءة. ولا نقيس من أجل القياس. هناك غايات أخرى وراء هذه المهارات الأساسية، نريد أن نفهم ما حولنا، نفهم بيئتنا نفهم الآخرين. ولذلك نضع موضوع الدراسة بشكل مفهوم وليس حقيقة، لأن المفهوم عادة يرتبط بمواد دراسية متعددة وليس موضوعاً واحداً.

فالمفهوم - بعكس الحقيقة - يقودنا إلى علاقات وروابط مع مواد دراسية متعددة، فحين نقول: "الاعتماد المتبادل". هذا مفهوم له صلات عديدة: مثل:

- تاريخ العلاقات الإنسانية.

- الاعتماد المتبادل بين عناصر البيئة.

- الاعتماد بين الدول.

- تناسق الألوان في الفنون.

- حسابات وقياسات رياضية وهندسية وعددية.

- قصص وروايات وأشعار.

- .... الخ.

لكن حين نقول: تقسم الكائنات إلى: كائنات حية وكائنات غير حية. هذه حقيقة. تحوي معلومة معينة. لا تقود إلى مسارب جديدة بالنسبة للمعلمين أو الطلبة.

كيف نستخدم التعليم المدمج؟

يمكن أن نستخدم التعليم المدمج وفق الخطوات التالية:

1-   اختر المفهوم:

يشترط في موضوع الدرس أن يكون " مفهوماً" وليس حقيقة كما ذكرنا سابقاً. وهذا المفهوم يمكن أن يكون مفهوماً علمياً أو تاريخياً، لأن مثل هذه المفاهيم يمكن مناقشتها ودراستها من خلال خبرات معايشة في مواقع حقيقية.

المنهاج المنسجم مع الدماغ

منهاج مبني على المفاهيم لا على الحقائق. مفاهيم مثل التعاون، النظام، القواعد، الحياة، البيئة، العلاقات المتبادلة، القوة، العاطفة، الإصلاح... الخ.

خطوات التعليم المدمج

1- اختر المفهوم.
2- تحديد المواد ذات العلاقة.
3- جهز المعلومات اللازمة.
4- جهز التمرينات والأنشطة.
5- ابدأ العمل.

قواعد تراعى في التعليم المدمج:

يراعي المعلم مجموعة من القواعد الأساسية في أثناء إعداد وتنفيذ التعليم المدمج:

1- **اختيار الموضوع:** وقد سبق القول إن الموضوع الملائم هو أحد المفاهيم الأساسية، وليس إحدى الحقائق أو المهارات فالمفهوم أكثر خصباً وثراءً، وأكثر ارتباطاً بموضوعات دراسية متنوعة، بينما ترتبط الحقيقة أو المهارة الأساسية بأحد الموضوعات.

2- **يفضل أن ينفذ الدرس المدمج في خبرة أو موقع حقيقي،** كأن ينفذ درس عن مفهوم العلاقات المتبادلة في سوق أو شركة، وينفّذ درس الكائنات الحية في الغابات في إحدى الغابات. وهكذا...

3- **يمكن أن يستمر الموضوع المدمج سنة كاملة،** ولكن هذا يتطلب تعديلات أساسية في المناهج والأنظمة المدرسية. ولذلك يمكن أن يطبق في مدارسنا على مدى أسبوع، أو على مدى ثلاثة أيام أو بصورة جزئية كأن نطبقه ساعتين يومياً على مدى أسبوع أو أقل أو أكثر.

4- **يستخدم المعلم طرق تدريس متنوعة:** مناقشات، زيارات، عروض بحوث، عمل تعاوني... الخ.

يستخدم الطالب فيها الحواس التسع عشرة جميعها. كما أن المفاهيم العلمية والتاريخية يسهل ربطها مع المواد الدراسية الأخرى.

2- تحديد المواد الدراسية المتصلة بالموضوع.

يحدد المعلم المواد ذات الصلة مثل: العلوم، الرياضيات الفنون، اللغات... الخ. ثم يحدد الروابط والمهارات الأساسية ذات الصلة.

3- إعداد المعلومات اللازمة.

يكتب المعلم منظمات علمية أو نقاط أساسية يجب معرفتها حول الموضوع

المطروح. ويقدم بعض الأفكار والحقائق التي تكون أساساً لمناقشات الطلبة في الموضوعات الدراسية المختلفة.

4- **يعد المعلم الأسئلة والأنشطة والتمرينات** التي تساعد الطلبة في الدراسة وتحقيق أهدافهم.

5- **يبدأ الطلبة باختيار الأنشطة والقيام بالدراسة جمع المعلومات.**

6- **يكون المعلم على اطلاع شامل على المنهج المدرسي في موضوعاته المختلفة،** ويفضل أن يعد المعلم الدرس أو الموضوع المدمج بالتعاون مع زملائه معلمي المواد الدراسية الأخرى. لكي يتفق معهم على المهارات المناسبة، ولكي يكونوا عدنا له في بعض المواقف الخاصة بالمواد الدراسية.

نموذج لدرس مدمج

محــــور الدراسة : البيئة والحياة

العنصر الأساسي : الماء في حياتنا

الموضــــوع : ترشيد الاستهلاك

المــــــدة : أسبوع، ساعتان يومياً قابلة للتعديل

يلاحظ من الموضوع ما يلي:

1- إنه مرتبط بمفهوم، وليس بحقيقة، وهذا المفهوم ذو صلة بجميع المواد الدراسية: علوم، تاريخ، جغرافيا، فنون، رياضيات، لغات، .... الخ.

2- إنه مرتبط بقضايا كبيرة مثل الماء في حياتنا، والبيئة والحياة.

3- إنه مفهوم مرتبط بحياة الطلبة، ويستثير دوافعهم.

4- إنه مفهوم يسمح للطلبة بالقيام بأنشطة حركية واجتماعية وفنية وعلمية متنوعة.

5- إنه مفهوم يمكن معالجته في وقت طويل - إذا أردنا -، وفي وقت قصير محدود.

6- إنه مفهوم يمكن معالجته في موقع حقيقي مثل مزرعة، مصنع، منزل....

الموقع: تم اختيار مزرعة قريبة وجبل قريب من المدرسة.

المستوى: الصفوف الابتدائية من 4 - 6.

التنفيذ:

تم تحديد أسبوع للدراسة، بحيث ينفذ على مدى ساعتين يومياً. ويمكن زيادة عدد الساعات إذا كان النشاط ذلك بشرط أن لا نتجاوز 10 ساعات في الأسبوع.

يبدأ تنفيذ الدرس على النحو التالي:

الأنشطة التعليمية على مدى أسبوع:

يقدم المعلم الموضوع التالي:

يتزايد استخدام الماء، مع تزايد عدد السكان، وتزايد الـوعي الصـحي، وتحسـن الأوضـاع الاجتماعية والثقافية، كما تزايد استخدام الماء بزيادة الأنشطة الزراعية والصناعية.
إن هناك حسابات تشير إلى فروق في استهلاك الأفراد للماء بين الدول المتقدمـة والـدول النامية. ترى لماذا هذا الفرق؟
ويشير الباحثون الزراعيون ان هناك زراعـات تتطلـب ميـاه كثيرة. فهـي زراعـات غـير اقتصادية مثل زراعة البطيخ والقطن. كما أن هناك صناعات تتطلـب ميـاه كثيرة. فهل نستمر في مثل هذه الزراعات أو الصناعات؟

أنشطة:

- في جلسة عصف ذهني أو في مجموعات. يطلب المعلم تسجيل جميع استخدامات الماء في حياتنا اليومية.

- لاحظوا اختلاف المنازل في الحجم، هناك منازل كبيرة وأخرى صغيرة، منازل بحدائق وأخرى بدون. المطلوب قياس مساحة منازلكم وحدائقكم.

- ارسموا جميع الكائنات التي تحتاج إلى ماء في منازلكم: أفراد الأسرة، نباتات، حيوانات.

- اكتبوا موضوعاً عن استهلاك الماء.

- راجعوا فواتير استهلاك الماء في منازلكم خلال العام الماضي:

   - سجلوا الاستهلاك الشهري في جدول.

- ما الأشهر التي يزداد فيها استهلاك الماء؟ التي يقل؟

- ما أسباب زيادة الاستهلاك؟

• ضع خطة لإنقاص قيمة فاتورة الماء في منازلكم.

معلومات هامة:

المطر المصدر الرئيس للماء العذب. هل تعرفون كيف يتكون؟ يتبخر الماء من البحار والبحيرات والأنهر بسبب حرارة الشمس. يصعد البخار إلى أعلى حيث يصادف مناطق باردة. يتكثف ثانية ويتجمع فيما يسمّى بالغيوم، وتنشحن جزيئات الماء بشحنات كهربائية ونتيجة لهذه الشحنات تحدث ظاهرة البرق والرعد.

وحين تتزايد كمية الماء في الغيمة تسقط الأمطار.

أنشطة:

• نريد مجموعة تصدر أضواء تشبه البرق باستخدام بعض الأجهزة.

• نريد مجموعة تمثل صوت الرعد.

• راقبوا متى يحدث البرق؟ الرعد؟ لماذا يوجد فارق زمني؟

• رتبوا خطوات سقوط المطر بدءاً من التبخر.

في المزرعة: ثلاث زيارات:

خذ الطلبة في رحلة إلى المزرعة، واطلب منهم البحث عن المعلومات التالية من مصادر مختلفة: المسؤول في المزرعة الملاحظة، شبكات الانترنت... الخ.

• أنواع المزروعات: تصنيفها إلى مزروعات مروية وغير مروية. مزروعات تستهلك ماء كثيراً أخرى تستهلك ماء قليلاً.

- طرق الري المستخدمة: التنقيط، الحنفية، القناة، أي الطرق أكثر استهلاكاً للماء؟ أيها أقل؟

- اعمل خطة لمزرعة منزلية يقل فيها استهلاك الماء. ما الطرق التي تستخدمها؟

- قدموا خطة لأصحاب المزرعة لتساعدهم في تقليل استهلاك الماء.

معلومة:

تبخير أكثر من 90% من مياه الأمطار ثانية.

- **كيف يمكنكم الاحتفاظ بماء المطر، واستخدامه ثانية قبل أن يتبخّر؟**

- **كيف يمكن تجميع ماء المطر؟**

- **هل بإمكانكم عمل سد طبيعي صغير بحجز ماء المطر؟ كيف نقيم هذا السد؟**

- لو أنزلت قيمة 2750 م# ماء.

أين يذهب هذا الماء؟

ما مقدار التبخر؟

ما مقدار ما تبقى في الأرض؟

- لو حصلت على خزان ماء سعته 18 م# ماء كيف تصرفه في أسبوع؟ في أسبوعين؟

أملأ الجدول التالي:

الاستهلاك	في أسبوع	في أسبوعين
<ul><li>الحديقة.</li><li>الشرب.</li><li>الطبخ.</li><li>التنظيف.</li><li>التوفير.</li></ul>		

- ما أخطاء وجود بركة سباحة في المنزل؟ هل تعادل فوائدها؟

- هل تؤيد وجود بركة سباحة في كل منزل؟ لماذا؟

أنشطة لغوية:

- أكتب قصة عن منطقة تعاني من نقص الماء؟

- أكتب قصة عن سيدة كانت تذهب إلى بئر الماء خارج القرية لكي تملأ الجرة.

أنشطة تاريخية:

- ما مصادر الماء المنزلي التي كانت متوافرة لأجدادنا. اسأل جدك أو جدتك. أو أي شخص كبير في السن.

- ما الفرق بين مياه الآبار التي شرب منها أجدادنا، والمياه التي نشرب منها؟

أنشطة جغرافية:

- في أي المناطق تكثر المياه والأمطار؟ في أيها تقل؟

- قارن بين حياة السكان في المناطق الممطرة والمناطق قليلة المطر؟

أنشطة لغوية:

- اكتب رسالة إلى طفل في منطقة كثيرة الأمطار / قليلة الأمطار. واطلب منه معلومات عن:

  - أساليب الحياة اليومية.

  - أثر المياه على الحياة اليومية.

أنشطة رياضية:

- خطط لمزرعة منزلية: اختر شكلاً هندسياً مناسباً.

قس الطول، العرض، المحيط، القطر.....

- قسم المزرعة إلى مناطق: خضار، أشجار، أزهار...

  ما مساحة كل منطقة؟

نشاط عام:

في مجموعات: تكتب كل مجموعة تقريراً عن أنشطة المواقف التعليمية المختلفة، والنتائج التي توصل لها الطلبة.

نقاش عام:

مدى تحقق أهداف الموقف.

الفصل الثاني عشر

التدريس باستخدام إستراتيجية التخيل

من السهل على كل إنسان أن يتخيّل، بل نحن نمارس فعلياً التخيل عدة مرات في اليوم الواحد، وهناك فرق بين شخص واسع الخيال يرتاد آفاقاً بعيدة، وبين شخص واقعي لا يذهب بعيداً.

> **تخيّل اينشتاين نفسه أنه يركب شعاعاً ضوئياً فقاده ذلك إلى اكتشاف النظرية النسبية.**

إن الطلبة يمارسون نوعين من التخيل، الأول هو التخيل المشتت، الذي يقود الطالب إلى أحلام يقظة مشتتة، والثاني هو التخيّل الإبداعي الذي يقود الطالب إلى رسم لوح فني أو إبداع قصيدة أو حل مسألة.

إن المطلوب في المدرسة هو التخيل الإبداعي المنتج، والمطلوب من المعلم أن يكون واسع الخيال ليقوم طلابه إلى تخيلات إبداعية. وهكذا يكون التخيّل إستراتيجية في التدريس الإبداعي.

أهمية التخيّل كإستراتيجية تدريس:

إن البيئة الواقعية تغرقنا في تفاصيلها بحيث لا نستطيع الانفصال منها، وإن الابتعاد عنها والانفصال قليلاً يسمح لنا بالتحليق في آفاق جديدة لم تكن ببالنا. وقبل أن نتحدث عن التخيل كإستراتيجية في التدريس، لابدّ من توضيح أهمية التخيّل واستخدامه في العمل الصفي:

إن التخيّل كإستراتيجية تدريس يمكن أن يحقق ما يلي:

1- يثير مشاركة فاعلة وحقيقية من الطالب، فإن الطالب حين يتخيّل نفسه شاعراً أو سجيناً، أو نقطة زئبق أو بذرة قمح فإنه يصبح طرفاً فاعلاً في سلوك هذه الأشياء.

2- إن ما نتعلمه عبر التخيّل هو أشبه بخبرة حية حقيقية من شأنها أن تبقى في ذاكرتنا ولمدة أطول.

3- التخيّل يعلمنا معلومات وحقائق وعلاقات، ولكنه أيضاً مهارة تفكير إبداعية يقودنا إلى اكتشافات وطرق جديدة.

4- التعلّم التخيلي، تعلم إتقاني لأننا نعيش الحدث ونستمتع به كما أنه يستفز الجانب الأيمن من الدماغ، إضافة إلى الجانب الأيسر.

التخيّل كإستراتيجية تدريس:

إن ممارسة التخيّل واستخدامه في الفصل يتطلب توفير عدد من الشروط مثل:

1- ممارسة التخيّل في مكان مريح، هادئ الألوان والإنارة بعيد عن الصخب والضجة.

2- يتطلب توفر وقت كافٍ يتلاءم مع موضوع التخيّل، علماً بأننا نستطيع أن نمارس التخيّل في جزء من الدرس، حسب أهدافنا.

3- يتطلب التخيّل وجود مرشد يقود هذا التخيّل، ويعطي توجيهات في أثناء التخيّل، للانتقال من مرحلة إلى أخرى ومن وضع إلى آخر.

4- يحتاج التخيّل إلى تدريب ذاتي يقوم به الطالب، ويتخيّل أوضاعاً مريحة أو يتأمل شيئاً يحبه، ويمكن لمعلم أن يدرب الطلبة ويضعهم في مواقع يمكن أن يتخيلوا فيها.

5- ربما يحتاج التخيّل غلى وضع مريح، يسترخي فيه الطالب وقد يغمض عينيه في أثناء التخيّل.

6- كما يحتاج الطالب إلى أن يفرغ ذهنه تماماً، ويفكر في موضوع التخيّل فقط.

نماذج الدروس بأسلوب التخيّل:

يمكن أن يقوم درس التخيّل بأسلوبين:

دروس التخيّل
● تخيّل المراقب.

1- التخيّل كملاحظ أو مراقب لشيء يحدث خارجياً.

2- التخيّل كشخص يعيش الحدث نفسه ويتوحّد معه.

وسنقدم فيما يلي نموذجين من درسين مختلفين:

الدرس الأول: تخيّل المراقبة

الدرس : العلوم

الصف: الثالث أساسي

الموضوع الدرس: النحلة والعسل.

هدف الدرس: معرفة كيف ينتج العسل.

يبدأ الدرس بمقدمة ملائمة عن الحشرات وفوائدها، ومن أجل الحشرات وأكثرها فائدة. ثم ينتقل المعلم إلى إستراتيجية التخيّل على النحو التالي:

1- أغمض عينيك.

2- تخيّل نفسك صغيراً، أصغر، أصغر، أصغر من ذرة صغيرة جداً.

3- حملك الهواء. فطرت، وعلقت بجناح نحلة.

4- طارت النحلة إلى زهرة جميلة، بدأت تحوم حولها. حطت بداخل الزهرة. انظر إلى جمال الزهرة.

5- بدأت النحلة بإرسال إبرتها إلى داخل الزهرة. بدأت تسحب من رحيق الزهرة، وتحتفظ به بداخلها.

6- طارت النحلة إلى زهرة أخرى. لاحظ إنها تقوم بزيارة إلى زهرة أخرى، كررت النحلة ما فعلته. وبقيت هكذا. انظر إلى بطن النحلة الآن. صار أثقل. امتلأ بالرحيق.

7- عادت النحلة إلى منزلها. دخلت في الخلية. أفرغت كل ما حملت في قرص صغير من الشمع.

8- انهض الآن. انزل إلى قرص الشمع. خذ ملعقة من الخشب. تذوق ما وضعته النحلة. آه! إنه عسل.

9- والآن اخرج من بيت النحلة. عد إلى حجمك الطبيعي. افتح عينيك، ماذا شاهدت؟

الدرس الثاني: تخيّل التوحد والاندماج

الدرس: اجتماعيات / منهج سعودي.

الصف: الثاني ثانوي.

موضوع الدرس: مشكلات اجتماعية - الطلاق.

الهدف: تنمية اتجاهات عن آثار الطلاق على الأطفال.

تقدم المعلمة موضوع الدرس شارحة أحوال المجتمع ومشكلات الأسرة. ثم تنتقل إلى موضوع التخيل.

1- أغمض عينيك. استرخي قليلاً.

2- تخيلي نفسك تصغرين 9 سنوات. أنتِ الآن طفلة في الصف الأول الأساسي عمرك 10 سنوات.

3- في ليلة الأمس. حدث شجار في المنزل. طُلقت أمك. غادرت المنزل.

4- أفقت في الصباح. تريدين الذهاب إلى المدرسة. بحثت عن ملابسك، عن فطورك المعتاد، عن السندويتش، فلم تجدي شيئاً.

5- حاولت الاتصال بوالدتك في الهاتف. أخذ أبوك الهاتف من يدك. ودفعك بعيداً عنه.

6- بدأت تبحثين عن كتبك، عن أدواتك، عمن يقدم لك ملابس المدرسة. عمن يقول لك صباح الخير. عمن يضع وردة حلوة على شعرك، لم تجدي أحداً.

7- ذهبت إلى المدرسة. سرحت. قالت لك المعلمة بصوت عالٍ. أين واجباتك أيتها المهملة؟!

8- بكيت. ولم تلتفت إليك المعلمة. سألتك زميلتك ما بك؟ قلت: ماما. ماما. ماما.

9- حاولي الآن أن تعودي إلى وضعك الطبيعي. افتحي عينيك. حدثينا عن مشاعرك.

موضوعات يمكن عرضها ضمن استراتيجيات التخيّل. ولكن هناك حالات يسهل فيها ممارسة التخيّل. ومهما كان الدرس علوماً أم رياضيات أم علوم اجتماعية أم لغات، فإن بالإمكان تقديمه بأسلوب التخيّل. كما يستخدم التخيّل مع الطلبة الصغار والكبار أيضاً. فالمطلوب تنمية مهارات التخيّل كمهارة تفكير إبداعي بمقدار ما هو مطلوب الإفادة من هذه المهارة في تعلم معلومات ومواقف جديدة.

وفيما يلي نماذج لموضوعات يسهل فيها عملية التخيّل من دروس مختلفة.

- رحلة الحج، العمرة، السلوكيات الإسلامية...

- الجذر التربيعي.

- الأشكال الهندسية.
- العوامل، المضاعف، الكسور بأنواعها......... الخ.
- التمدد، الضغط الجوي.
- ملوثات البيئة.
- الأكسجين، الماء، الكربون.
- الزئبق في ميزان الحرارة.
- الزراعة والنبات.
- سيارة، مكبس مائي، جهاز هاتف.
- الطفولة، الكهولة، الرجل، المرأة.

وكما ترى فليس هناك موضوع لا يمكن تدريسه بالتخيّل.

متى تستخدم التخيّل؟

يمكنك استخدام التخيّل في أي درس وفي أي وقت. كما يمكن استخدامه لعرض الدرس كاملاً أو عرض جزء منه. كما يمكن استخدامه في مختلف مراحل الدرس:

المقدمة، العرض، النشطة، والتقويم، والواجبات المدرسية المنزلية.

وكما ترى فإن التخيّل إستراتيجية ممتعة، جاذبة يمكن أن تجعل التعلّم أكثر جذباً للطلبة.

يمكن استخدام التخيّل كمقدمة للدرس. أو استخدامه كمخطط للدرس قبل البدء به.
- يمكن استخدامه كمراجعة للدرس.
- يمكن استخدامه كأسلوب عرض للدرس.
- يمكن استخدامه كواجب بيتي.

وسواء كنا نمارس تخيلاً مراقباً أو تخيلاً توحدياً، فإن من المهم أن يخاطب المعلم الطلبة وفق الدور الذي يمارسونها ويخاطب مباشرة، مثل:

184

أنت الآن............

وصلت الآن........

بعد أن أكملت رحلتك ارجع إلى.......

كما أن من المهم أن يقدم المعلم معلومات إلى الطلبة وهم يمارسون التخيّل حتى يكون التخيّل أداة لكسب معلومات.

مثال:

أنت الآن سائل بنزين داخل خزان السيارة، تم تشغيل السيارة، ذهبت بعض قطراتك إلى المحرقة. جاءتك شراره. هذه الشرارة أشعلتك، فتحرك محرك السيارة، أحدث صوتاً...... الخ.

لاحظ إننا قدمنا معلومات للطلبة وهم ضمن عملية التخيّل.

الفصل الثالث عشر

إستراتيجية التعليم البصري

يعتمد التعليم في معظمه على التعليم اللغوي - اللفظي. فمعظم ما في حياتنا المدرسية ألفاظ وكلمات، ولذا يبدو الطلبة ذوي الذكاء اللفظي متفوقين، لأن التعليم ينسجم مع ذكائهم، وبعد ظهور البحوث الحديثة للدماغ وظهور نظرية الذكاءات المتعددة لجاردنر، برزت أهمية تأكيد أشكال جديدة للذكاء من أهمها الذكاء البصري. ولسنا هنا بصدد الحديث عن الذكاءات الثمانية لأن ذلك تمت مناقشته في فصل خاص.

أهمية الإدراك البصري.

> يتعلم الطلبة ذوو الذكاءات البصرية من خلال الصورة والمشاهدة الحسية.

يبدو أن الصورة من أساسيات الإدراك الإنساني فنحن نغرق يومياً في مئات الآلاف من الصور والمشاهد الحسية، فإضافة إلى ما نرى، فإن هناك أشكالاً متعددة من التعبير البصري منها:

- الصور الشاعرية في القصائد والتي تطوع الأفكار والألفاظ والكلمات لتقديم وصف حسي للحبيب أو لموضوع الشعر.

- الرسوم التخطيطية التي يضعها المهندسون والمبرمجون والأدلاء كوسيلة للانطلاق والسير الآمن.

- الملاحظات البصرية والمشاهدات التي يسجلها الباحثون والتجريبيون في المختبرات العلمية.

فالإدراك البصري يبدأ بمشاهدة الصورة وتسجيلها في الدماغ والتعبير عنها بأشكال ووسائل متعددة، فالمعلومات التي نجمعها بصرياً يمكن التعبير عنها بأحد الأشكال التالية:

1- الصورة الحسية.

2- الوصف اللفظي.

3- الرسم والأشكال التوضيحية.

4- التمثيل البياني.

5- الخرائط بأشكالها.

هل يستطيع المعلمون استخدام التعليم البصري كإستراتيجية تدريس؟

المعلمون في غالبيتهم لفظيون. يقدمون دروسهم بواسطة الألفاظ وتم تدريبهم لممارسة التعليم اللفظي ولكن لدى كل إنسان إمكانات بصرية هائلة يمكن استغلالها، فإذا ما اكتشف المعلمون هذه الإمكانات فإن تطوراً هاماً سوف يدخل إلى أساليبهم.

ولكن هل كل الدروس يمكن أن تكون بصرية؟ وهل كل الموضوعات يمكن أن تقدم بأسلوب بصري؟

إن العلوم تستند إلى الملاحظة والحواس والتجريب.

والرياضيات سواء كانت هندسة أو حساباً فإنها أشكال وعلاقات وروابط، وليس هناك مسألة حسابية لا يمكن رسمها أو التعبير عنها بصورة أو شكل. فكل الكلمات يمكن ترجمتها إلى رموز، وهذه بعض الرموز الرياضية:

== ، + ، - ، < ، > ، .... الخ.

وحتى التاريخ يمكن تحويله إلى أشكال وخرائط وخطوط زمنية.

إذن المعلمون يستطيعون إذا ما دربوا أن يمارسوا استراتيجيات التعليم البصري، وأن يدربوا طلابهم على هذه الإستراتيجية وخاصة الملاحظة والمشاهدة.

تدريب الطلبة على الملاحظة وقراءة الصورة:

يشاهد الطلبة كثيراً من الصور والأفلام، ولكن ذلك لا يعني أنهم يلاحظونها، وكثيراً ما نفاجئ في بعض البرامج حين يطلبون منا معلومات عن صورة عرضت علينا، لنكتشف إننا لم نلاحظ ما سألونا عنه.

إننا نعيش مع مواقع وصور، ونستخدم أدوات يومية، ولكن حين نسأل عن تفاصيلها، فإننا نعجز. من منا يستطيع أن يذكر ما هو مكتوب على ساعة يده، أو ما هو مكتوب على قلمه؟ إننا نشاهد ولكننا لا نلاحظ، وهذا ما هو مطلوب من المعلمين.

كيف ندرب طلابنا على الملاحظة؟

علينا أن نميز بين نوعين من الملاحظة: الملاحظة العابرة التي يمكن أن تزودنا ببعض المعلومات بشكل عضوي أو عرضي، وبين الملاحظة المقصودة التي نوجه اهتمامنا لشيء أو حدث بهدف الحصول على معلومات معينة.

> نشـــاهد أداة مـا ونســـتخدمها عشرات المرات ولكننا لا نستطيع تحديـــد كثـــيراً مـن خصائصــها التفصيلية فالمشاهدة غير الملاحظة.

ولذلك يبدأ التدريب على الملاحظة الهادفة أو المقصودة على النحو التالي:

لنفترض أن معلماً أراد أن يعرض فيلماً عن الإسكيمو. فما الخطوات التي سيتبعها لتمكين طلابه من ملاحظة معلومات معينة؟

1- يعد الفيلم ويجهزه للعرض.

2- يناقش الطلبة في موضوع الفيلم، ويوجه انتباههم إلى معالم رئيسة.

3- يوزع عليهم ورقة عمل تطلب منهم ملاحظة سلوكات معينة مثل:

ملابس الإسكيمو، طعام الإسكيمو، أدوات الإسكيمو..... الخ

4- يناقش الطلبة فيما لاحظوه.

إذن يوجه المعلم طلابه لملاحظة أشياء محددة. ويطلب منهم دائماً متابعة مشاهدات، والتحدث عنها، ويسأل:

● ما دلالات نضج التمر؟

● ما الفرق بين نسيم البر ونسيم البحر؟

● ما دلالات تماسك جزيئات الماء؟

● ما الفرق بين صورة الخلية النباتية والخلية الحيوانية؟

● لا حظ الفرق بين حرفي ع، غ.

● ما الموجود في اللوح الأيمن وغير موجود في اللوح الأيسر؟

سجل ملاحظاتك على ما يلي:

- تفاعل الماء مع الحامض.

- وضع ورقة عباد الشمس في قاعدة.

- استجابة الأب حين توجه له نقداً.

● اقرأ هذا النص وضع رسماً تخطيطياً له.

● ارسم هذه المسألة.

● أي أجزاء الدائرة هو الأكبر؟

● ضع أسماء التضاريس على هذه الخريطة حسب ألوانها.

● ارسم شكلاً توضيحياً لأقسام الكلمة.

● ارسم أخوات كان.

إن توجيه التدريس والمناقشات باتجاه الأنشطة يمكن أن تنمي مهارة الملاحظة لدى الطلبة، وحين يكتسبون هذه المهارة وتصبح آلية لديهم، تزداد قدرتهم على الملاحظة سواء المقصودة أو غير المقصودة.

أشكال التدريس البصري

يمكن أن يستخدم المعلم استراتيجيات مختلفة مثل الرسم، والتخطيط، ووضع الأشياء الحسية لفظياً. وتمثيل الكلمات بصرياً، بالصورة أو بالخريطة.

استراتيجيات التدريس البصري
1- الرسم
2- الوصف اللفظي
3- التمثيل البياني
4- الخرائط المعرفية والذهنية
5- خط الزمن

1- إستراتيجية الرسم:

يمكن أن تستخدم هذه الإستراتيجية في كل الدروس فهناك أشكال من الرسم:

• الرسوم التخطيطية، مثل رسم درس على النحو التالي:

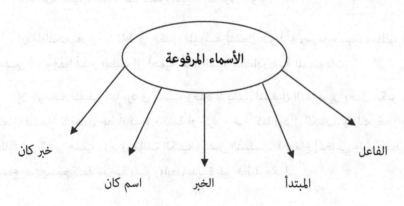

الأسماء المرفوعة

الفاعل — المبتدأ — الخبر — اسم كان — خبر كان

إن نظرة بسيطة إلى الرسم توضح المعلومة. كما أن هذا الرسم يسمح بإضافة أية معلومات أخرى جديدة يتعلمها الطالب لاحقاً مثل صفة الاسم المرفوع، نائب الفاعل.... الخ.

2- الصورة:

وقد سبق أن أوضحنا أن المعلم يوجه أنظار الطلبة إلى الموضوع، ثم يسألهم أسئلة محددة ليتمكنوا من ملاحظتها.

3- الوصف اللفظي:

يعرض المعلم الصورة أو الرسم. ويطلب من الطلبة استخلاص معلومات منها.

مثال: يعرض المعلمين رسمين: الخلية النباتية والحيوانية ويطلب إيجاد أوجه الشبه والاختلاف بينهما.

مثال: انظر إلى الألوان في هذه الخريطة. حدد عليها التضاريس التالية.

الجبل، السهل، النهر، خط سكة الحديد، الحدود الدولية.

إن المطلوب تعزيز الألفاظ في الكتب المدرسية لتشمل صوراً أو رسوماً حسية، ومطلوب من المعلمين أن يوجهوا أنظار الطلبة إلى أهمية هذه الصور كمصادر غنية للمعلومات.

إن الوصف اللفظي كما يرد في الكتب وحده لا يكفي لتشغيل الدماغ، بل يعمل عكس عمل الدماغ. فالدماغ لا يعمل خطياً: كلمة - كلمة أو حرفاً - حرفاً كما ورد في الكتاب، ولذلك يعجز بعض الطلبة عن السير حسب ما يرى مؤلف الكتب وبنفس التسلسل. فالدماغ إشعاعي وليس خطياً. إن الدماغ حين يسمع كلمة مدرسة يقيم روابط عديدة غير خطية هكذا...

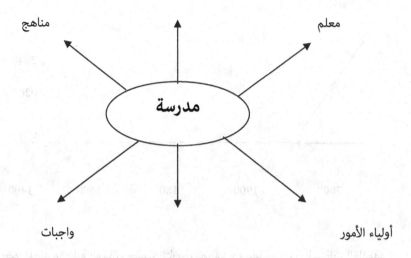

فالدماغ لا يسير خطياً كما يسير مؤلف الكتاب ومن هنا تأتي صعوبة إدراك ما يريده المؤلف، أو حفظ الطالب لمادة لم ترد إلى دماغه بطريقة ملائمة.

4- الخط الزمني:

يمكن استخدام الخط الزمني في بعض المواد ذات الطابع التطويري، مثل:

- تطور لغة الأطفال
- الحكم الإسلامي على مدى عشرة قرون
- تطور وسائل المواصلات..... الخ

ويمكن عرض تطور وسائل المواصلات بخط الزمن على النحو التالي:

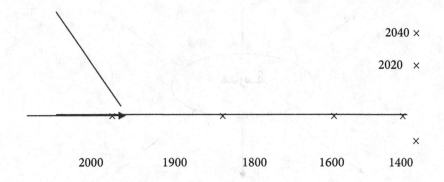

يضع المعلم والطلبة الوسائل حسب التاريخ، ثم تقترح وسائل جديدة للسنوات القادمة.

5- الخرائط المعرفية والذهنية.

وقد تم الحديث عنها في فصل خاص.

الفصل الرابع عشر

التدريس باستخدام الخرائط المعرفية والخرائط الذهنية

الخرائط الذهنية

إن إحدى مشكلات التعلم تكمن في أن المناهج لا تقدم للطلبة نصوصاً واضحة تناسب تفضيلاتهم. فالمؤلف يعرض المادة بأسلوبه. والمعلم يشرح في المادة بأسلوبه. وهذه الأساليب قد لا تكون هي المفضلة لدى جميع الطلبة. وبذلك يضطر الطلبة إلى بذل جهد كبير لدراسة المادة وحفظها ومعرفة الأفكار الرئيسة فيها.

إن الخرائط المعرفية هي طريقة أخرى لتقديم معلومات منظمة أمام الطلبة تبرز الأفكار الرئيسة. وتبرز الأفكار بوضوح. وتساعد على التمييز بين الأحداث ونتائجها. مما يجعلهم أكثر اعتماداً على أنفسهم.

إذا عرض المعلم مادة الدرس مستخدماً الخريطة المعرفية، فإنه بذلك يوحي للطلبة بأهمية استخدامها، وعمل خرائطهم الذهنية الخاصة بهم. مما يساعدهم على تعلم أفضل.

ما هي الخرائط المعرفية؟

الخرائط هي تنظيم المعلومات في أشكال أو رسومات، تبيّن ما بينها من علاقات. وتتخذ الخرائط أشكالاً مختلفة حسب ما تحويه من معلومات.

ومن أشكالها:

1- خرائط توضح تسلسل المعلومات.

2- خرائط الفكرة الرئيسة والأفكار المرتبطة بها.

3- خرائط توضح الأسباب والنتائج.

4- خرائط تقارن بين فكرتين، شخصين، حدثين..... الخ.

5- خرائط توضح العلاقات بين الأجزاء.

وفيما يلي أمثلة لخرائط مختلفة:

1- خريطة توضح الحدث.

مثال: معركة بدر

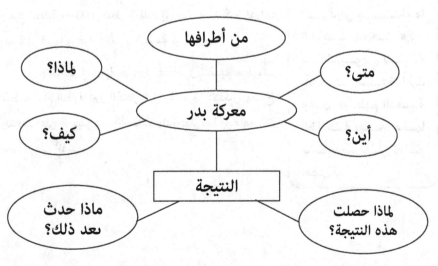

2- خريطة مقارنة

تستخدم الخريطة لمقارنة شخصين أو حدثين أو فكرتين.

مثال: مقارنة بين أبي بكر وعمر رضي الله عنهما.

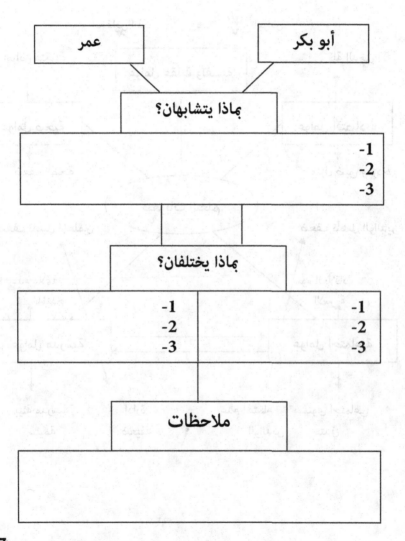

3- خريطة تبسيط وتنظيم

تستخدم هذه الخريطة عند قراءة نص يحتوي على مجموعة متباينة من العوامل التي تؤثر على الموقف. فعند دراسة ظاهرة مثل صعوبات التعلم أو الوضع العربي الراهن يمكن رسم خريطة توضح الظاهرة وتبسّطها وتقدمها بشكل منظم على النحو التالي:

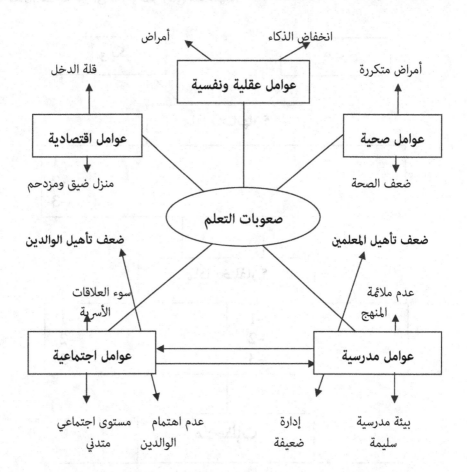

إن نظرة سريعة إلى الخريطة تساعد على فهم العوامل المؤثرة بسبب عرضها بشكل منظم. وهي أفضل بكثير من طريقة عرض أي كتاب لهذه المادة. وتمكن الطالب من إضافة أية معلومات جديدة. ووضع علاقات وروابط جديدة بين هذه العوامل.

4- خرائط زمنية

يمكن استخدام خط الزمن لدراسة تطوّر ظاهرة ما مثل: تطور حياة الإنسان أو تطور ظاهرة ما مثل الزواج أو العبادة أو المساكن، أو أي ظاهرة اقتصادية مثل الأسعار والتجارة، أو ظاهرة أسرية مثل تطور دور الرجل والمرأة في الأسرة.

فلو أردنا دراسة تطور حياة الإنسان، فإننا يمكن وضع الرسم التالي مستخدمين خط الزمن.

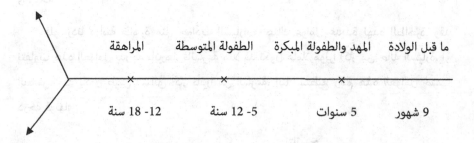

تظهر هذه الخريطة مراحل النمو حتى سن الشباب. ويمكن إضافة أية معلومات ضرورية لها. فهذه الخرائط عادة خرائط نامية يمكن للطالب أن يضيف أية معلومات جديدة يحصل عليها حتى في فترات لاحقة.

ويمكن رسم أي خريطة زمنية لتطوّر أي ظاهرة اجتماعية أو بيئية أو اقتصادية أو تاريخية..

مثال: تطور المواصلات

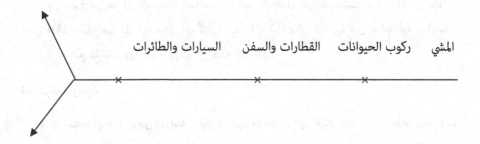

المشي   ركوب الحيوانات   القطارات والسفن   السيارات والطائرات

5- خرائط السبب والنتيجة

عند دراسة ظاهرة لها عوامل وأسباب متعددة، يمكن التعبير عن ذلك بخريطة السبب والنتيجة.

فلو أردنا دراسة ظاهرة مثل حوادث السيارات. هناك عوامل عديدة لهذه الظاهرة. وقد تتفاوت هذه العوامل بدرجة تأثيرها. فالسرعة مثلاً قد تكون عاملاً مؤثراً أكثر من حالة السيارة، أو الطقس. وقد يكون طيش السائق أكثر تأثيراً من السرعة. إننا نستطيع رسم هذه العوامل حسب درجة قوتها:

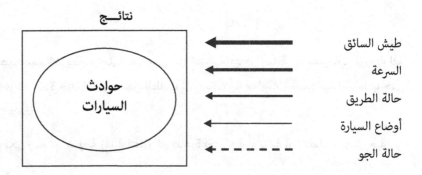

نتائـج

حوادث السيارات

طيش السائق
السرعة
حالة الطريق
أوضاع السيارة
حالة الجو

كيف تقرأ هذه الخريطة؟

يمكن قراءة هذه الخريطة بمجرد النظر إليها:

- هناك عوامل عديدة للحوادث.

- تتفاوت العوامل في مدى شدتها.

- أكثر الحوادث تأثيراً هي طيش السائق وأقلها هو حالة الجو.

- يمكن ترتيب العوامل حسب قوتها كما يلي:

1- طيش السائق.   2- السرعة.   3- حالة الطريق.

4- حالة السيارة.   5- حالة الجو.

كما يسهل علينا تذكر هذه المعلومات، ومراجعتها في أي وقت، وتعديلها إن لزم.

خريطة النتائج والمترتبات

إن دروس النتائج والمترتبات أشبه بدروس الترتيب والتتابع. لكننا هنا في دروس النتائج قد نرتب النتائج المتوقعة والنتائج المتحققة. ونضع النتائج القريبة والبعيدة. والنتائج الأولية والثانوية، النتائج الإيجابية والسلبية.

فلو أخذنا درس مثل: (الوافدون: ماذا لو نتخلص منهم؟)

فإننا نضع الخريطة على النحو التالي:

الوافدون
تقليل البطالة
الاعتماد على الذات
تعطل الخدمات الأساسية
تعب وجهد
توفير العملة الصعبة
انقطاع خدمات صيانة الأجهزة
زيادة الرخاء
تعطل حركة السير
بروز عمال وطني
انتشار الترف
خلو الشارع من الازدحام
ارتفاع سعر الخدمة

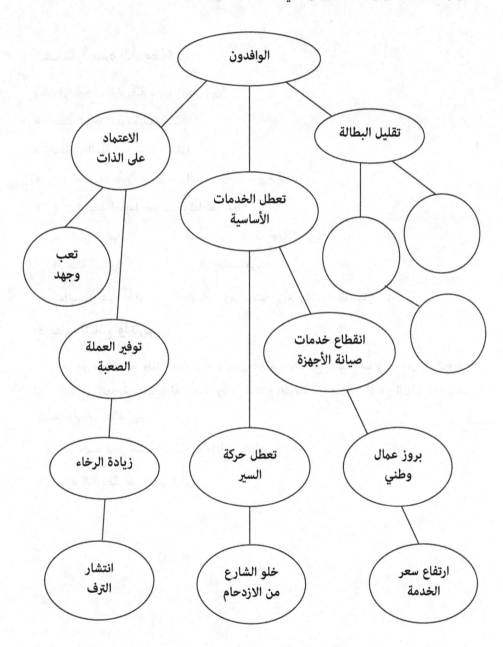

- تلاحظ أن هناك نتائج متعددة. بعضها ايجابي وبعضها سلبي.
- بعض النتائج السلبية لها نتائج إيجابية بعيدة. والعكس صحيح.
- من السهل إضافة معلومات جديدة.

ويمكن رسم هذه الخريطة بشكل مبسط على النحو التالي:

تلاحظون أن الخريطة اشتملت على النتائج الايجابية والسلبية، ويمكن مدّ هذه الخريطة للحصول على نتائج ثانوية. مثل تقليل البطالة. وقد ينتج عنها إقبال الشباب على الأعمال البسيطة، وتحسّن العلاقات الأسرية وهكذا يمكن البحث عن نتائج ثانوية أخرى في كل مجال.

الخرائط المعرفية والخرائط الذهنية

إن الخريطة المعرفية كأسلوب تدريس هي خطة يضعها المعلم لعرض الدرس وتوضيحه لطلابه. كما أن الطلبة يمكن أن يتعلموا وضع خرائط خاصة بهم غير خريطة المعلم، فتكون في هذه الحالة أسلوباً في التعلّم، بحيث يبذل الطالب جهداً لإعادة تنظيم المادة كما يفهمها ويرسمها في خريطة جديدة.

إن المعلومات المعرفية هي خريطة تستخدم المعلومات المتوافرة في الدرس. فإذا ما استخدمها الطالب، فإنه يكون قد ترجم مادة الدرس كما وردت في الكتاب أو في شرح المعلم إلى خريطة تنظيمية تبيّن أهم المعلومات. لكن قد يذهب الطالب إلى ما وراء ذلك ويضع خريطة ذهنية. فما المقصود بالخريطة الذهنية؟ وما الفرق بينها وبين الخريطة المعرفية؟

الخريطة الذهنية هي خريطة إبداعية تمثل رؤية الطالب للمادة الدراسية والعلاقات والروابط التي يقيمها بنفسه بين أجزاء المادة. وهي عبارة عن عمل ملاحظات ومذكرات خاصة Making Notes، وليس مجرد أخذ ملاحظات Taking Notes.

> ### الخريطة المعرفية
> هي إستراتيجية تـدريس يستخدمها المعلم. وهي يمكن أن تكون إستراتيجية تعلم حين يضعها الطالب بنفسه.

> ### الخريطة الذهنية
> هي رؤية الطالب لمادة الـدرس فهـي خريطـة إبداعية.
> أما الخريطة المعرفية فهي مجـرد تنظيم الطالـب لمـادة الـدرس مـن أجـل توضيحها.

ويمكن التمييز بين الخريطتين على النحو التالي:

الخريطة المعرفية	الخريطة الذهنية
1- هي رسم مخطط لموضوع ما.	1- هي رسم مخطط لموضوع ما.
2- رسم مخطط يقوم به المعلم عادة.	2- رسم مخطط يقوم به الطالب عادة.
3- تلتزم الخريطة بحدود المعلومات في الدرس.	3- تذهب أبعد من المعلومات. وتحوي علاقات جديدة يضعها الطالب بنفسه.
4- الخريطة المعرفية هي أخذ ملاحظات وتسجيلها كما وردت.	4- الخريطة الذهنية هي خلق روابط وعلاقات جديدة.
5- هي إستراتيجية تدرس في الأساس لتوضيح المادة وتنظيمها.	5- هي إستراتيجية تعلم يبني فيها الطالب روابط ومهارات.
6- هي خريطة مكتملة.	6- هي خريطة ناقصة يمكن استكمالها بشكل دائم.
7- الخرائط المعرفية متشابهة خاصة إذا وضعها المعلم.	7- لكل طالب خريطة ذهنية خاصة به، لا يمكن إيجاد خريطتين متشابهتين.
8- يمكن لأي شخص فهم الخريطة والإفادة منها.	8- لا يمكن استخدامها إلاّ من قبل صاحبها.

الباب الرابع
إستراتيجيات صفية

اشتمل هذا الباب على عدد من الموضوعات التي ترتبط مباشرة بعملية التدريس مثل:

📖 إستراتيجيات إثارة الأسئلة.

📖 إستراتيجيات إعداد الوجبات المدرسية المنزلية.

📖 إستراتيجيات تقديم التغذية الراجعة.

📖 إستراتيجيات تدريس القيم والاتجاهات.

وقد تم عرض عدد كبير من الأمثلة والتطبيقات العملية المشنفة من دروس من المناهج والكتب المدرسية.

الفصل الخامس عشر

إستراتيجيات إثارة الأسئلة الصفية

الأسئلة هي أكثر إستراتيجيات التدريس استخداماً، فالبحوث تعطينا النتائج التالية:

- يسأل المعلم حوالي4000سؤال يوميا بمعدل 80 سؤالاً في الحصة الواحدة.
- إن حوالي 60% من أسئلة المعلمة الشفوية أسئلة معلقة مثل: أملأ الفراغ أو نعم أو لا أو ذكر كلمة ما.
- يستهلك المعلمون من (6-16%) من وقت الحصة في إثارة أسئلة شفوية. (Doneau, 85).
- إن 95% من الأسئلة في الكتب المدرسية بشكل عام هي أسئلة معلومات واستيعاب.
- لم يغيَر المعلمون أنماط الأسئلة المستخدمة منذ عشرات السنين ففي ملاحظة الألف معلم أمريكي تبيَن أن المعلمين يسألون أسئلة حفظ وتذكر (Sirontic, 83) .
- 90% من الكتب معلومات وحقائق. ولذلك يسأل المعلمون أسئلة ضيقة بهدف التأكد من حفظ الطلبة للمعلومات.
- معظم الأسئلة المستخدمة يمكن الإجابة عنها في أقل من ثلاث ثوانٍ.
- الطلبة الذين يتعرضون لأسئلة مهارات عليا لديهم طلبة أكثر إنجازاً.
- المعلمون المؤهلون يسألون أسئلة مهارات عليا (Klinzing and Klinzing: 78)

أهمية السؤال وقيمته التعليمية:

يستخدم المعلمون الأسئلة في جميع مراحل التدريس، حيث يعتمد نجاح التدريس على نجاح المعلم في طرح أسئلة(Amy: 98).

فمنذ بدء التخطيط الدراسي يحضرون أسئلة، وفي أثناء العرض والتشويق يثيرون أسئلة، وفي التقويم سواء بنائياً أو ختامياً يثيرون أسئلة، فالأسئلة هي إستراتيجية ثابتة للمعلمين. فما دوافع المعلمين لإثارة الأسئلة؟

1- تستخدم الأسئلة في بداية الحصة للتعرف على خبراتهم السابقة. البداية التي يمكن أن ينطلقوا منها في ربط المعلومات الجديدة بالسابقة.

2- تثير الأسئلة اهتمام الطلبة بالموضوع الجديد، وتهيؤهم لمادة التعليم الجديدة، وتحفزهم على المشاركة والانتباه.(Morgan and Saxon, 1991) .

3- تستخدم الأسئلة لتشجيع مشاركة الطلبة وتفاعلهم في الموقف التعليمي ولكسر روتين العرض المقدم من المعلم.

4- تستخدم الأسئلة لإحداث تغيير في المناخ الصفي بحيث يسود جو من الحوار والنقاش بدلاً من الهدوء والاستماع.

5- توجيه تعلم الطلبة نحو النقاط الهامة والأفكار الأساسية.

6- تشخيص إمكانات الطلبة وميولهم واهتماماتهم. والتعرف على ذكاء اتهم وخياراتهم المفضّلة.

7- تقويم مدى تعلم الطلبة وإتقانهم لمادة وتحقيقهم للأهداف التربوية للدرس.

8- إثارة تفكير الطلبة وحفزهم على البحث والتجريب والتفكير الناقد والتفكير الإبداع.

وهكذا يمكن القول: إن طريقة المعلم في السؤال مطابقة تماماً لطريقته في التعليم.

وهذا هو شعار الذي رفع منذ القرن العشرين: إن معرفة كيف تسأل مطابقة تماماً لمعرفة كيف تعلم!

أنواع الأسئلة

تعددت تصنيفات الأسئلة وتباعدت وجهات نظر الباحثين، ونقاط اهتماماتهم. فتصنيف بلوم للأهداف ربط الأسئلة بمستويات الأهداف الست: الحفظ والاستيعاب والتطبيق والتحليل والتركيب والتقويم. وكذلك فعل تصنيف كراثول وتصنيف سمسون للأهداف الانفعالية والأهداف الحس الحركية.

وبعيدا عن هذه التصنيفات، فان تحليل أسئلة المعلمين يشير إلى أنهم يستخدمون أسئلة متنوعة من أبرزها.

1- أسئلة افتتاحية Opener

وهي التي تتعلق بالحصول على استجابات الطلبة الحرة نحو الموضوعات الجديدة التي سيطرحها المعلم، وهدفها تهيئة الطلبة للمدرس الجديد. فإذا أراد المعلم أن يشرح درسا جديدا عن سلامة البيئة مثلا، فإنه يستهل درسه بأسئلة افتتاحية مثل:

- كيف ترون الحياة في مدينتكم هذه الأيام ؟
- ما الذي يزعجكم في بيئتكم حاليا ؟
- كيف ترون تلوث المناطق المحيطة بكم؟
- ما الذي يكثر دخان السيارات؟ ما تأثيره عليكم؟
- هل يمكن عمل شيء للتقليل من تلوث البيئة؟
- هل يمكن أن نعيش في بيئة خالية من التلوث؟

2- أسئلة استعراضية بلاغية Rhetorical

تثار هذه الأسئلة بقصد إحداث تأثير عاطفي حافز مثل:

- هل فكرت في أن تصبح حاكماً؟
- هل ترغب أن تكون مليونيراً في خمسة أيام؟

يستخدم المعلمون عادة مثل هذه الأسئلة بهدف إثارة حماسة الطلبة نحو موضوعات غريبة، ولا يهدف المعلمون إلى الحصول على إجابات واضحة، فلو أراد معلم شرح درس درجات الحرارة وتأثرها بالارتفاع .فانه يمكن أن يسأل ما يلي:

- إذا كانت درجات الحرارة تنخفض درجة 1ْ س كل 15م ارتفاع وتزداد كل 150م انخفاض؟
- فكيف تعيش على ارتفاع 10كم؟
- فكيف تعيش على انخفاض 10 كم؟

3- أسئلة لامة Convergent

وهي الأسئلة التي تثار بهدف الحصول على إجابات محددة ترتبط بحقيقة محددة بسيطة وهي نوعان:

أ- أسئلة لامة دنيا Low-Order

وهي أسئلة الحفظ والتذكر

- كم عدد سكان المملكة ؟
- ما عاصمة الدولة؟

ب- أسئلة لامة عليا High-Order

وهي أسئلة تتعلق بمستوى الاستيعاب والتطبيق حيث تتطلب إجابات واسعة فيها شرح وتفسير وتطبيق مثل:

- فسّر المفاهيم التالية: الضغط، والكثافة .....

- اشرح البيت الشعر التالي: ....
- اكتب نصاً واستخدم فيه حركات الإعراب الأساسية.

4- أسئلة تباعد Divergent

وهي أسئلة تتعلق بمستويات التفكير العليا وهي لا تبحث عن إجابات محددة، بل تختلف فيها الإجابات بما يسمح للطلبة بأن يعبروا عن أنفسهم. وهي نوعان:

أ- أسئلة تباعد دنيا Low- Order

وهي أسئلة التحليل التي تتطلب الوصول إلى استنتاجات غير ظاهرة في النص بوضوح. مثل:

- أعطِ دليلاً على أن الماء كان نظيفاً؟
- لماذا ازدادت حوادث السيارات هذه الأيام؟

ب- أسئلة تباعد عليا High0-Order

وهي أسئلة تتعلق بمستوى التركيب والتقويم.

5- وتصنف الأسئلة من حيث إجابتها إلى نوعين

أ- أسئلة مغلقة Closed

وهي أسئلة تبحث عن إجابات ضيقة جداً مثل.

- هل تؤيد هذا الرأي؟
- ما اسم النهر الذي يمر في مصر؟

ب- أسئلة مفتوحة Open

وهي أسئلة تبحث عن استجابة حرة، واسعة مثل:

- ما رأيك بدوافع الحرب الأخيرة على العراق؟

- ما مقترحاتك لتطوير جرس الإنذار؟
- ماذا تقترح لتحسين الحياة داخل الأسرة؟

إن هذه الأسئلة تولد استجابات واسطة متباينة يظهر من خلالها إمكانات الطلبة وطرائقهم في التفكير.

6- أسئلة سابرة Probing

وهذا النوع من الأسئلة يهدف إلى التعمق في إجابات الطالب، والحصول على معلومات إضافية لم يقدرها الطالب في إجاباته الأولى.

مثال:

س- ما مصدر التلوث؟

ج- السيارات.

س- هل هي مصدر وحيد أم هناك مصادر أخرى؟

ج- هناك مصادر متعددة.

س- ما هذه المصادر؟

ج- الكيماويات، المجاري.

س- ما أكثرها تأثيرا على تلوث المياه؟

ج- الكيماويات.

س- هل توثر السيارات على تلوث المياه؟

ج- قليلاً.

س- كيف نحافظ على المياه نقية؟

يلاحظ أن الأسئلة كلها تدور حول موضوع من اجل التوسع فيه.

كما أن كل سؤال ينطلق من الإجابة عن السؤال السابق.

فالمعلم يسبر أعماق الطالب بهدف التحقق أو الحصول على المعلومات متكاملة.

7- أسئلة ساحبة   Tugging

يقدم هذا النوع من الأسئلة حين تكون إجابات الطالب عن سؤال ما ناقصة فيحاول المعلم حفزه على استكمال الإجابة.

مثال:

س- ما مكونات الخلية.

ج- النواة .

س- هناك مكونات أخرى تحيط بالنواة. ما هي؟

8- أسئلة موجهة   Leading

وهي أشبه بالأسئلة الساحبة ، لكن في السؤال الموجه يحاول المعلم قيادة الطالب وتوجيهه نحو سلوك معين أو إجابة معينة.

- أليس الإسلام هو الدين المتكامل؟
- ألا ترى أن وحدة العرب هي الطريق إلى الإخلاص؟
- ألا تعتبر المحافظة على البيئة هدفا حيويا؟

9- أسئلة معادة التوجيه   Redirected

حين يسال المعلم سولا من قبل الطالب ما. يعيد المعلم توجيه السؤال إلى الطلاب آخرين.

مثال:

- أثار طالب السؤال التالي إلى المعلم.

- لماذا يحدث تعاقب الفصول؟
- المعلم : من يمكن أن يحدثنا عن أسباب تعاقب الفصول؟

ما قام به المعلم هو وجه السؤال إلى الطالب ولم يجب عليه.

10- أسئلة حوارية جدلية Argumentative

يثير المعلم هذه الأسئلة بهدف التعرف على وجهات نظر متعارضة، وتقليب جوانب الموضوع من حيث إيجابياته وسلبياته.آراء المؤيدين والمعارضين.

مثال:

ما رأيكم بطرد العمال الأجانب ؟ ما الآثار الإيجابية والسلبية لهذا القرار؟

11- أسئلة الاختيار المحدد Restricted choice

وهي أسئلة الخيار المتعدد. حيث يطلب السؤال اختيار إجابة واحدة صحيحة.

ما المدينة الساحلية فيما يلي؟

أ- جدة   ب- عمان   ج- الرياض   د- القاهرة.

12- أسئلة إثبات أو فحص Uerification

يطلب المعلم من الطلبة إثبات صحة رأي ما، أو صحة إجابة ما.

س- ما دليل على ما تقول؟

13- أسئلة سريعة الطلقات Run-on

يقدم مجموعة أسئلة مثيرة متلاحقة دون توقف.

مثال:

ما أجمل المدن؟ وأين تقع؟ ولماذا تم اختيارها؟ وهل زرناها؟ما الذي أعجبك فيها؟

14- أسئلة تطلب تفاصيل Invitation to elaborate

يقدم المعلم هذه الأسئلة بحثا عن تفاصيل أخرى إضافية، باعتبار بان الطالب المبدع يملك تفاصيل اكبر. كما أن المعلم يدعو الطالب إلى التحدث أكثر عن الموضوع بقصد التعرف على الطريقة تفكيره ومشاعره.

- كيف حصلت على هذا الجواب؟
- صف الحياة اليومية للمزارع؟

مفاهيم أساسية مرتبطة بالأسئلة:

من المفيد أن يتعرف المعلم على العدد من هذه المفاهيم. وذلك لزيادة قدرته إلى التعامل مع استجابات الطلبة.

> فترة الانتظار تسمح للطالب بإعداد استجابته ومعالجة السؤال. وينصح بفترة انتظار من 3-5 ثوانٍ .

1- معالجة السؤال Question processing

حين يصل السؤال إلى الطالب يقوم الطالب بعمليات متعددة مثل محاولة فهم السؤال، والغرض منه، والبحث عن الإجابة، وتنظيمها وعرضها. هذه العمليات ضرورية، ولا تتم بسرعة. فالطالب يحتاج وقتا كافيا لهذه العمليات، ويجب أن لا يكون تحت ضغط الوقت والسرعة. ولذا يجب أن يعطي المعلم وقتا كافيا للإجابة يسمى"وقت الانتظار".

2- وقت الانتظارWait-time

وهو الوقت الذي يمر بين لحظة انتهاء السؤال وبين اختيار الطالب المستجيب. فالمعلم يثير السؤال. ثم يتوقف أو يعطي فترة انتظار قبل أن يجيب الطالب المستجيب. إن كثيراً من المعلمين لا يعطون فترة انتظار مما يربك الطلبة ويجعل استجاباتهم متسرعة وغير كافية. فالطالب يحتاج إلى فترة أقلها ثلاث ثوانٍ.

3- الجملة العاكسة Reflective Statement

حين يطرح المعلم السؤال، ول يحصل على الإجابة المطلوبة، فإنه يلخص إجابة الطالب بدلاً من إعادة طرح السؤال ثانية.

مثال:

أنت قلت إن عدد الذكور يفوق عدد الإناث؟

إن مثل هذه الجملة تجعل الطالب يتأمل إجابته، وقد يقوم بتصحيحها إذا شعر بأنها خاطئة.

4- التغذية الراجعة Feed back

وهي المعلومات التي يقدمها المعلم عن استجابة الطالب ويفضل أن تكون عبارة وصفية بعيدة عن المدح والذم.

كأن يقول:

لقد حددت في إجابتك ما طلبه السؤال تماماً. شكراً.

أجبت عن عدد الذكور وهذا جزء من الإجابة. والمطلوب ماذا يعملون؟

وسنتحدث عن التغذية الراجعة بتوسع في فصل لاحق لأهميتها في عملية التدريس والاتصال.

خصائص السؤال الجيد

توجد خصائص متعددة للسؤال الجيد. فالسؤال الجيد هو الذي يمكن الطالب من البحث عن الإجابة الملائمة، دون الخوض في تعقيدات في الصياغة أو اللغة، حيث يتوجه الطالب مباشرة للإجابة. وتتصف الأسئلة الجيدة بما يلي:

1- إنها هادفة، تسعى إلى الوصول إلى هدف من أهداف التعلم. فلكل سؤال هدف.

ويجب أن يكون هذا الهدف واضحاً. فهناك أسئلة تقيس الحفظ والاستيعاب، وأسئلة تقيس التحليل ومهارات عقلية عليا، وأسئلة تهدف إلى معرفة الخبرات السابقة، وأسئلة تهدف إلى قياس اتجاه أو رأي أو قيمة. وهذه الأهداف يجب أن تكون واضحة لدى كل من المعلم والطالب.

2- إنها مختصرة، بلغة سليمة واضحة. فالسؤال الجيد لا يستخدم كلمات صعبة الفهم، غير محددة الدلالة أو مصاغة بشكل نفي

مثل:

لم يكن المسلمون عادلين لسبب واحد بل لعدة أسباب. ما هي؟

هذا السؤال غير واضح. ولا يستطيع الطالب تحديد الهدف المطلوب.

يمكن صياغته كما يلي:

ما أسباب عدالة المسلمين؟

3- يركز السؤال الجيد على هدف واحد فقط. يحاول بعض المعلمين صياغة أسئلتهم بحيث تقيس أكثر من هدف أو تطلب أكثر من معلومة.

مثال:

ما نتائج معركة اليرموك؟ ولماذا حدثت؟ وما أسباب هزيمة الروم؟

هذه مجموعة أسئلة. وليس سؤالاً واحداً.

4- السؤال الجيد يرتبط بمفهوم أكثر مما يرتبط بحقيقة. كثيراً ما نسأل بحثاً عن حقائق مثل: أين؟ ومتى؟ ماذا؟ هل؟

إن الإجابة عن هذه الأسئلة تتطلب معرفة الطالب بحقيقة معينة أكثر من معرفته بعلاقات هذه الحقيقة أو المفاهيم ذات الصلة بها.

فبدلاً من سؤال يبحث عن حقيقة مثل:

ما وسيلة النقل التي استخدمت في القرن الثامن عشر؟

يمكن أن نسأل:

لو كانت السيارة موجودة في القرن الثامن عشر. ما الذي يتغيَّر في حياة السكان؟

هذا السؤال يمكن أن يجيب عنه جميع الطلاب لأنه لا يبحث عن حقيقة محددة بمقدار ما يبحث عن تحليل وروابط وعلاقات ومفاهيم.

5- السؤال الجيد يرتبط بالتمثيلات المفضلة لدى الطلبة. هناك أنماط ذكاء متعددة، وهناك أنماط تعلَم. وكل طالب يستجيب للأسئلة المرتبطة بأنماطه. فهو يفضل ما ارتبط بنمطه.

فالطالب المنطقي يجيب بكفاءة عن أسئلة مثل: لماذا؟ أي؟ كم؟

والطالب اللغوي يجيب بكفاءة عن أسئلة مثل: صف؟ اشرح؟

والطالب البصري يجيب بكفاءة عن أسئلة مثل: لاحظ؟ قارن؟

ما الفرق بين؟ وهكذا .....

6- الأسئلة الجيدة أسئلة مميزة. والأسئلة المميزة هي التي تناسب مستويات من الطلبة، وتميز بين هذه المستويات. فلا يجوز أن يحدث السؤال نفس الاستجابة لدى الجميع، فالسؤال الجيد يميَز بين الطلبة سواء من حيث المعلومات أو المهارات أو الاتجاهات أو القيم أو الآراء.

تقنيات إثارة السؤال

إن نجاح المعلمين في تقديم السؤال من أهم إستراتيجيات التدريس. ولذا ينصح المعلمون بالحرص على استخدام تقنيات إيجابية في إثارة الأسئلة. وفيما يلي توضيح لهذه التقنيات:

1- تخطيط الأسئلة:

تخطيط الأسئلة

● أهداف الأسئلة.

● كتابة الأسئلة.

● التدريب على إلقائها.

● توقعـات استجابات الطلاب.

● تعديل الأسئلة.

يقوم المعلم بدراسة مادته، وتحديد أهدافها قبل إن يعد الأسئلة عليها. فالأسئلة تنبع من أهداف الدرس، ونشـتق منهـا وتصمم من اجل قياسها. ولذا يحرص المعلم على ما يلي:

● إعداد أسئلة وكتابتها.

● المحافظة على تسلسل معين لها.

● أن يتدرب علـى إلقائها، وخاصـة أن ينظـر إلى لغـة رغبـة المعلم في الحصول على استجابة.

● أن يتوقع المعلـم استجابات الطلبـة، ويعـدل أسـئلة كي يضمن الحصول على استجابات المطلوبة.

2- الاتصال مع الطلبة.

الاتصال

● اتصال عيني.

● الاستدعاء بالاسم.

● عدم السخرية.

● عدم الإحراج.

● الاهتمام بالخجولين.

إن أحد أهداف الأسئلة هو زيادة ثقـة الطالـب بنفسـه. ويحسن تقديره لذاته، وتحقيقاً لهذا الهدف، فان المعلـم يجب أن يراعي ما يلي:

● أن يحافظ على اتصال عيني مع الطالب. وان يكون الاتصال ودياً وليس بعيون حادة أو قلقة أو مستهترة.

● أن يخاطب المعلم الطالب المستجيب باسمه، حيث أو ضحت دراسات أن قدرة الطالب على الاستجابة والتوضيح تزداد إذا شعر بان المعلـم يتعامـل معه كشخص.

● أن يهتم المعلم بالطالب الخجول، ولا يحرجه بسؤال ليس مستعداً له، أو يلح عليـه في إعطاء إجابة بصوت عال.

● احترام الطالب المستجيب، وعدم السخرية من إجابته أو إحراجه بين زملائه.

أهمية وقت الانتظار

- زيـادة ثقـة الطالب بنفسه.
- الحصول على اسـتجابة أكثر تكاملاً.
- زيـادة عـدد المستجيبين.
- زيـادة تفاعـل الطلبـة مع بعضهم.

3- أن يعطي المعلم وقت انتظار كاف من 3-5 ثوان قبل أن يحدد الطالب المستجيب.

إن تحديد هذا الوقت يزيد من الطلبة الضعفاء على الاستجابة، ويزيد من تفاعل الطلبة مع بعضهم.

تشير الدراسات أن المعلمين حاليا يعطون معدل ثانية واحدة كوقت انتظار. وهذا ليس كافيا لكي يبحث المستجيب عن إجابة ناضجة.

4- اختيار الطالب المجيب.

يميل كثير من المعلمين في اختيار طالب ما. يوجهون له السؤال. بلاً من توجيه السؤال إلى جميع الأسئلة. أن هذه الإستراتيجية يمكن أن تؤدي إلى السلبيات التالية:

- إحراج الطالب الذي تم اختياره.
- إشعار الآخرين بأنهم غير معنيين بالسؤال.

ويمكن للمعلمين أن يراعوا ما يلي في اختيار المستجيب:

- أن يطرحوا السؤال أمام الجميع ليتقدم من يرغب بالاستجابة.
- أن يطرحوا السؤال أمام الجميع، ويختار المعلم من سيجيب.

وفي كلا الحالين عليه أن يعطي وقت انتظار كافيا.

وقد يميل بعض المعلمين إلى توجيه السؤال إلى طالب معين بقصد إثارة انتباهه ألا أن هذا السؤال يرتبط بإدارة الصف أكثر من ارتباطه بأخلاقيات أو سلوكات طرح السؤال.

5- أسئلة مستمرة أم ختامية؟

تشير الدراسات أن الأسئلة يجب أن تتخلل مدة عرض الدرس، لا أن تكون في نهاية الشرح. فحين يوضح المعلم مفهوماً أو علاقة يفضل أن يقدم عدداً من الأسئلة يمكن أن تنقل الطالب إلى مفهوم أو علاقة جديدة. كما ينصح مؤلفو الكتب المدرسية بأن يضعوا في نهاية كل فقرة سؤالاً أو أكثر بدلاً من أن يضعوا الأسئلة في نهاية الوحدة.

إن وجود الأسئلة في نهاية كل فقرة أو إثارتها بشكل مستمر في أثناء العرض أكثر صلة بالتعلم الإتقاني حيث يتأكد المعلم من استيعاب المتطلب قبل أن ينتقل إلى فكرة جديدة.

6- أسئلة معلومات أم مهارات عقلية عليا؟

المعيار الأساسي للأسئلة هو مدى ارتباطها بأهداف الدرس. فنحن نسأل لنقيس مدى تحقق هذه الأهداف.

يوازن المعلم من أسئلته وفق معيار أساسي؟ ما الذي يريد أن يعلمه؟ ما الأهداف الذي يريد قياسها؟لا شك أن المعلمين يمزجون بين أهداف الحفظ والتذكر و الاستيعاب وبين أهداف عقلية عليا: كالتحليل والتطبيق والتقويم والتركيب. فالأسئلة إذن يفترض أن تقيس أهداف الدرس. وكلما ارتقت أهداف الدرس كلما زادت أسئلة المهارات العليا. كما ينوع المعلم بين أسئلة مفتوحة تسمح للطلبة بإبداء الآراء والمقترحات، وبين أسئلة محددة تطلب معلومات وحقائق محددة.

التعامل مع استجابات الطلبة

حين يثير المعلم سؤالاً، فإنه يفترض أن يعطي وقت الانتظار، حتى يستطيع الطالب إعداد الإجابة، وحين يبدأ الطالب بالإجابة فإن المعلم يستمع، لتحديد مدى صحة الإجابة، فكيف يتعامل المعلم مع إجابات الطلبة سواء كانت صحيحة أم خاطئة تنقصها الدقة؟

ابتعد عن المدح والتركيز على الشخص. وصف سلوك الطالب وإجابته فقط

وكيف يقدَم التغذية الراجعة للطلبة؟

1- الطلبة الذين يقدمون استجابات صحيحة؟

- يعزز المعلم سلوك هؤلاء الطلبة بالقول

شكراً . إجابتك صحيحة

أو:

قلت إن المناخ حار صيفاً. وهذه إجابة صحيحة.

- وقد يقدم المعلم: تغذية راجعة مستقبلية تدفع الطلبة إلى البحث عن إجابات لاحقة مثل:

كانت إجابتك عن أنواع الفعل صحيحة، ويبدو من المهم أن نفكر كيف نستخدم هذه الأقسام في حياتنا المنزلية؟

ومهما كانت التغذية الراجعة للإجابة الصحيحة، فإن من المهم أن نبتعد عن المدح والتركيز على شخص الطالب وإطلاق أوصاف مبالغة عليه.

2- الطلبة الذين يقدمون استجابات غير صحيحة

إن المبدأ الأساسي هنا هو عدم السخرية من الإجابة أو الطالب المستجيب. بل العكس إنه بحاجة إلى الاحترام والتقدير مهما كانت إجابته. أما إستراتيجيات التعامل مع الإجابات غير الصحيحة فيمكن عرضها فيما يلي:

أ- مناقشة الطالب وإعطاؤه مؤشرات تساعد في الإجابة.

مثال: أجاب الطالب أن خبر كان مرفوعاً

المعلم: هل تذكر المبتدأ والخبر؟

الطقسُ حارٌ

الطالب: نعم.

المعلم: ما حركات المبتدأ والخبر.

الطالب: المبتدأ مرفوع والخبر مرفوع.

المعلم: إذا أدخلنا كان على الجملة ما الذي يتغَير؟

الطالب: الخبر.

المعلم: نعم! كيف تقرأ الجملة؟

الطالب: كان الطقسُ حاراً.

المعلم: نعم! هذه الإجابة صحيحة!

3- الانتقال من الطالب غير المجيب إلى طالب آخر.

حين لا يستطيع الطالب الإجابة عن السؤال، قد يلجأ المعلم إلى البحث عن مستجيب آخر، يحول له السؤال. فكيف يتم هذا الانتقال؟

- نشكر الطالب الأول على محاولة الإجابة، ثم نعيد طرح السؤال مرة ثانية، وقد نغيَر من صيغة السؤال قليلاً حتى يبدو سؤالنا جديداً وغير محرج للطالب الأوَل

الأسئلة والتخطيط الدراسي.

عرفنا أن الخطة التدريسية للمعلم تحوي ثلاثة عناصر أساسية هي: الأهداف وإستراتيجيات التعلم وأساليب التقويم. وأن هناك ترابطاً هي بين هذه العناصر. فالأهداف هي موجهات الموقف التعليمي. وإستراتيجيات التعلم هي إجراءات ونشاطات تحقيق الأهداف وأساليب التقويم هي الأسئلة والأدوات الأخرى التي تسعى إلى التأكد من مدى تحقيق الأهداف. ومن هنا فإن الأسئلة التي يعدها المعلمون في خططهم تشتمل على نوعين هامين:

1- الأسئلة الشفوية التي يقدمها المعلمون في أثناء عرض الدرس وهي ما تحدثنا عنه سابقاً.

2- الأسئلة التي يعدها المعلمون لتقييم مدى تحقيق الأهداف فهل هناك علاقة بين النوعين؟

إذا كان من المفروض أن يعد المعلم أسئلته مسبقاً، فإن أي سؤال يقدمه للطلبة في أثناء عرض الدرس يفترض أن يكون جزءاً من خطة التدريس.

فسواء كان هذا السؤال جزءاً من الأساليب والأنشطة في أثناء عرض الدرس أو في مجال التقويم للتأكد من مدى تحقيق الأهداف. فإن السؤال نفسه يجب أن يتصف بما يلي:

- الوضوح.
- الارتباط بالهدف وبمادة التعليم.

الأسئلة المثيرة للتفكير

الأسئلة المعرفية والأسئلة مثيرة التفكير.

إن الهدف من إثارة الأسئلة أساساً هو حفز الطلبة على التفكير، إلا أن كثيراً من أسئلة المعلمين هي أسئلة تهدف إلى قياس معرفة الطلبة في المجال. فهي تسمى الأسئلة المعرفية:

أولاً - الأسئلة المعرفية

وهي الأسئلة المرتبطة بما يلي:

- معلومات وحقائق.
- مصطلحات ومعايير.

- شروط ومعايير.

- تصنيفات وترتيبات وخطوات.

أو إلى معرفة أو قياس مدى الاستيعاب والفهم مثل:

- شرح وتفسير.

- توضيح وإعادة صياغة.

- تحويل المعلومة من شكل إلى آخر.

هذه الأسئلة أصطلح على تسميتها بالأسئلة التجميعية Convergent

ومثل هذه الأسئلة تقيس معرفة أو استيعاب وهي الحدود الدنيا بالأهداف التعلم.

وفيما يلي أمثلة عن هذه الأسئلة:

1- معلومات وحقائق:

وهي أسئلة من، متى، أين، ماذا، كم، ما

أمثلة:

من قائد معركة اليرموك؟
متى حدثت؟ أين حدثت؟
ما نتائجها؟ كم جندياً شارك؟

2- مصطلحات ومفاهيم:

وهي أسئلة ترتبط بماذا، ما.

مثل:

ماذا نسمي المدينة الأساسية في الدولة؟ العاصمة!

ماذا نسمي مساعدة الكبير للصغير؟ العطف!

3- الشروط والمعايير:

وهي أسئلة ماذا، ما،

مثل:

ما صفات الماء النقي؟

ما الشروط الأساسية للنمو النبات؟

ماذا يجب أن توفر لكي تنجح زراعة الفلاح؟

4- تصنيفات وترتيبات:

وهي أسئلة ماذا، ما،

مثل:

ما خطوات بناء المنزل؟

ما المواد الأساسية اللازمة لبناء المنزل؟

ما الأعداد الفردية بين 5، 13؟

لقد اتفق المربون على أن هذه الأسئلة هي أسئلة مرتبطة بمهارات الحفظ والاسترجاع والتذكر. وهي أهداف معرفية.

أما الأسئلة المرتبطة بالتفكير فهي الأسئلة التي تربط بمهارات عليا مثل: التركيب والتطبيق والتحليل والتقويم. وسنتحدث فيما يلي عن الأسئلة المثيرة للتفكير مع تقديم نماذج عملية من دروس ونصوص من المناهج والكتب المدرسية.

ثانياً- الأسئلة مثيرة التفكير:

بعرف السؤال المثير للتفكير بأنه سؤال الذي يرتبط بإحدى مهارات التفكير العليا: التطبيق، التحليل، التركيب، التقويم، كما يضيف بعض المربين

> لا توجد إجابة محددة واحدة صحيحة للسؤال المثير للتفكير.

خصائص أخرى مثل، عدم وجود إجابة جاهزة صحيحة لهذا السؤال، أو وجود أكثر من إجابة واحدة، أو الإجابة التي تعكس خبرة الطالب وقدرته على البحث وتنظيم الإجابة وإيجاد علاقات وروابط بين معلومات عرفها سابقاً.

ويمكن عرض هذه الأسئلة حسب تصنيف بلوم في مستويات الأهداف كما يلي:

1- الأسئلة التطبيقية :

تقيس هذه الأسئلة مهارات الطالب في الإفادة مما تعلمه نظريا وتطبيقه في حياته العملية أو في سلوكه أو في مواقف جديدة.

ومن الأمثلة على هذه الأسئلة:

- احسب مساحة غرفة الصف بأكثر من طريقة؟
- كيف تصلح جرساً كهربائياً؟
- اختر ألوانا تناسب التضاريس التالية: الجبل، السهل، الوادي، البحر.
- متى تجلس على البحر لتستفيد من نسيم البر؟ نسيم البحر؟
- صحح الأخطاء الإملائية في النص التالي:

- استخدم فعل الأمر للتعامل مع عامل لا يرغب في العمل:

2- أسئلة التحليل.

تربط مهارات التحليل بالقدرة على تجزئة الموقف إلى عناصر، للتميز بين العناصر الأساسية والهامشية أو التميز بين الآراء والحقائق أو الأسباب والنتائج. أو معرفة علاقة الجزء بالكل أو معرفة الافتراضات الأساسية المتضمنة، أو استنتاج قيم الشخص.

تحليل الموقف الكلي إلى عناصر، للتعرف على هذه العلاقات بين هذه العناصر. أو بينها وبين الكل.

ومن الأمثلة على هذه الأسئلة:

- ما علاقة الجهاز الهضمي بنشاط الجسم؟

- ما وظيفة اللسان في عملية المضغ؟
- ما الأسباب التي قادة إلى تلف الأسنان؟
- ما عوامل تلوث في بيئتك الحالية؟
- ما الافتراضات في قول ولي الأمر: "هذه ليست مدرسة حقيقة".
- ما أوجه الشبه بين الراديو والتلفزيون.
- ماذا نستنتج من زيادة أعداد المتنزهين على البحر مساء؟
- لماذا تنخفض درجات الحرارة على قمة الجبل؟

3- أسئلة التركيب

وهي الأسئلة التي ترتبط بقدرة الطالب على إعادة التصميم أو البناء أو تنظيم الأجزاء أو إنشاء كل جديد يختلف عن الكل الأصلي

ومن الأمثلة على هذه الأسئلة:

- ضع عشرة استخدامات للقلم غير الكتابة؟
- كيف تتصل بزميلك إذا كان خط هاتفك معطلاً؟
- كم سعر القميص إذا اشتريت قميصين بعشرين ريالاً؟
- ضع خطة لإعادة تنظيم العمل في المنزل ؟
- كيف تدير منزلك في أسبوع إذا كان لديك 100 دولار؟
- كيف تقنع زميلاً لك. رفض أن يتبرع للفقراء؟
- كيف تعمل جهاز راديو من أسلاك وبطارية؟

4- أسئلة التقويم.

وهي الأسئلة المرتبطة بالقدرة على تقديم أحكام لتقييم سلوك ، او شخصية أو موقف، أو نص أو أحداث ومن الأمثلة على هذه الأسئلة:

- أي الشخصيات ساهمت أكثر في بناء المجتمع؟
- هل تفضل معلما مؤهلا لكنه يواجه صعوبات في التعامل مع الطلبة؟
- ما رأيك في الصلاة في ساحة المسجد الخارجية؟
- ما الشكل الملائم للحديقة المنزلية؟
- هل تفضل زراعة حديقتك بالأشجار أم الأزهار؟
- ما الأمور التي تود لو تتغير في سلوك المعلمين؟

أسئلة لماذا؟ كيف؟ أي؟

لقد سبق القول إن طريقة المعلمين في إثارة الأسئلة تعكس طريقتهم في التدريس.وان المعلم الجيد هو سائل جيد ،يتقن مهارات إثارة السؤال الجيد.

يرى (McKenzie and Davis 97) أن أسئلة مثل لماذا وكيف وأي هي الأسئلة الأكثر ارتباطا بمهارات التفكير العليا.

أسئلة لماذا؟ why

وهي أسئلة تثير قضايا هامة ترتبط بالعلاقة بين المتغيرات:

- آراء وحقائق
- أسباب ونتائج
- أجزاء وكل
- ظاهرة وظاهرة

وغالباً ما ترتبط هذه الأسئلة بحل المشاكل واتخاذ القرارات، وإدراك العلاقات بين الظواهر ومن أمثلة هذه الأسئلة.

- لماذا يتمدد المعدن بالحرارة؟

- لماذا يرفع الأذان بصوت عال؟
- لماذا تتدهور البيئة من السلوك الإنساني؟
- لماذا يزداد الحجم مع ازدياد الحرارة؟
- لماذا نحرك أو نشكل آخر الكلمات في اللغة العربية؟

أسئلة كيف؟ How

وترتبط بمهارات مثل التطبيق والتحليل والتركيب والتقويم، فهذه الأسئلة تنمي القدرة على عمل الأشياء، أو تطوير عمل الأشياء وتحسينها، وغالباً ما تكون أسئلة كيف أسئلة إبداعية.

ومن الأمثلة على هذه الأسئلة:

- كيف تستخدم الألوان لتنشئ لوحاً فنياً جميلاً؟
- كيف تعلم زميلاً لك ليحل مسألة حسابية؟
- كيف يمكنك إقناع زميلك بالاهتمام بواجباته؟
- كيف تنظم غرفتك لتكون أكثر اتساعاً؟
- كيف تحسب ارتفاع عمارة دون وجود سلَم لديك؟

أسئلة أي Which

ترتبط هذه الأسئلة بمهارة إصدار الأحكام أو التقويم، أو مهارة الاختيار أو تركيب الأولويات أو إصدار القرار أو حل المشكلة أو اتخاذ موقف. فالطالب يواجه مواقف عديدة دراسية وحياتية يومياً. ومن تدريبه على مواجهة هذه المواقف:

ومن الأمثلة على هذه الأسئلة:

- أي المدن التالية ترى أنها يمكن أن تكون عاصمة لبلدك؟
- أي المشروعات التالية أكثر جذباً لك؟

- أي الطرق التالية تفضلها في حل هذه المسألة؟

- أي المناطق التالية تفضل قضاء إجازاتك فيها؟

- أي الشخصيات أثارت اهتمامك؟

أسئلة التفكير حول التفكير Thinking About Thinking

يسمى هذا النمط من التفكير أيضاً التفكير فوق المعرفي Meta Cognitive Thinking وهو تفكير يهدف إلى مراقبة عمليات التفكير وضبطها، ويوجه الفرد وهو يفكر ولذلك سمَي التفكير حول التفكير.

وقد يكون هذا النوع من التفكير، أيضاً بصوت عالٍ يهدف إلى إثارة وعي الفرد بكيف يفكر، وما الذي يدور في ذهنه من عمليات داخلية.

> تعلم المناهج ليس مجرد تعلم التفكير. بل لابـد أن يمتد ليشمل تعلّم التفكير بالتفكير أو حول التفكير.

وإن عمليات التفكر أو التفكير فوق المعرفي وهي عمليات أكثر زمناً من عمليات التفكير العادية. ولذلك يسميها المربون: العمليات ذات الياقة البيضاء، نسبة إلى عمليات التفكير العادية المسماة: العمليات ذات الياقة الزرقاء أي نسبة إلى المديرين ذوي الياقة البيضاء والعمال ذوي الياقة الزرقاء. (جروان:2000)

إن الجهود المبذولة لتعليم التفكير الناقد أو المهارات التفكير العامة لا تكفي وحدها، وممارسة التفكير الذاتي والتفكير الواعي. ويمكن البدء بتعلم مهارات التفكير حول التفكير ومنذ الطفولة المبكرة.

ومن أبرز هذه المهارات التخطيط والمراقبة والتعليم وترتبط هذه المهارات بعدد من المهارات الفرعية ويمكن عرضها فيما يلي:

1- مهارات التخطيط.

وتشمل المهارات التالية:

- مهارات تحديد الأهداف والوعي بأهميتها وأولوياتها.
- اختيار الإستراتيجيات الملائمة وفق الأهداف المرسومة.
- الوعي بخطوات العمل وحل المشكلة.
- تحديد الصعوبات والمشكلات والمتوقعة،ومواجهتها.
- التنبؤ بما سيحدث لاحقاً.
- الوعي بنتائج الخيارات أو القرارات مسبقاً.

> **مهارات فوق معرفية**
> - **التخطيط.**
> - **المراقبة.**
> - **التقييم.**

2- مهارات الضبط والمراقبة:

وتشمل المهارات التالية:

- التوجّه الدائم نحو الهدف والوعي به.
- وضع توقيتات زمنية أو جدول زمني لتحقيق الأهداف.
- الوعي ببداية كل خطوة ونهايتها قبل الانتقال إلى الخطوة التالية.

3- مهارات التقييم:

وتشمل المهارات التالية:

- تقييم مدى تحقيق الهدف.
- تقييم النتائج والحلول.
- تقييم الخطة المستخدمة.

ويمكن تلخيص المهارات فوق المعرفية بأنها الوعي بعملية التفكير. أي أن الطالب يعي ما يلي:

- طريقته في مواجهة المشكلة.

- الحسابات الداخلية التي أجراها وهو يبحث عن الحل.
- النتائج التي توصل إليها.

ويمكن للمعلمين أن يدربوا الطلبة على الوعي بتفكيرهم من خلال إثارة الأسئلة التالية ومناقشة الطلبة في كيفية الطريقة التي فكروا بها:

- لماذا أصدرت هذا الحكم؟ التقييم؟ هل الوقت ملائم؟
- كيف سجلت ملاحظاتك؟ هل كنت واثقاً مما لاحظت؟
- ما الذي لفت انتباهك أولا؟
- كيف اتخذت هذا القرار؟ ما المعلومات التي استندت عليها؟
- ماذا تخطط لتحسين طريقتك في اتخاذ القرار
- ما الذي دار في ذهنك قبل أن تقول هذا؟
- كيف توصلت إلى هذا الجواب؟
- ما الصعوبات التي واجهتك وأنت تفكر بهذه الطريقة؟

كيف تعد أسئلة مثيرة للتفكير؟

يتناول هذا الجزء موضوع إعداد أسئلة مثيرة للتفكير ترتكز على مهارات أساسية عامة، يمكن استخدام المعلومات السابقة فيها كأدوات للتفكير.

أسئلة مثيرة للتفكير

نماذج أسئلة علوم

الصفوف: المرحلة الأساسية المتوسطة والعليا.

1- يبيّن الجدول التالي كتل بعض المواد وأحجامها.

المادة	الكتلة / غم	الحجم / سم3
أ	70	70
ب	24	8
ج	6	9
د	2	10

- رتب هذه المواد حسب كثافتها من الأعلى إلى الأدنى.
- هل يوجد بينها ماء؟ ما هي؟
- أيها سوائل وأيها غازات وأيها مواد صلبة؟

2- حين ترتفع درجات الحرارة،وتريد أن تلبس ملابس مريحة تشعرك بالانتعاش. فإنك تختار :

أ- ملابس قاتمة
ب- ملابس تعكس أشعة الشمس
ج- ملابس تسمح بالتبخر
د- ملابس خفيفة
هـ- ملابس بيضاء
و- ملابس تمتص العرق
ز- ملابس ثقيلة

- رتب هذه الملابس حسب مدى ملاءمتها ليوم حار.

- رتبها حسب ملاءمتها ليوم بارد.

3- صنف أحد الطلبة الحيوانات التالية في مجموعتين:

المجموعة الثانية	المجموعة الأولى
السمكة	الإنسان
الحوت	الأسد
التمساح	النملة

ما المعيار الذي استخدمه؟

مكان العيش، الحركة، طريقة التنفس، طريقة الغذاء، القوة، تركيب الجسم.

4- اشترت حنان مسحوق صابون غسيل جديد. وجدت فيه حبيبات بيضاء وزرقاء وخضراء.فاستنتجت أن هذا المسحوق:

أ- مخلوط.

ب- مركب.

ج- عنصر فلزي.

د- عنصر لا فلزي.

هـ- محلول.

5- قام المعلم بقطع مغناطيس في المختبر إلى ثلاث قطع والمطلوب منك تحديد أقطاب المغناطيسات الثلاثة الجديدة.

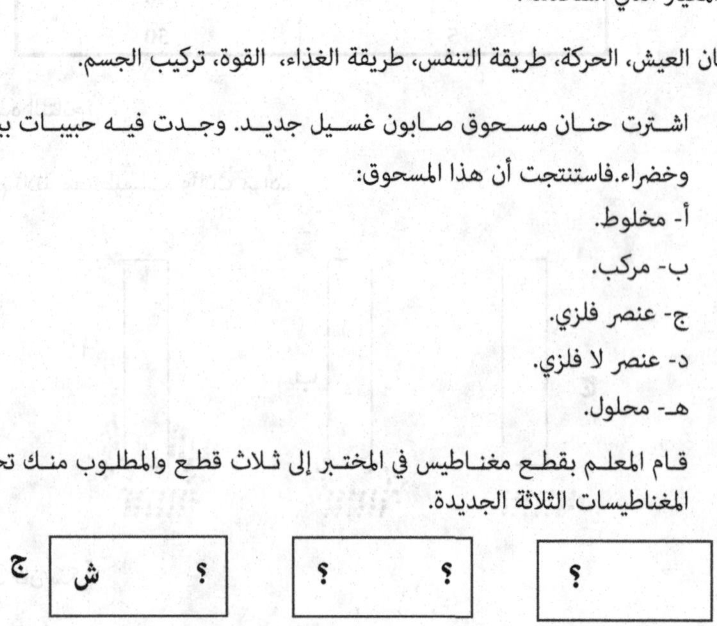

ج	ش	؟		؟	؟		؟	

6- في عام 2000 وضعنا إشارة ملونة على ساق هذه الشجرة مقابل السهم أين ستكون هذه الإشارة عام 2005؟

أ- مكانها   ب- أعلى من مكانها   ج- أدنى من مكانها
د- في اقرب فرع إلى الساق   هـ- اختفت في التراب.

7- لعبت غادة في ميزان زنبركي، كانت تعلق فيه أثقالا وتحسب مدى استطالة الزنبرك في كل مرة. وسجلت النتائج التالية:

الاستطالة / سم	الثقل / نيوتن
1.5	8
3	16
4	24
5	30
5	40
5	50

كيف تفسّر هذه النتائج؟

8- في الرسم ثلاثة مغناطيسات. وثلاث مواد.

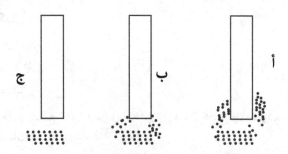

أي المواد كان سكراً؟

9- شاهد فيصل حيواناً غريباً لأول مرة يراه. فقال في الحال:

إنه من الثدييات.

ما الذي جعله يقول ذلك؟

أ- انه يشبه الغزال شكلا. ب- كان يأكل العشب.

ج- كان يرضع صغاره. د- له بيضة كبيرة دائرية.

هـ- له جناحان. و- يهتم بصغاره.

10- اقرأ الجدول التالي حول درجات الحرارة:

اليوم	6 صباحاً	1 ظهراً	4 بعد العصر	العاشرة ليلاً
الأحد	10	26	25	9
الاثنين	12	28	28	6
الثلاثاء	10	25	24	5
الأربعاء				

- ما درجات الحرارة يوم الأربعاء؟ فسر إجابتك!
- في أي الأوقات كان الهواء أكثر سخونة؟
- في الأوقات كان الهواء أكثر برودة؟
- الاثنين صباحاً.
- الأحد ليلاً.
- الثلاثاء بعد العشاء.
- الاثنين ليلاً.
- الاثنين بعد الظهر.
- الاثنين ظهراً.

11- وضعنا فأراً في كل وعاء. أي الفئران يعيش أكثر.

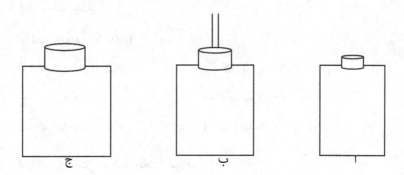

12- أرادت سيدة أن تقلل من درجة حرارة الماء لكي يستحم أطفالها وقد سجلت الانخفاضات التالية.

الوقت / دقيقة	الانخفاض / س˚
4	80 س˚
6	70 س˚
7	65 س˚
؟	28 س˚

قدر كم دقيقة تحتاج لكي تنخفض درجة حرارة الماء إلى 28س.

13- وردت معلومات جديدة عن الكوكب اكتشف حديثا. ولدى مقارنة العلماء لهذه المعلومات مع الأرض. تبين انه لا يصلح للحياة. ما الذي جعل العلماء يحكمون بذلك.

المعلومات	الأرض	الكوكب الجديد
البعد عن الشمس	148 ملياركم	90 ملياركم
طبقة الأوزون	موجودة	غير موجودة
السحب	موجودة	غير موجودة
الأكسجين	22%	5%

14- أقرا الشبكة الغذائية التالية. ولاحظ أن اتجاه الأسهم يشير إلى اتجاه تدفق الغذاء.

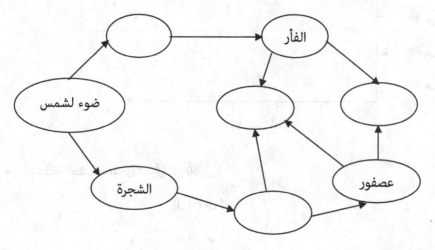

أين تضع الكائنات التالية: أفعى ، صقر، نبات القمح، الديدان.

15- أصيبت رائدة برشح، ذهبت إلى المدرسة. نقلت العدوى إلى عشر طالبات فسر.

لماذا لم تنقل العدوى إلى الجميع؟

اذكر أكثر عدد من الأسباب.

16- أي الأسهم يشير إلى جاذبية الأرضية.

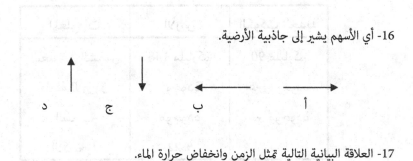

17- العلاقة البيانية التالية تمثل الزمن وانخفاض حرارة الماء.

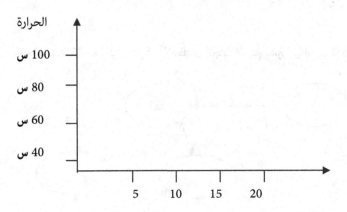

• كم دقيقة تطلب انخفاض الحرارة إلى 60 س ؟

إلى 80 س ؟

إلى 40 س ؟

18- ذهبت صباح التسلق جبل عالٍ. وحين بدأت تذكرت أنها نسيت شيئاً هاماً جداً. ما هو؟

أ- الطعام الكافي.   ب- مشاكل جديدة   ج- ملابس دافئة

د- اسطوانة الأكسجين.   هـ- اسطوانة هيدروجين.

19- في الشكل جبلان:

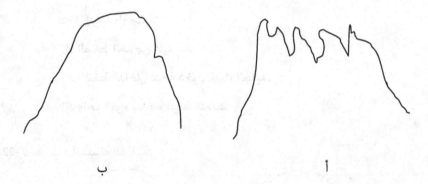

ب   أ

ماذا نستنتج؟ فسر إجاباتك.

1- "أ" جبل قديم.

2- "ب" أكثر قدماً من "أ".

3- الجبلان متساويان في التكوين.

4- لا تملك معلومات كافية عن الجبلين.

5- جبل "أ" تكون قبل جبل "ب".

20- لديك قطعتا حطب متماثلتان أ، ب، قطعت ب إلى ثلاثة قطع.

أشعلت في اليوم الأول القطعة أ

أشعلت في اليوم الثاني القطع الثلاثة من ب أي اليومين دامت النار فيه أكثر؟ لماذا؟

21- نفخت بالوناً. ووضعته في الشمس. انفجر بعد فترة.

إننا نفسر ذلك بما يلي:

أ- دخل إليه هواء جديد

ب- زاد الضغط الخارجي عليه.

ج- زاد الضغط الداخلي نتيجة دخول الهواء الجديد.

د- زاد حجم الهواء بداخله نتيجة التمدد.

22- لاحظ هذه السلسلة الغذائية:

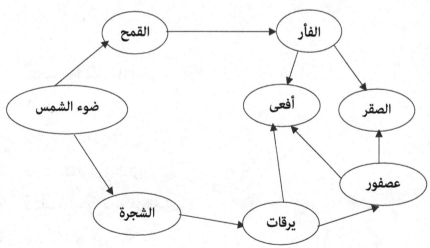

أين تضع الكائنات التالية:

- ماذا يحدث لو لم تكن هناك شمس.
- ماذا يحدث لو غاب الصقر؟
- ماذا يحدث لو غاب العصفور؟
- ماذا يحدث لو غاب القمح؟
- ماذا يحدث لو اختفت الأفعى؟
- متى ينقرض الصقر؟
- متى تنقرض الأفعى؟
- إذا مات الفأر والعصفور تنقرض الأفعى والصقر. لماذا؟
- إذا اختفت الشجرة يختفي العصفور ويقل طعام الأفعى والصقر لماذا؟

23- معك مصباح:

- سلطته على جدار يبعد متر واحداً.
- ثم سلطته على جدار يبعد ثلاثة أمتار.
- ما الجدار الذي يتلقى ضوءاً أكثر؟ لماذا؟

24- لدينا كمية من الثلج كتلتها 1 كجم. تمّت إذابتها إلى ماء سائل.

إننا نحصل على ما يلي:

أ- أكثر من 1000 غم ماء.

ب- أقل من 1000 غم ماء.

ج- 1000 غم ماء.

25- أفرغنا في كل وعاء 800 غم ماء.

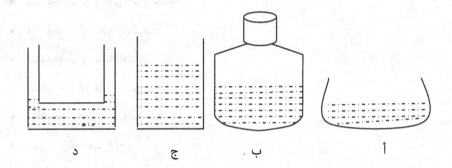

د   ج   ب   أ

- ماذا يحدث بعد خمس ساعات لكمية الماء في الأواني الأربعة ؟

- رتب هذه الأواني حسب درجة احتفاظها بالماء بعد خمس ساعات.

26- سخنَ قضيب من النحاس ملصق به دبابيس بواسطة الشمع على النحو التالي:

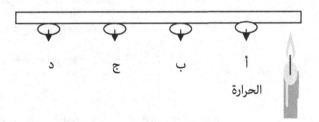

د   ج   ب   أ

الحرارة

- أي الدبابيس يسقط أولاً؟

- أي الدبابيس يسقط أخراً؟

- فسر الإجابة؟

27- وعاءان متماثلان مملوءان بالماء أ،ب وضعت ملعقة ملح في الوعاء ب تم وضعها في مجمد الثلاجة. وكانت النتيجة:

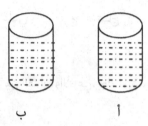

ب
أ

1- تجمد الوعاءان معاً.
2- تجمد "أ" أولاً؟
3- تجمد "ب" أولاً؟

28- في الرسم التالي ليلاً !

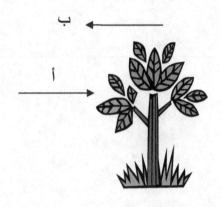

ب
أ

أي العبارات التالية صحيحة؟

- إن أ، ب تعنيان الأكسجين
- إن (أ) تعني الأكسجين و(ب) ثاني أكسيد الكربون
- إن (ب) تعني الأكسجين و(أ) تعني ثاني أُكسيد الكربون

29- أجري محمد تجربة لتحليل الماء. وكتب تقريراً يقول فيه "تم تحليل الماء إلى هيدروجين وأُكسجين".

إن هذا التقرير جاء نتيجة ما يلي:

أ- ملاحظة ب- تنبؤ علمي ج- استنتاج د- معرفة سابقة

30- في حقل ذرة تعيش مجموعة من الفئران والأفاعي. جاء المرشد الزراعي وقتل الأفاعي. وبعد فترة قصيرة حدث ما يلي:

أ- تحسّن محصول القمح.

ب- زاد عدد الفئران وتحسّن محصول القمح.

ج- قلَ عدد الفئران.

د- ضعف محصول القمح.

تطبيقات عملية على
أسئلة صيفية وأنشطة مثيرة للتفكير

- لغة عربية.
- رياضيات.
- تربية إسلامية.

أسئلة مثيرة للتفكير (لغة عربية):

الدرس: الحديقة

الصف الأساسي- الإمارات العربية-

يعرض المعلم صورة الحديقة كما وردت في الكتاب. ويسأل:

- لو أرادت أن تضيف لعبة جديدة إلى هذه الألعاب ماذا تضيف؟
- لماذا لا يوجد أشخاص كثيرون في الحديقة؟ كم الساعة الآن في الحديقة؟ متى يكثر زوار الحديقة؟
- جلسوا على العشب. ماذا ستكون النتيجة؟
- ماذا سيفعل أفراد الأسرة بعد أن يغادروا إلى البيت؟
- ما شعور الأطفال قبل ذهابهم إلى الحديقة؟ في أثناء وجودهم في الحديقة؟
- بعد مغادرتهم للحديقة؟ لماذا يتغير شعورهم؟
- متى سيعودون مرة ثانية إلى الحديقة؟

نشاط تفكر:

لديك قطعة أرض حول / أمام منزلك. قالت لك أمل:

- كيف تبدأين عملك؟
- ما المواد التي تحتاجين إليها؟
- ماذا ستزرعين فيها؟
- من يسمح له بدخول الحديقة؟
- كم درهماً تحتاجين لري الحديقة أسبوعياً؟
- كم درهماً تحتاجين لشراء الأشتال؟
- كم تحتاجين لرشها بالأدوية؟

نشاط تفكير:

الزهرة تشبه الطفل

الزهرة أنيقة ، والطفلة ...

للزهرة رائحة ذكية ، وللطفلة ...

للزهرة أوراق ملونة ، وللطفلة ...

تحتاج الزهرة إلى رعاية ، والطفلة ...

الزهرة لها اسم ، والطفلة ...

والزهرة تختلف عن الطفل

الزهرة ... ، والطفلة ...

الزهرة ... ، والطفلة ...

الزهرة ... ، والطفلة ...

نشاط تفكير:

أرادت غادة أن تذهب إلى الحديقة. اتصلت بزميلتها سعاد فقالت لها:

سعاد   :   لا أستطيع

غادة   :   لماذا؟

سعاد   :   ....

غادة   :   ....

سعاد   :   ....

غادة   :   ....

سعاد   :   ....

وأخيراً اقتنعت سعاد. وذهبتا معاً.

نشاط تفكير:

زار محمد حديقة. فوجد خمسة مناظر لم تعجبه. ما هذه المناظر؟

نشاط تفكير:

اكتب إعلاناً شجع فيه المحافظة على الحدائق

وإعلاناً تدعو فيه إلى زيارة الحدائق.

وإعلاناً تدعو فيه إلى زراعة الحدائق.

نشاط تفكير:

زرت حديقة. فوجدت سيدة تجلس وحدها. لماذا؟

• ربما   ....

• ربما   ....

• ربما   ....

نشاط تفكير:

لديك ثلاث ساعات فراغ في البيت. كيف تفضل قضائها؟

1-   الدراسة وحل الواجبات.

2-   حضور مباراة كرة قدم.

3-   اللعب مع الزملاء والأصحاب.

4-   زيارة حديقة ألعاب مع أصحاب.

5-   زيارة حديقة ألعاب مع الأهل.

رتب هذه النشاطات حسب أهميتها لديك.

التدريس وفق الذكاءات المتعددة

الذكاءات المتعددة

ترجـع هـذه النظريـة إلى هـوارد جـاردنر Gardener، في بداية الثمانينـات 1983 حيـث رفض في كتابـه The frame of mind اعتبـار الـذكاء قـدرة واحـدة يكمـن أن تقـاس باختبـار واحـد. وقادتـه بحوثـه التجريبيـة إلى إيجـاد أسـس متعـددة للكشف عن أنماط متعـددة مـن الـذكاء تراوحـت بيـن سـبعة أنماط وعشرة. إلى أن انتهـى الأمـر بـاعتماد ثمانيـة ذكـاءات. وسـميت نظريتـه بنظريـة الـذكاءات المتعـددة -Multi Intelligences (MI). وقد عرّف جاردنر الذكاء بأنه القدرة على حل المشكلات أو إضافة ناتج جديد.

وقـد انبثقـت هـذه النظريـة مـن البحـوث المعرفيـة الحديثة التي أوضحت أن الطلبة مختلفون في عقولهم، وأنهـم يتعلمون ويتذكرون ويفهمون بطرق مختلفة.

إن كل إنسان قـادر عـلى معرفـة العـالم بثمانيـة طرق مختلفة سـمّاها جـاردنر: الـذكاءات الثمانيـة وهـي: اللغـوي

الذكاءات الثمانية
- الـذكاء اللغـوي أو اللفظي.
- الـذكاء المنطقـي - الرياضي.
- الذكاء المكاني -البصري.
- الـذكاء الجسـمي - الحركي.
- الـذكاء الإيقاعـي - الموسيقي.
- الذكاء الاجتماعي- البينشخصي.
- الذكاء التأملي - الذاتي.
- الـذكاء الطبيعـي - البيئي

253

والمنطقي والمكاني والبصري والإيقاعي والاجتماعي والذاتي والتأملي والطبيعي. ويختلف الناس في مدى امتلاكهم لكل نوع من الذكاءات، لكنهم جميعاً يمتلكون بروفيلاً لهذه الذكاءات، وأنهم يستخدمون هذه الذكاءات في التعلم وفي الأداء.

وقد ارتبطت نظرية جاردنر هذه بمسلمات أساسية هي:

1- ليس هناك ذكاء واحد ثابت ورثناه، ولا يمكن تغييره.

2- إن اختبارات الذكاء الحالية هي لغوية منطقية وهي لا تغطي جميع الذكاءات الموجودة عند كل فرد.

3- يمتلك كل شخص عدداً من الذكاءات. وليس ذكاء واحداً.

4- بالإمكان تنمية ما نمتلكه من ذكاءات فهي ليست ثابتة.

5- يتعلم الأطفال إذا كان التعليم مناسباً لما يمتلكونه من ذكاءات.

6- يمتلك كل شخص بر وفيلاً من الذكاءات. ويمكن رسم هذا البر وفيل لكل شخص.

7- تتفاوت الذكاءات الثمانية لدى كل شخص ومن المستحيل وجود بر وفيل لشخص ما مشابه لبر وفيل شخص آخر.

8- يمكن استغلال الذكاءات القوية لتنمية الذكاءات الضعيفة.

وقد بحث جاردنر أشكالاً أخرى من الذكاءات هي:

1- الذكاء الروحي المتمثّل في الاهتمام باستخدام الحدس كوسيلة مباشرة للمعرفة والإحساس بالأرواح والمعتقدات الدينية. وأداء الشعائر.

2- الذكاء الوجودي وهو الحساسية اتجاه الأسئلة الكبرى في الكون مثل: لماذا نعيش؟ لماذا نموت؟

غير أنه لم يتوصل حتى الآن إلى اعتبارها ذكاءات، وترك الباب مفتوحاً أمام إمكانات البحث فيها.

وفيما يلي تعريف بسيط بهذه الأنماط:

1- **الذكاء اللغوي اللفظي** Verbal- Linguistic: ويظهر هذا الذكاء في قدرة الفرد على التعامل مع الألفاظ والمعاني والكلمات. أو في القدرة على استخدام الكلمة. وتبرز بقوة في الطفولة المبكرة وتستمر مع مراحل النمو المختلفة.

2- **الذكاء المنطقي الرقمي** Mathematical-Logical: ويظهر في قدرة الفرد على استخدام الأرقام أو السلوك المنطقي. ومظهر هذا الذكاء استخدام الرقم. وتزدهر في فترة المراهقة، وتتزايد حتى سن الأربعين.

3- **الذكاء المكاني- البصري** Visual-Spatial: ويظهر في القدرة على ملاحظة العالم الخارجي بدقة وتحويله إلى مدركات حسّية . ومظهر هذا الذكاء الصورة . ويبرز هذا الذكاء مبكراً ويزدهر في سن 9-10 سنوات، ويبقى مع الفنانين إلى عمر متأخر.

4- **الذكاء الجسمي- الحركي** Kinesthetic-Bodily: ويظهر في القدرة على ضبط حركة الجسم، ومسك الأشياء بدقة، والتعبير الجسمي عن السلوك، ومظهر هذا الذكاء " الحركة" وتبدأ في الطفولة المبكرة وتستمر في نشاط حتى الأربعين.

5- **الذكاء الإيقاعي** Musical: ويظهر هذا الذكاء في الاهتمام باللحن والإيقاع والنغمات، ومظهر هذا الذكاء " النغمة" تتطور بسرعة منذ وقت مبكر.

5- **الذكاء الاجتماعي - البينشخصي** Interpersonal - Social: ويظهر هذا الذكاء في القدرة على الإحساس بالآخرين، وإقامة علاقات سليمة معهم، ومظهره " العلاقة مع الآخر" وتبرز بقوة في سن الثالثة وتستمر.

6- **الذكاء الذاتي الداخلي** Reflective- Intrapersonal: ويظهر هذا الذكاء في القدرة

على فهم الإنسان لمشاعره الداخلية، والقدرة على ضبطها والتحكم بها، ومظهره "فهم الذات".

7- **الذكاء البيئي - الطبيعي Environmental - Naturalists**: ويظهر في الاهتمام بالكائنات الحية وغير الحية المحيطة بنا، والقدرة على التعامل مع البيئة باحترام، ومظهره "العلاقة مع البيئة".

إن هذه الذكاءات الثمانية موجودة لدى كل فرد. ولكنها موجودة بتفاوت. فقد يكون شخص ما لغوياً بدرجة عالية في حين يكون منطقياً بدرجة أقل، ولذلك لا نتعامل مع الآخرين على أنهم أذكياء أو قليلي الذكاء، فكل شخص يمتلك درجات متفاوتة من كل نمط. وهكذا يكون لكل شخص بروفيل ذكاء وليس نسبة ذكاء.

وفيما يلي نموذجان لشخصين متفوقين دراسياً.

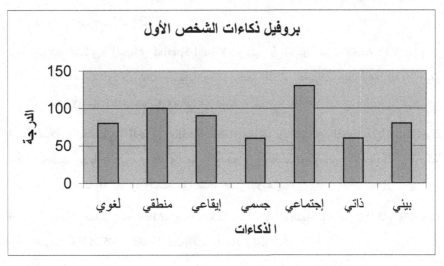

يلاحظ مظاهر قوة هذا الشخص في الذكاء المنطقي والإيقاعي والاجتماعي، وانخفاض قدرته في الذكاء الجسمي والذاتي.

أما النموذج الثاني، كان بروفيله الذكائي مختلفاً تماماً، كما يبدو فيما يلي:

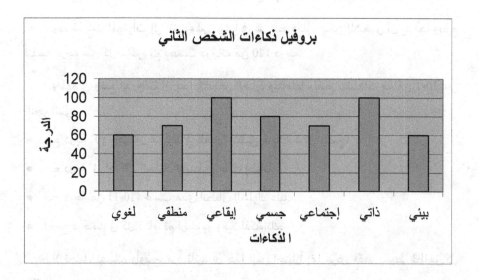

يلاحظ مظاهر قوة هذا الشخص في الذكاء الذاتي الإيقـاعي والجسـمي وانخفاضها في الـذكاء البيئي واللغوي.

إذن لكل شخص بر وفيل ذكائي. وليس نسبة ذكاء. وهذا البر وفيل هـام جـداً، لأن معرفـة بـر وفيل ذكاءات الطالب تساعد المعلم على تقديم تعليم يتلاءم مع تفضيلاته ومصادر قوتـه. وبـدون معرفة هذه الذكاءات سيبقى الطالب يتلقى تعليماً لا يتناسب مع تمثيلاته المفضلة.

إن التعرف على هذه الذكاءات هو الخطوة الأولى لتقديم التعليـم الجيـد، وسـيتحدّث الجـزء التالي عن كيفية التعرف على مؤشرات الذكاءات المختلفة بما يساعد المعلم أو أي شخص عـلى رسـم بر وفيل ذكاءاته، أو ذكاءات الآخرين.

كيف تتعرف إلى ذكاءات الطلبة؟

يقدم هذا الجزء من الكتاب عدداً من المؤشرات الهامة التي تعكس مختلف القدرات الذكائية الثمانية. هي ليست اختباراً أو مقياساً إنما مجموعة من المؤشرات الدالة على توفر هذه الذكاءات.

وقد قسّمت المؤشرات إلى اثنى عشر مؤشراً في كل نمط ذكائي. يمكن للشخص أن يقرأها ويضع لنفسه درجة على كل مؤشر، ثم يحسب درجاته من 120 درجة.

والمهم في وضع الدرجات أن يقرأ الشخص العبارة ويتأملها ويضع لنفسه درجة من 1-10 على النحو التالي:

- ضع درجة "10" إذا كان السلوك في العبارة ينطبق عليك بشكل واضح.
- ضع درجة"1" إذا كان السلوك لا ينطبق عليك إطلاقاً.
- ضع درجة من (1-10) حسب مدى انطباق السلوك عليك.
- اجمع درجاتك في كل ذكاء، ثم ارسم بر وفيلاً لذكاءاتك.

لا تجامل نفسك، وأوضّح مرةً ثانية أن هذا ليس اختباراً إنما عرض فقط بسيط لمظاهر كل ذكاء.

أولاً: الذكاء اللفظي Linguistic

1- أكتب وانشر بعض المقالات أو أتمنى وأحب ذلك.

2- أقرأ يومياً بعض الموضوعات التي لا ترتبط بعملي.

3- أنتبه إلى الإعلانات واللوحات.

4- أستمع إلى الراديو والأشرطة التي تتحدث عن كتب أو محاضرات.

5- أستمتع بحل الكلمات المتقاطعة والأحاجي.

6- أستخدم السبورة، والبروجيكتر، واللوحات والبطاقات أو أحب أن أتعلم بوساطتها.

7- أعتبر نفسي كاتباً جيداً وأتقن كتابة الرسائل أو أرغب في ذلك.

8- أتذكر كلمات الأغنية إذا سمعتها عدة مرات.

9- غالباً ما أطلب من الآخرين قراءة وكتابة بعض الأشياء.

10- كتبت أشياء أحبها أو أحب كتابة أشياء أحبها.

11- أحب الحوار وإجراء المقابلات ووصف الأحداث.

12- تستهويني مهن مثل: كاتب، شاعر، معلّق، أديب.

ثانياً: الذكاء المنطقي الرياضي mathematical-Logical

1- أشعر بالراحة حين يكون جوابي صحيحاً ويمكن قياسه والتأكد منه.

2- أستطيع حساب الأرقام في ذهني بسهولة.

3- أحب تحليل المواقف إلى عناصرها.

4- أحب دروس الرياضيات والعلوم وأستمتع بها.

5- أعتقد أن معظم الأشياء والأحداث منطقية ولها أسبابها.

6- أحب الألعاب التي تتطلب تفكيراً دقيقاً.

7- أهتم بالتطورات الجديدة في مجال العلوم.

8- أضع مقادير دقيقة حين أطبخ أو أعمل شيئاً.

9- أستخدم أسلوب حل المشكلات كثيراً في صفي أو في حياتي.

10- إن أصدقائي أو زملائي مرتبون ويستطيعون توقع ما يحدث.

11- أهتم بتحويل بعض المعلومات إلى جداول وأرقام.

12- تستهويني مهن مثل: محاسب، عالم رياضيات، محام، مبرمج.

ثالثاً: الذكاء المكاني البصري Visual- Spatial

1- أهتم بالألوان التي ألبسها، أو يلبسها الآخرون.

2- أهتم بأن (أتصور) أو تأخذ لي صور فوتوغرافية.

3- أحب أن أرسم وأصمم بعض الإعلانات أو الأشياء.

4- أحب قراءة الكتب التي توجد بها صور كثيرة.

5- أحب الكتب المدرسية التي توجد بها (رسوم توضيحية، صور، أشكال، رسومات).

6- من السهل علي أن أجد طريقي في المدن غير المألوفة لي.

7- أستخدم الصور والسلايدات في قراءتي أو شرحي للدروس، أو في توضيح أفكاري.

8- أستمتع في وضع الأحاجي أو حلها.

9- أحب دروس الهندسة أو كنت أحبها في أيام دراستي.

10- حين أدخل إلى مكان أنتبه بسرعة إلى أوضاع الناس وطريقة جلوسهم.

11- أهتم بملاحظة المسافات والحجوم والمساحات.

12- تستهويني مهن مثل: فنان، مصور، مهندس ديكور، نسّاج.

رابعاً: الذكاء الحركي Bodily-Kinesthetic

1- أحب الذهاب في مشاوير المشي.

2- أحب الرقص.

3- أهتم كثيراً بإحدى المهارات (التوازن، السرعة، المرونة، القوة).

4- أحب عمل الأشياء اليدوية (خياطة، حفر، نحت، نشر أنباء...).

5- أحب ممارسة المهارة أكثر من القراءة عنها.

6- أحصل على أفكاري حين أكون ماشياً أو راكضاً أو ممارساً لإحدى مهاراتي اليدوية أو الرياضية.

7- أحب عمل الأشياء خارج المنزل " الأعمال والأنشطة خارج المنزل".

8- من الصعب علي أن أقضي وقتاً طويلاً وأنا جالس.

9- غالباً ما أعمل النشاطات وأنا في حالة حركة.

10- أن معظم هواياتي ترتبط بمهارات جسمية.

11- أحب أن أستخدم جسمي وحركتي في التعبير والتفسير.

12- تستهويني مهن مثل رياضي، مدرب، راقص، نحّات.

خامساً: الذكاء الموسيقي أو الإيقاعي Musical

1- لا أجد مشكلات في تحديد أو متابعة الأنغام (توقّع النغمة التالية).

2- عندما أستمع إلى معزوفة موسيقية،أنسجم معها بسهولة.

3- أستطيع معرفة فيما إذا كان المغني لا يغني حسب الأصول.

4- لدي صوت معبر، وأستطيع أن أنغم صوتي حسب المتطلبات.

5- غالبا ما أستخدم الموسيقى والغناء.

6- أتقن العزف على آلة موسيقية.

7- أستمع إلى الموسيقى حين أقود سيارتي أو في أثناء العمل أو في المنزل.

8- أعرف نغمات كثير من الأغاني.

9- غالباً ما أدندن أو أصفر حين أكون في بيئة مريحة.

10- حين أستمع إلى الموسيقى أحبها، أشعر بالراحة.

11- أحاول صنع بعض الأدوات الموسيقية من مواد في البيئة المحلية (ورق، أوراق شجر...الخ).

12- تستهويني مهن مثل (العزف، الغناء، الإخراج الفني، بائع أدوات موسيقية).

سادساً: الذكاء البينشخصي Interpersonal

1- أفضّل الذهاب إلى حفلة أكثر من البقاء وحيداً.

2- حين تواجهني مشكلة، أفضّل بحثها مع أصدقائي.

3- غالباً ما يشركني الآخرون في مشكلاتهم.

4- أنشغل في نشاطات اجتماعية أكثر من مرة في الأسبوع.

5- أحب أن أتسلّى مع الأصدقاء وأحضر الحفلات.

6- أعتبر نفسي قائداً، وأقوم بمهام القيادة.

7- أحب أن أعلّم ، وأقول للآخرين كيف يعملون الأشياء.

8- لدي أكثر من صديق حميم.

9- أشعر بالراحة حين أكون مع الآخرين في حفلة.

10- يشترك طلابي في تحديد أنشطة ومحتوى الدرس.

11- أعتبر نفسي مستمعاً جيداً.

12- تستهويني مهن مثل: سياسي، معلم، قائد، طبيب، مرشد اجتماعي.....

سابعاً: البعد الذاتي- أو التأملي Intrapersonal

1- أصرف وقتاً كافياً في التأمل أو التفكير.

2- أعتبر نفسي مستقلاً.

3- أسجّل أفكاري في دفتر خاص بي.

4- أرغب في نشاطات خاصة بي أكثر من اعتمادي على أنشطة الكتاب.

5- أبتكر نشاطات جديدة لعملي ودراستي.

6- أحدد القيم الخاصة التي تحكم حياتي، وأمارس النشاطات التي تنسجم مع هذه القيم.

7- عندما أشعر بالأذى أو بالإحباط أتراجع بسرعة.

8- لدي هوايات وميول خاصة بي أمارسها وحدي.

9- أختار أنشطة، يمكن ممارستها فردياً أو بشكل مستقل.

10- أفضّل الهدوء وأفضل الوقت الذي أستطيع أن أجلس فيه وحدي وأتأمل في نشاطاتي.

11- أعرف نقاط قوتي وضعفي وأقيّم ذاتي بشكل مستمر.

12- تستهويني مهن مثل: فيلسوف، فنان، عالم نفس، طبيب.

ثامناً: البعد البيئي- الطبيعي Naturalistic

1- أنا ماهر في التعرف على أنواع الطيور.

2- أنا ماهر في التعرف على أنواع الأزهار.

3- أحب الحدائق و المتنزهات وأحب العناية بها.

4- أستمتع بتربية حيوانات أليفة.

5- أستطيع معرفة موديلات أنواع عديدة من السيارات أو الآلات.

6- غالباً ما أنظر السماء، وأتعرّف على أشكال الغيوم، الماطرة وغير الماطرة.

7- أحب إجراء التجارب على بعض الظواهر الطبيعية.

8- أحب التعلم وجمع المعلومات عن البيئة والصخور.

9- لدي نباتات في منزلي أو مكتبي.

10- أستخدم دفتر ملاحظات أسجّل فيه بعض الظواهر الطبيعية.

11- أحب القراءة في الهواء الطلق.

12- تستهويني مهن مثل عالم فيزياء، عامل في مختبر، منسق حدائق، بيولوجي.

الذكاءات المتعددة والتعلم:

إنّ نظرية الذكاءات المتعددة أكثر ما تتضح في تطبيقاتها التربوية. وقد لاقت هـذه النظرية إقبالاً متزايداً من المربين والمعلمين والطلبة لما لها مـن انعكاسـات واضحة على

طرق التدريس والتعلم. ومـن المهـم أن نشـير إلى أن الأنظمـة التعليمية المختلفة، ومنذ نشأتها كانت تقدم نشاطات تعليمية لفظية لغوية في معظم الأحيان بالإضافة إلى بعض النشاطات المنطقية، وبذلك تفوق الطلبة اللفظيون.

فالمنـاهج الدراسـية وطرق التـدريس وطرق الامتحـان والواجبات المدرسية كلها وسائل وأدوات لغوية لفظية. وهكذا استفاد الطلبة اللفظيون لأنهم تلقوا تعليماً ملائماً لـذكاءاتهم ولتمثيلاتهم المفضلة. أمـا الطلبـة الحركيون أو الاجتماعيون والإيقاعيون فغالباً ما كانوا يعزفون عـن التعلم، لأن مناهج التعلم وأدواته لا تخاطب ذكاءاتهم. فهـم يتعلمون مناهج لفظية وبطرق تدريس لفظية.

فالمطلوب إذن تغيير طرق التـدريس ومناهجه بحيـث يتلقى تعليماً يتلاءم مع ذكاءاته.

إن الطلاب حالياً يتلقون دروساً لفظية، بطرق تـدريس لفظيـة هـي المحاضرة والمناقشـة والقـراءات والكتابة، فمـاذا يحدث لو غيرنا طرق التدريس الحالية بما يتناسب مع ذكاءات كـل طالب؟ ومـا طرق التـدريس التـي تـتلاءم مـع مختلف الذكاءات؟

إن الجدول التالي يوضح طرق التدريس المفضلة لدى كل نمط مـن الطلبـة والأدوات التعليميـة الملائمـة لهـم والأنشطة المفضلة:

الأنظمة التربوية التقليدية

قـدمّت هـذه الأنظمـة تعليماً لفظياً اسـتفاد منـه الطلبـة الـذين يتمتعون بـذكاء لفظـي. أمـا بقيـة الطلبـة فلم يسـتفيدوا مـن التعليم بشكل واضح، وغالباً مـا اتهمـوا أنهـم طـلاب كسالى.

لـو تلقـى كـل طالب تعليماً حسـب ذكاءاتـه وتمثيلاته المفضلة. لكـان طالباً متفوقاً. ولتغيّرت كثيـر مـن الحقـائق التربوية الحاليـة، ولمـا كان الطلاب المتفوقون حالياً - وهـم لفظيـون هم أفضل الطلبة.

ثماني إستراتيجيات للتعليم

الذكاء	طرق التدريس المفضلة	أدوات تعليمية	الأنشطة المفضلة
اللفظي	محاضرة، نقاش، الكلمات المتقاطعة، رواية القصص، قراءة النوتة الموسيقية، كتابة السيرة الذاتية.	الكتب، جهاز التسجيل، الآلة الطابعة، مجموعات الطوابع.	اقرأ، أكتب، تحدث، استمع.
المنطقي - الرياضي	حل المشكلات، التجارب العلمية، جمع الأرقام في الذهن، الأرقام المتقاطعة، التفكير النقدي.	الآلة الحاسبة، الحسابات اليدوية، الأدوات العلمية، ألعاب الرياضيات.	قم بالقياس، فكر عنها بشكل انتقادي، ضعها في إطار منطقي، قم بتجربتها.
المكاني - البصري	عرض بصري، أنشطة فنية، ألعاب التخيل، الخرائط الذهنية، المجاز، التصور، التخيل.	الرسم البياني، الخرائط، الفيديو، ألعاب التركيب، الأدوات الفنية، الخدع البصرية، الكاميرات، الصور.	أنظر، ارسم، تخيل، لوّن، اعمل خريطة ذهنية.
الذكاء	طرق التدريس المفضلة	أدوات تعليمية	الأنشطة المفضلة
الجسمي - الحركي	التعلم باليد، التمثيل، الرقص، الرياضة البدنية، الأنشطة اللمسية (اللمس)، تمارين الاسترخاء.	ألعاب التركيب، الصلصال، الأدوات الرياضية، مصادر التعلم اللمسي.	ركّب، الأداء، المس، حس، ارقص.

الذكاء	طرق التدريس المفضلة	أدوات تعليمية	الأنشطة المفضلة
الموسيقى	تعلم النغم، الطرْق، استخدام الأغاني كجزء تعليمي.	جهاز التسجيل، جمع الأشرطة، الأدوات الموسيقية.	غنّ، اطرق، طبّل، استمع.
البينشخصي	التعليم التعاوني، تعلم الرفاق، مشاركة المجتمع، اللقاءات الاجتماعية.	جهاز التسجيل، تنظيم الحفلات، يلعب أدوار مختلفة.	درّس، تعاون مع، تفاعل مع، احترم.
ذاتي - تأملي	تعليمات فردية، الدراسات المستقلة الذاتية، بناء الثقة بالنفس، احترام الذات.	أدوات بناء الذات، السيرة الذاتية.	مرتبط بالحياة الشخصية، إعطاء خيارات مع الرجوع إليها، الاستبصار الذاتي.
طبيعي - بيئي	دراسة الطبيعة، الوعي البيئي، العناية بالحيوانات، الرحلات،الجولات، التجارب، متابعة الظواهر الطبيعية.	النبات، الحيوان، أدوات مراقبة الطبيعة مثل المناظير، أدوات الحقائق.	معايشة الأحياء (نبات + حيوان)، متابعة الظواهر الطبيعية.

ويفكر الطلبة حسب أنماطهم، كما يحبون ممارسة الأعمال، ويشعرون بالاحتياجات التي تتلاءم مع هذه الأنماط، فلكل طالب أداة التفكير الخاصة به حسب نمطه.

يفكر كل طالب حسب النمط الأكثر شيوعاً لديه، فاللغويون يفكرون بالكلمات، والمنطقيون بالمنطق، والجسميون بالحركة، والإيقاعيون بالألحان والاجتماعيون يستخدمون أفكار الآخرين والتأمليون احتياجاتهم، والطبيعيون عبر الطبيعة.

والجدول التالي يوضح أدوات التفكير المفضلة، والأنشطة والأعمال المحببة والاحتياجات الخاصة بكل نمط:

أدوات التفكير المفضلة

الذكاء	التفكير	حب العمل	الاحتياجات
لفظي لغوي	بالكلمات	القراءة والكتابة وسرد القصص ولعب الألعاب اللفظية والتلاعب بالألفاظ	الكتب، الأشرطة، أدوات الكتابة، الورق، المفكرات، الأحاديث، مناقشة، مجادلات وقصص.
منطقي رياضي	بالمنطق	التجريب، الاستفسار، حل الألغاز، العمليات الحسابية.	أدوات التجربة، المواد العلمية، استرجاع معلومات، رحلات، المتاحف العلمية.
مكاني حركي	صور، وتخيلات	التصميم، رسم، تشخيص، الاستقراء.	الفن، الشعارات، فيديو، أفلام وسينما، شرائح، ألعاب تثير الخيال، ألعاب المتاهات، ألغاز، كتب مصورة، رحلات إلى متاحف الفن.

الذكاء	التفكير	حب العمل	الاحتياجات
حركي جسمي	بالإحساس	رقص، ركض قفز، بناء، لمس، الإيماء.	تمثيليات، مسرح، الحركة، بناء الأشياء، الرياضة ، والألعاب الجسمانية،تجارب بقصد إثارة الذكاء، التعلم.
صوتي إيقاعي	عبر الشعر والأغاني	غناء، صفير، طنين، الخبط بالأيدي والأرجل، الاستماع.	الغناء، رحلات، حفلات موسيقية، عزف الموسيقى في المدارس والمنازل، وأدوات موسيقية.
اجتماعي بينشخصي	باسترجاع الأفكار من الآخرين	ريادة، تنظيم، الانتماء، المشاركة ، التجمع، التجمهر.	الأصدقاء، الألعاب الجماعية، الأمسيات الاجتماعية، حوادث المجتمع من أفراح وأحزان، أندية.
التأمل الذاتي	الارتباط باحتياجاتهم، شعورهم وأهدافهم.	وضع الأهداف، تأمل، أحلام، تخطيط، تخطيط عميق.	أماكن سرية، العزلة، مشاريع ذاتية، خيارات.
بيئي طبيعي	عبر الطبيعة والأنماط الطبيعية	اللعب مع الحيوانات الأليفة، الفلاحة، استغلال الطبيعة، تربية الحيوانات، الاهتمام بالأرض.	التعرف أو البقاء في الطبيعة، فرص التعامل مع الحيوانات، أدوات لاكتشاف الطبيعة (مثال: العدسات المكبرة والمناظير).

انعكاسات نظرية الذكاءات على التدريس:

إنّ ما يهمنا هو كيفية الإفادة من هذه النظرية في التدريس، وتحسين طرق التعليم والتعلم، إن هذه النظرية طرحت الأفكار التالية:

1- تتوافر الذكاءات الثمانية لدى كل شخص، فالطالب لا يصنّف على أساس نمطي، لأنه يمتلك جميع الذكاءات، ولكن بدرجات متفاوتة.

2- إن لكل نمط أو ذكاء طريقة تدريس خاصة واهتمامات خاصة وأدوات خاصة يرغب في استخدامها، وإن استخدام هذه الطريقة في تدريس أصحاب هذا النمط يسهّل عملية التعلم، ويساعد الطلبة على التفوق والنجاح.

3- يفضل الطلبة أن يتعلموا وفق تمثيلاتهم وأنماطهم. فالطالب اللغوي يفضل التعلم اللغوي، والطالب البصري يفضل التعلم من خلال الصور والملاحظة والمشاهدة. والطالب الاجتماعي يفضل التعليم التعاوني وهكذا.... فلكل طالب تمثيلاته التي تناسب النمط الذكائي الخاص به.

4- يمكن استخدام التمثيلات المفضلة للطالب في تقوية التمثيلات الأخرى، فالطالب الذي يفضل التمثيلات الإيقاعية يمكن أن نستغل هذه التمثيلات في تحسين قدراته على دراسة اللغة أو التفكير المنطقي.

5- إن الطلاب المتفوقين حاليا هم الذين تصادفت تمثيلاتهم و أنماطهم الذكائية مع طرق التدريس الحالية، وهم إما لغويون أو منطقيون، أما بقية الطلاب من ذكاءات أخرى فإنهم يواجهون صعوبات أكثر مع طرق التدريس الحالية.

6- إن الطريقة الملائمة للتدريس هي التي تناسب ذكاءات الطالب، ولذلك يجب أن تقدم تعليماً متمايزاً للطلبة حسب ذكاءاتهم.

7- نستطيع أن نقدم الدرس الواحد بطرق تدريس واحدة تناسب مختلف الذكاءات، ويمكن إعداد أنشطة صفية متنوعة حسب الذكاءات، كذلك يمكن إعداد واجبات متنوعة أيضاً.

درس عملي: تطبيقي وفق الذكاءات المتعددة

موضوع الدرس: معرض المدرسة.

الصف الثالث: بنات

المادة: لغة عربية / المنهج السعودي.

ملخص الدرس:

نقلت أمينة وأختها دعوة إلى أم أمينة لزيارة المعرض يوم الخميس القادم. استعدت الأم وزارت المعرض مع بنتيها، وتحدثت معهما عن أعمالهما في المعرض.

يعرض الدرس صورتين :   1- الأم تتسلم الدعوة.

2- الأم تتجول في المعرض.

تم تقديم الدرس وفق الذكاءات المختلفة السبعة:

البصري - المنطقي - الإيقاعي - الاجتماعي - البيئي - الحركي - التأملي.

أما الذكاء اللغوي فلم يعرض لأن جميع المعلمين يدرسون عادة وفق هذا الذكاء.

ملاحظة: ليس من الضروري تنفيذ كل الأنشطة في درس واحد، يمكن اختيار بعضها إذا لم يسمح الوقت.

معرض المدرسة

1- بصري - صوري

1

انظري إلى الصورة الأولى والصورة الثانية:

- جدي خمسة فروق بين الصورتين.
- أين الدعوة التي أحضرتها أمينة
- أعرض نموذجاً لبطاقة دعوة فيها كلمات غير واضحة.
- من تقرأ ما في هذه الدعوة؟
- من تصمم غلافاً جميلاً للدعوة؟

2

في الصورة الثالثة

- أين بقية الطالبات؟
- من زار المعرض؟
- أين أخت أمينة؟ ما اسمها؟
- أين أخوات وأخوة أمينة؟

3

ارسم معرضاً لك. وضحي اللوحات. الأعمال.

4

أين تضعين ما يلي في المعرض

الأزهار ، النماذج ، الحيوانات .... اللوحات.

معرض المدرسة

2- حركي - جسمي

1

نريد أن نقيم معرضاً.. ما الأدوات التي نحتاجها؟

2

كيف نستخدم المطرقة ؟ المسمار ؟ البرواز؟

3

كيف نعلق اللوحات؟

4 كيف نحمل أدوات المعرض والمعروضات ؟

5

مشهد تمثيلي:
- طالبات يعلقن اللوحات.
- طالبات يحملن الأدوات.
- طالبات يتفرجن على المعرض.
- طالبة تحاور معلمتها عن المعرض.
- طالبة تتحدث عن المعرض مع والدها.
- طالبة تدعو صديقتها لزيارة المعرض.

معرض المدرسة

3- بيئي - طبيعي

1 ما رأيك أن نقيم معرضاً في الهواء الطلق؟

أين تختارين المكان

2

رتبي الأماكن التالية لإقامة المعرض حسب أهميتها لديك:

- جبل.
- وادي.
- صحراء.
- غابات.
- حديقة طيور.

معرض المدرسة

4- اجتماعي

1

نريد أن نعمل معرضاً (نقسّم الطالبات إلى مجموعات)

- مجموعة إعداد مواد المعرض.
- مجموعة لتحديد مدة المعرض وتاريخه.
- مجموعة إعداد بطاقات الدعوة.
- مجموعة إعداد دليل للمعرض.
- مجموعة إعداد وتجهيز المكان.

تعرض كل مجموعة أعمالها لمناقشتها

معرض المدرسة

5- منطقي - رياضي

1

في معرض المدرسة مجموعة من الأعمال

رتبي هذه الأعمال:

• حسب أهميتها !
• حسب عددها !
• حسب كثرة المعروضات !
• رسوم طالبات.
• رسوم معلمات.
• أعمال يدوية للطالبات.
• نماذج حيوانات.
• أعمال خرازة.
• أعمال جريد.
• صور.
• أزهار.

2

نريد أن نقيم معرضاً جميلاً ماذا نضع في المعرض
رتبيها حسب أهميتها :

- أزهار.
- نماذج حيوانات.
- أوراق شجر.
- صور عن الجبال والوديان.
- رسومات عن بحر أو نهر.
- صورة لفرس جميلة.
- صورة لغابات كثيفة.

3

أردنا أن نقيم معرضاً جميلاً من يساعدنا من هؤلاء
رتبيهم حسب الأهمية:

- المديرة.
- الأم.
- معلمة الفن.
- معلمة الفصل.
- حارسة المدرسة.
- الطبيب.
- المصور.

معرض المدرسة

6- تأملي

1

- لماذا نقيم معارض ؟ ماذا يستفيد الطالب ؟ المعلم؟ الأهل؟
- ماذا لو لم تقم المدرسة معرضاً ؟
- فكري في معرض بدون رسوم . بدون لوحات . ماذا يكون في هذا المعرض ؟
- فكري في معرض لم يزره أحد ؟ ما الخطأ في هذا الموقف ؟
- عملت كل طالبة لوحة جميلة وتجمع لدينا 300 لوحة .
- كيف نختار منها عشرين لوحة فقط ؟
- أين يمكن أن نحتفظ بالباقي ؟
- ما مواصفات اللوحات التي تختارينها ؟
- قامت أمينة بخمسة أعمال قبل أن تذهب إلى المعرض. ما الذي فعلته ؟

1

- لماذا لم تغير أم أمينة ملابسها وشكلها خلال خمسة أيام؟

معرض المدرسة

7- إيقاعي

1

نريد كلمة على وزن:

● معرض : مقبض

.... ، .... ، ....

● لوحة : فرحة

.... ، .... ، ....

● دعوة : لوعة

.... ، .... ، ....

● معروضات : مسموعات

.... ، .... ، ....

● أزهار : أنهار

.... ، .... ، ....

2

من تؤلف مقطع من أغنية عن المعرض:

معرضي جميل	يموج باللآلي
يزوره طـــلابٌ	برفقة الأهالي
وضعت فيه لوحتي	وبهجة الأعمالِ

● أغنية أخرى:

»»»»»»»»»»»»»»»» »»»»»»»»»»»»»»»»

»»»»»»»»»»»»»»»» »»»»»»»»»»»»»»»»

»»»»»»»»»»»»»»»» »»»»»»»»»»»»»»»»

الفصل السابع عشر

الواجبات المدرسية
مع نماذج وتطبيقات عملية

الواجبات البيتية

"إذا وجدت ابنك غير مهتم بالواجبات. فالمشكلة ليست ابنك، بل هي الواجبات"

"نانسي بولو"

بهذه الجملة افتتحت المربية نانسي بولو Nancy Paulu مقابلتها في مجلة التربية سنة (1996) حين أعلنت نهاية أو موت الواجبات البيتية.

ومن أبرز الأفكار التي عرضتها ضرورة تطوير الواجبات. وعدم التوقف عند الواجبات التقليدية في الكتابة وحل بعض المسائل والإجابة عن أسئلة معينة.

لا يوجد واجب بيتي يلائم جميع الأطفال. فلماذا ى تقدم خيارات وواجبات متنوعة؟؟

إن مشكلة الواجبات البيتية تتحدد في عناصر ومستويات عديدة. فهي ما زالت سبباً رئيساً في الضغط على الأطفال، وإساءة علاقاتهم مع أهلهم، وتعكير صفو الجو المنزلي الذي يشهد نزاعات يومية بشأن إهمال الابن للواجبات. والتحدي القائم حالياً كيف تقدم واجبات بيتية مفيدة؟ وهذا ما سيجيب عليه هذا الفصل.

لماذا الواجبات؟

تقدم مدرسة New Paltz في نيويورك خلاصة لنتائج الأبحاث حول الواجبات المدرسية، وترى أن هذه الواجبات حققت ما يلي:

1- زيادة تحصيل الطلبة ورفع مستوى أدائهم الأكاديمي.

2- تدريب الطلبة على إتباع التعليمات وتنفيذ المتطلبات المدرسية.

3- تدريب الطلبة على إثارة الأسئلة وإصدار الأحكام واتخاذ القرارات.

4- تحميل الطلبة مسؤولية تعلمهم، وتدريبهم على التعلم الذاتي.

5- تطبيق الخبرات الدراسية عملياً.

إن فلسفة الواجبات البيتية، كما تعلنها هذه المدرسة وكما يتفق عليها المربون يمكن أن تتحدد بالخطوط التالية:

1- تعزيز التعلم المدرسي والأنشطة المدرسية.

2- امتداد النشاط المدرسي خارج المدرسة والوقت أطول.

3- إعطاء الفرصة للطلبة والمعلمين لإكمال ما لم يكتمل داخل الصف.

4- تدريب الطلبة على عادات دراسية سليمة وفي أوقات مريحة.

5- إدماج الأهالي في عملية تعلم أبنائهم، وإقامة علاقات مستمرة بين المدرسة والأهالي.

وعلى الرغم من وضوح هذه الفلسفة النظرية للواجبات إلى أن المراقبين يرصدون العيوب والأخطاء العديدة في عملية تنفيذ هذه الفلسفة.

صعوبات أمام الواجبات البيتية:

تتنوع هذه الصعوبات حسب مصادرها. فهناك صعوبات تواجه الطلبة، والمعلمين، والأهالي.

1- فالطلبة يقضون وقتاً طويلاً في التعلّم في المدرسة. ويرغبون في الحصول على أوقات حرة يستمتعون بها، أو يكتسبون خلالها خبرات غير مدرسية.

إذا قضى الطالب 5-7 ساعات يومياً. فإن ساعات عمله الأسبوعي من 25 - 35 ساعة. ألا يكفي؟ أليس ذلك مقارباً لساعات العمل لدى جميع العاملين؟

إن الطلبة يواجهون مصادر غنية في البيئة، ألا يحق لهم الاتصال بها؟ والانتفاع منها؟

كما أن كثيراً من الطلبة لا يفهمون أغراض الواجبات ويرونها فرصة لممارسة سادية المعلمين عليهم، وإضاعة أوقاتهم دون فائدة تذكر. فأي فائدة في كتابة درس؟ أو الوقوف أمام مسألة حسابية صعبة؟ فالواجبات لدى بعض الطلبة ليست أكثر من نكد يومي يسمح لآبائهم بالتدخل في شؤونهم وإزعاجهم!!

إن هذه الصعوبات لا تقلّل من أهمية الواجبات بل على العكس توجه أنظار المعلمين إلى تحسين نوعية الواجبات، ومراعاة ظروف الطلبة وتقديم واجبات نوعية.

2- والأهالي أيضاً يفهمون الواجبات على أنها عملية أساسية يجب متابعتها والحرص عليها، مما يجعل تبايناً واضحاً بين فهم الطلبة لها، وفهم الأهالي. إن بعض الأهالي لا يتدخلون بصورة سليمة. بل يكاد يقتصر تدخلهم على:

هل حللت الواجبات؟ لماذا؟ متى؟ وماذا بعد؟

فالواجبات أيضاً تثير توتراً لدى بعض الآباء بعد الصراعات والمعارك مع أبنائهم، أضف إلى ذلك أن بعض الآباء قد يتدخلون بشكل خاطئ في:

● حل الواجبات نيابة عن أبنائهم.

● إرشاد الأبناء إلى حلول قد تكون صحيحة أو خاطئة.

● تعليم أبنائهم بطرق غير تلك التي اعتادوا عليها في المدرسة.

إن هذه الصعوبات أيضاً لا تعني وقف تدخل الآباء بمقدار ما تعني كيف نرشد

الآباء إلى العمل السليم مع أبنـائهم. وهـذا مـا دفـع مجلـة مثـل: (Dividends: 2000 Education) إلى اقتراح البرامج التالية لنوعية الآباء:

- درب ابنك على روتين يومي، وممارسة الواجبات في وقت معين.
- درب ابنك على تخطيط وقته ليوافق بين أوقات الدراسة والوقت الحر.
- حدد مكاناً ملائماً للدراسة في البيت. وزوده بالمثيرات.
- ناقش ابنك فيما تعلم. ولا تسأل لكي تفتش وتتابع مدى اجتهاده بل تحدث معه فيما اكتسب من معلومات وعن يومه الدراسي.
- ساعد ابنك دون تدخل. اعمل كمدرب وموجه. لا تحل الواجبات.
- إذا لم تعرف جواباً. درب ابنك على خطوات حل المشكلة للوصول إلى ما يريد.
- تذكر أن هدف الواجبات هو التعلم. ولذلك دربه كيف يتعلم.
- كن على اتصال مع المدرسة ومع المعلمين.

3- والمعلمون يواجهون صعوبات في اختيار نوع الواجبات ومدتها، وفي معرفة أوقات الطلبة ومدى امتلاكهم الوقت الكافي لحل هذه الواجبات، وكثيراً ما يتساءل المربون:

- هل أعلن المعلمون سياستهم إلى الطلبة والآباء؟
- هل لدى المعلمين أغراض واضحة لإعطاء الواجبات؟
- هل يتم اختيار الواجبات بوعي؟
- هل يراعي المعلمون أوقات الطلبة؟
- هل يحترم المعلمون إجازات الطلبة وحقهم في الاستمتاع بها؟
- هل ينسق المعلمون فيما بينهم قبل إعطاء الواجبات؟
- وأخيراً، هل يقدم المعلمون واجبات ممتعة أو مثيرة؟

إن من الضروري أن نحفز الطلبة على أداء الواجبات وقبل أن نحدد أنواع الواجبات المثيرة، لابدّ أن يكون المعلمون على وعي بقائمة الأسئلة المثارة أعلاه، وإتباع خطوات أساسية مثل:

- التنسيق مع الأهالي والطلبة وشرح توقعاتهم مع الواجبات.
- التنسيق مع الزملاء احتراما لوقت الطلبة وخشية تراكم الواجبات.
- توضيح أغراض الواجبات، وتنويعها، وتقديم خيارات متعددة.
- تسجيل الواجبات في دفتر خاص يحمله الطالب وقد يطلع عليه الأهل.
- التصحيح الفوري للواجبات وتقديم تغذية راجعة فورية للطلبة وللأهالي.
- متابعة الواجبات مع الطلبة والأهالي.

كثيراً ما يعطي المعلم الواجبات في آخر دقائق الحصة، دون أن يتمكن معظم الطلبة من معرفة ماذا يريد المعلم؟ وما هو الواجب؟

في الامتحانات الدولية للعلوم والرياضيات، لوحظ أن طلبة مثل طلبة تايوان وهولندا واليابان وسنغافورا تفوقوا كثيراً على طلبة دول أخرى تهتم بالواجبات البيتية بدرجة عالية.

الواجبات البيتية السليمة:

لقد اختلفت الأنظمة التربوية في تحديد أهمية الواجبات. فهناك أنظمة تركز على زيادة هذه الواجبات، كما يحدث في دول أفريقيا وهناك أنظمة تعطي فترة قليلة للواجبات كما يحدث في أنظمة الأوروبية وأنظمة دول شرق آسيا. وعلى الرغم من أن الدراسات الدولية التي أجريت في التسعينات وحتى الآن تشير إلى التفوق الطلبة في عدد من الدول التي لا تعطى واجبات بيتية طلبة تهتم

تفوق طلبة تايوان وهولندا وكوريا الجنوبية الذين تقل عدد ساعات واجباتهم البيتية على طلبة الأردن وغيرها ممن يحملون عبئاً كبيراً من الواجبات.

بهذه الواجبات. طبعا لا يمكن إرجاع ذلك إلى الواجبات فهناك لا شك عوامل أخرى.

أننا لا نقلل من أهمية الواجبات المدرسية البيتية. لكن يبقى السؤال: **أي الواجبات؟**

إن الجزء التالي من هذا الفصل يضع خصائص الواجبات البيتية الجيدة مع نماذج من هذه الواجبات في عدد من الدروس.

خصائص الواجبات البيتية:

تحدد الخبيرة في موضوع الواجبات Nancy pulu خصائص الواجبات في عدد من التوجهات قدمتها للمعلمين:

1- وضح الأهداف للطلبة والأهالي. وجعلهم يدركون العلاقة بين الواجب وبين موضوعات التعلم.

2- اجعل الواجب شخصياً، يعالج موقفاً مهماً لدى الطالب، اجعله ممتعاً للأسرة أيضاً.

3- لا تقدم واجباً محدداً. نوع الواجبات اسمح للطلبة باختيار واجبات.

4- لا تنقل الطلبة بالواجبات. حدد كمية معقولة.

5- زود الطلبة بالتغذية الراجعة الفورية عما قاموا به من أعمال.

6- لا تركز على واجبات روتينية غير مثيرة.

وقد ركزت مدرسة New Patz على تحديد أوقات ملائمة لواجبات طلابها على النحو التالي:

> الواجبـات ليسـت هـدفاً بذاتها. هـي أداة للتفكير والتعلّم والـربط بـين عناصر التعلم.

• من الصفوف 1-5 من نصف ساعة إلى ساعة ونصف يومياً.

• من الصفوف 6-7 20 دقيقة لكل درس يومياً.

• من الصفوف 8-9 30 دقيقة لكل درس يومياً.

• من الصفوف10-12 (30-45) دقيقة يومياً لكل درس

قد يكون في ذلك مبالغة، أو أن فلسفة المدرسة نفسها تركز على الواجبات، لكن هناك أنظمة لا تقدم واجبات لطلبة المدرسة الابتدائية. ففي المدارس الفرنسية الابتدائية لا يحمل الطلبة الواجبات إلى منازلهم. أنهم يقومون بكل أعمالهم وقت الدوام المدرسي.

إذن يعتمد حجم الواجبات على فلسفة المدرسة ومدى اهتمامها.

أما القواعد الأساسية لاختيار الواجبات فتستند إلى ما يلي:

أشكال الواجبات الناجحة
1- قراءات.
2- جمع معلومات.
3- العمل في مشروعات.
4- الاستماع.
5- ملاحظة أحداث.
6- إعداد تقارير ومتابعات.

1- تكليف الطلبة بقراءات خارج الصف، وتوجيههم نحو قراءات معينة، وإعطاء الطلبة الفرصة لمناقشة ما قرأوه مع زملائهم. إن مثل هذا الواجب يعكس آثاراً إيجابية.

في زيادة وعي الطالب، وتعليمه البحث والاختيار وإعطائه فرصة التحدث أمام زملائه، واستمتاعه بنقل معلومات جديدة قد لا يعرفها كثير من الزملاء. إضافة إلى فوائد مثل هذا الواجب لبقية الطلبة.

2- تكليف الطلبة بجمع معلومات وبيانات وصور وعينات ونماذج لأشياء وأحداث ومواقف. يمكن أن تنتهي مثل هذه الواجبات بإقامة معارض دائمة أو مؤقتة، وقيام مناقشات مفيدة لجميع الطلبة.

3- تخطيط مشروعات ينفذها عدد من الطلبة، يعملون في مجموعات عمل مثل مشروع تعليم وردة، أو عمل قاموس صفي أو دليل للهاتف....

4- تكليف الطلبة بالاستماع إلى محاضرات، ندوات، أشرطة تسجيل وتقرير لزملائهم عما سمعوه.

5- تكليف الطلبة بملاحظة ظواهر اجتماعية أو مناخية أو سياسية أو عائلية ... وتقديم تقرير عن تطور ما لاحظوه.

6- إعداد تقارير ومتابعات عن أحداث يومية، قضايا اجتماعية مشكلات طلابية، ومناقشة هذه التقارير مع زملائهم.

يلاحظ من هذه الأشكال المختلفة للواجبات أن الواجب الجيد يتصف بما يلي:

- إنه واجب يختاره الطال. ولا يفرض عليه.
- إنه واجب يتيح المجال أمام الطلبة للانطلاق في مجالات يحبونها.
- إنه ليس جزءاً مباشراً من المادة الدراسية التي قرأها أو تعلمها في المدرسة.
- إنه واجب متمايز. وليس موحداً لجميع الطلبة. إنه متمايز في محتواه وشكله وأساليبه، ولكنه قد يحقق نفس الأهداف

أمثلة على واجبات مدرسية ناجحة:

تقدم فيما يلي عرضاً لواجبات بيتية مقترحة في عدد من المواد الدراسية، كأمثلة لما يمكن أن يقدمه المعلمون:

1- الرياضيات:

- اذهب إلى السوبر ماركت وسجل التفاوت في أسعار علب حليب الأطفال.
- سجل تاريخ انتهاء صلاحية عدد من المواد الغذائية المستخدمة في مطبخك واحسب فترة صلاحيتها المتبقية.
- ضع مخططاً لحديقة منزلية.
- سجل عشر تطبيقات للزوايا القائمة في إحدى غرف منزلك.
- ما التطبيقات الهندسية في منزلك؟
- كم شكلاً هندسياً في مطبخك؟ ما الأشكال التي تحبها؟
- اذكر بعض التطبيقات عن نظرية فيثاغورث في الحياة العملية.
- احسب كمية المواد اللازمة لصناعة قالب من الجاتوه.

- ما المهارات الحسابية التي تحتاج يومياً إليها: والدك، البائع، موظف البنك؟

- اعمل موازنة لمنزلك. بحيث توفر20% من الدخل.

العلوم:

- ماذا يعني انقطاع الكهرباء لمدة نصف ساعة؟ ما التغيرات المتوقعة؟

- كيف نزيد من إنتاج حديقة مهملة منذ سنوات؟

- تنخفض درجة الحرارة درجة 1ْ س كلما ارتفعنا 150م.

- ماذا يعني لك هذه الحقيقة العلمية؟

- تابع ملاحظة إنبات بذرة على مدى ثلاثة أسابيع. اكتب تقريراً بذلك.

- سجل حالة الجو في عشرة أيام من شهر فبراير – شباط. ضع جدولاً بملاحظاتك حول: درجات الحرارة، كمية الأمطار، عدد الأيام الممطرة.

- سجل الملوثات البيئية الذي يخلفها منزلك يومياً.

- استمع إلى برنامج العلم والحياة. وسجل بعض الأفكار التي لفتت انتباهك.

- ما تطبيقات ظاهرة التمدد، المغناطيس، الضغط الجوي في حياتنا اليومية.

- أين تذهب مياه الأمطار؟ هل نفقد جزءاً منها؟ ما نسبة التبخر؟

- ضع كميتين متساويتين من الماء على النار. ضع في الأواني ملحاً. راقب متى يغلي الماء في كل منهما.

التربية الإسلامية:

- كيف تقنع شخصاً بممارسة الشعائر الدينية؟

- اكتب رسالة إلى زميل لك تشرح له مشاعرك وأنت تدخل المسجد النبوي في المدينة المنورة!

- جاءتك رسالة من زميل لك ذهب إلى الحج. يصف لك فيها خطوات الحج. ماذا جاء في هذه الرسالة؟

- اسأل خمسة من أقاربك عن الأعمال التي قاموا بها في السنوات الأخيرة، يمكن أن تقربهم من الـلـه.
- في حيك تاجران. اشتهر الأول بالورع والتقوى. واشتهر الثاني بحب المال قارن بين سلوكهما، وتعاملهما مع الناس.
- اشتهر أحدهم بالقيام بأعمال تبرع خيرية. برأيك ما الأعمال التي قام بها؟ اكتب تقريراً عن ذلك.
- لديك مبلغ كبير من المال. وأردت أن توزعه على أعمال خيرية. كيف توزع هذا المال؟
- تستمع يومياً إلى أحاديث دينية كثيرة في المحطات الفضائية.

  راقب أحد المتحدثين. وسجل:

  أ- الحقائق الدينية التي يذكرها.

  ب- الآراء الشخصية التي يقولها.
- اكتب تقريراً عن أركان الإسلام. وبين التطبيقات العملية لكل منها.
- اعمل مع زملائك على إعداد خطة لإنشاء مسجد في مدرستك؟ حيّك؟

4- العلوم الاجتماعية:

- تابع ما يكتب عن الطلاق في الصحف اليومية. واكتب تقريراً توضح وجهة نظرك!
- ماذا لو غادر الوافدون البلاد؟ اكتب تقريراً عن التغيرات المتوقعة داخل الأسرة وخارجها!
- تابع حدثاً سياسياً في إحدى الفضائيات. واكتب التناقضات التي تنشر حول هذا الحدث!
- ما الحقوق التي تتمنى أن تحصل عليها المرأة في بلادنا؟
- ما الآثار المترتبة على نيل المرأة لهذه الحقوق؟

- ضع عدداً من القوانين يمكن أن تنظم فيها العلاقات

  داخل الأسرة.

  في المدرسة.

  في المؤسسة التي يعمل بها والدك.

- اكتب رسالة إلى قريب لك في دولة أجنبية. اطلب أن يرسل لك ملابس وطنية من تلك الدولة. اعرضها في الصف حين نناقش موضوع تلك الدولة.

- دعا أحد الفنادق الأشخاص الذين احتفلوا بزواجهم في الفندق خلال عامين حضر منهم 20% فقط.

لماذا برأيك لم يحضر الآخرون؟

- اقرأ أحد المقالات في صحيفة يومية حول أثر العاملات الأجنبيات في تربية الأطفال. اكتب تعليقك.

- اعمل استبياناً مع مجموعة من زملائك لدراسة آراء الناس بالخدمات التي تقدمها البلدية؟

- قم بجولة مع زملائك في أحد أسواق المدينة. اكتب الظواهر المزعجة أو المفرحة التي تراها.

5- في اللغة:

- اكتب قائمة بأكثر كلمات التحية المتداولة:

  - بين الصغار

  - بين الصغار والكبار

  - بين الكبار و الكبار

ما الفرق بين هذه الكلمات؟

- اقرأ هذا الدرس. وحدد أهم ثلاث شخصيات أساسية فيه:

ما الشخصية الأكثر جذباً؟ احتراما؟ عدوانية؟

ما الشخصيات التي ترغب أن تكون نموذجاً لك؟ لماذا؟

مع عدد من زملائك. اتفقوا على مقال صحفي. اشكلوا هذا المقال بوضوح حركات الإعراب المناسبة على أواخر الكلمات.

- اكتب قصة/ بيتين من الشعر/ في موضوع ما تختاره.

- ما الصور البلاغية في قصيدة أبي تمام. لاحظ الصور البصرية، الحسية الحركية.

- استمع إلى حديث أحد المذيعين. سجل الأخطاء اللغوية التي يرتكبها.

- مع مجموعة من الزملاء. اعملوا قابلة مع شاعر.

- ما الأسئلة التي تسألونها؟

- ماذا كنت تتصرف لو كنت مكان أحد الشخصيات في هذا الدرس؟

- ما الأسئلة الخمس التي يمكن أن تسألها لتصل إلى مهنة شخص؟

- ناقش القرارات التي اتخذها رب الأسرة في هذا الدرس.

- ما حكمك على شخصيته؟

  هل هو ديمقراطي؟

  ما نظرته إلى المرأة؟

الفصل الثامن عشر

استراتيجيات تقديم التغذية الراجعة

أولاً: مفهوم التغذية الراجعة

> التغذية الراجعة هي ما يتلقاه الطالب مـن ردود فعل على ما قام بـه مـن سلوك

حين يقوم الإنسان بسلوك ما، فإنه يرغب في معرفة آراء الآخرين في هذا السلوك، وقد يسأل الآخرين للحصول على وجهات نظرهم وحين يقوم الطالب بعمل أو سلوك ما فإنه يرغب في معرفة مدى صحة ما قام به، فقد يسأل زملاؤه، أو ينظر في عيونهم ووجوههم لمعرفة أثر هذا السلوك عليهم، فالطالب يترقب ما سيقوله المعلم عن إجابته وهل هي صحيحة أم خاطئة، يترقب تصحيح المعلم للإجابة، أو تصحيح المعلم لورقة الامتحان لكي يرى مدى دقة إجاباته أو صحتها.

فالتغذية الراجعة هي ما يتلقاه الطالب من تعليقات أو سلوكات نتيجة لما قام به. وقد تكون التغذية الراجعة لفظية بمعنى مجموعة من الجمل أو الكلمات مثل: جيد، أحسنت، كانت إجابتك دقيقة ...الخ.

وقد تكون التغذية الراجعة جسدية أو بالإشارات الجسدية، حيث يقرأ الطالب ملامح وجه المعلم أو ابتسامته أو ملامح غضبه وانزعاجه.

ولا يدخل في باب التغذية الراجعة ما يقدمه المعلم من تعليمات وإرشادات عامة مثل بدء العمل. فالتغذية الراجعة هي ما تأتي دائماً بعد قيام الطالب بالسلوك أو العمل.

293

ثانياً: مصادر التغذية الراجعة.

يمكن أن يتلقى الطالب التغذية الراجعة من مصادر متعددة مثل المعلم أو الزملاء الطلبة. وقد يرجع الطالب إلى معيار لفحص سلوكه مثل الرجوع إلى الكتاب أو القاموس ليقارن إجابته بما ورد في هذه المراجع.

> **مصادر التغذية الراجعة**
> 1- المعلم
> 2- الزملاء
> 3- الكتـاب أو مرجـع علمي
> 4- الطالب نفسه
> 5- الأهل

وقـد تكـون التغذيـة الراجعـة ذاتيـة، بمعنـى أن يتأمـل الطالب نشـاطاته وسـلوكاته ويحللـها، ويتعرف إلى جوانـب الضعف والقوة فيها .

كما يتلقى الطالب تغذيـة راجعـة مـن أهلـه في المنـزل الذي غالباً ما يقدمون له ملاحظاتهم على ما قام به من سلوك.

ومن المفيد أن تتعدد مصادر التغذية الراجعة لأن المصدر الفردي قد يقدم وجهة نظر خاصة، بينما تتكامل وجهات النظر الصادرة عن مصادر متعددة. ومـن هنـا يتحـدث المربـون عـن تغذيـة راجعة كم 360 ° كما هو مبين في الرسم التالي:

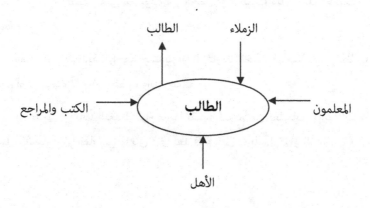

نلاحظ من الشكل أن التغذية جاءت من مصادر متعددة، و لم تقتصر على وجهة نظر فردية، فلكل مصدر منطلقات خاصة. فقد يعجب الطلبة بسلوك ما لا يعجب به الأهل. وقد يعجب المعلم بسلوك ما لم يعجب الزملاء. فالمصادر المتعددة تقدم صورة أكثر تكاملاً يمكن أن تسهم في تحسين أداء الطلبة.

ثالثاً: لماذا يحتاج الطالب إلى تغذية راجعة؟

إن هدف التغذية الراجعة هو تعديل سلوك الطالب لتلافي نقاط الضعف التي واجهها، وتأكيد الإيجابيات وتعزيزها، فالتغذية الراجعة هي أحد العناصر الأساسية لنحو الدماغ وتعزيزها نحو الذكاء. (سوزان كوفاليك: 2004) فالطلبة يحتاجون إلى تغذية قبلية وتغذية راجعة.

> **التغذية القبلية ما يقدمه المعلـــم مــن توجيهـــات وتطبيقات ونماذج وتحفيز قبـــل أن يبـــدأ الطالـــب بممارسة العمل.**

فالتغذية القبلية تقدم للطالب الشروط التي سيتم تنفيذ العمل. كما تحدد مستوى الأداء ومستوى الإنجاز. وبعد أن يبدأ الطالب بالأداء يمكن أن يتلقى التغذية الراجعة في أثناء قيامه بالعمل، أو بعد الانتهاء من العمل، لأن ذلك يعتمد على الهدف من تقديم التغذية الراجعة.

ويمكن إجمال أهداف التغذية الراجعة بما يلي:

1- مساعدة الطالب على أن يمارس السلوك أو الأداء الصحيح قبل أن ينهي عمله. فما يتلقاه من تغذية في أثناء قيامه بالعمل توجه سلوكه وأداءه نحو إنجاز جيد.

2- إعطاء الطالب فرصة ممارسة الأداء ثم مقارنته بالأداء الصحيح.

فالطالب حين يحل مسألة أو يجيب عن سؤال، فإن ما يتلقاه من تغذية راجعة بعد انتهائه من العمل تعمل على تحسين أدائه وتعريفه بنقاط قوته وضعفه.

3- تجعل التغذية الراجعة الطالب متشوقاً لمعرفة أدائه ومعرفة نتائج جهوده، خاصة إذا قدمت ومن الإستراتيجيات الملائمة.

4- يمكن أن تؤدي التغذية الراجعة إلى مساعدة الطلبة على وضع المعايير الخاصة للحكم على أعمالهم، بحث يوجهوا أنفسهم ذاتياً.

إستراتيجيات تقديم التغذية الراجعة

إن أسلوب تقديم التغذية الراجعة يؤثر سلباً أو إيجاباً على الطلبة. فالتغذية الراجعة غير المناسبة تولد مشاعر سلبية وحادة لدى الطلبة، ولذلك فإن من المهم أن نتحدث عن الإستراتيجيات الملائمة لتقديم تغذية راجعة إيجابية.

1- **التغذية الراجعة الفورية مقابل التغذية الراجعة المؤجلة.**

فلا يمكن أن يبقى الطالب منتظراً فترة طويلة حتى يطلع على نتائج أداءه، ولا يجوز أصلاً أن تنتظر حتى النهاية ونقول للطالب كان أداؤه جيداً أو ضعيفاً. إن المعلمين يمارسون كثيراً التغذية الراجعة غير الفورية، وهذا يتضح في:

أ- الانتظار حتى نهاية العام لإصدار نتائج النجاح والرسوب.

ب- عدم تصحيح أوراق الامتحان فوراً، وإعادتها إلى الطلبة بعد فترة طويلة مما يفقد تأثيرها في آراء الطالب.

ج- إهمال بعض السلوكات السلبية.

د- مناقشة الطالب في السلوكات السلبية بعد مرور فترة زمنية على حدوث مثل هذه السلوكات.

2- **التغذية الراجعة الوصفية مقابل التغذية الراجعة الحكمية.** Descriptive Not Judgmental

ما يحتاج إليه الطالب هو وصف سلوك قام به أكثر مما يحتاج إلى إصدار حكم على ما قام به. ولذلك يعتبر كثير من المربين وعلماء النفس أن النقد والمدح كلاهما ضار. وأن ما يحتاج إليه الطالب أن يفهم سلوكه ويوجه سلوكه نحو مبدأ أو قاعدة سليمة.

مثال: أراد معلم أن يشكر طالب فقال له:

"إنك ساعدت زميلك، مما أثر على تحسين أدائه. شكراً لك"

لقد أوضح المعلم السلوك الجيد، وأوضح توافق سلوك الطالب مع معيار السلوك الجيد وهو المساعدة التي حققت تأثيراً واضحاً.

مثال على شكر خاطئ:

" شكراً لك قمت بعمل ممتاز".

لكن ما هو هذا العمل؟ لماذا كان ممتازاً؟ ستبقى الإجابات غامضة لدى الطالب الذي تلقى هذه التغذية، ولدى بقية الطلبة. إن هناك من المربين من يعتقدون أن من يمدح أو ينقد لا يرضي إلاّ نفسه، ولا يؤثر بالطالب الممدوح أو الذي تلقى النقد.

إذن التغذية الراجعة يجب أن تكون وصفية مثل:

- حللت واجباتك بطريقة منظمة، مما يشير إلى التزامك بما اتفقنا عليه.
- نظفت مقعدك بسرعة مما أتاح لك فرصة أن تقدم عملاً أنيقاً.
- عملت مع المجموعة بالتزام، مما ساعد المجموعة على إنهاء عملها.
- جلوسك بهدوء، وفر لنا جميعاً فرصة إنجاح النشاط.

3- **التغذية الراجعة المستقبلية مقابل الماضوية.** Futurest not past concentrated

إن التغذية الراجعة التي تقتصر على تعزيز سلوك قام به الطالب في الماضي قليلة الأثر، وغالباً ما تكوم حكمية: مدحاً أو نقداً وحق إن كانت وصفية فهي تصف سلوكاً انتهى. وليس المطلوب من الطالب أن يكرّر سلوكاً منتهياً بمقدار ما يطور هذا السلوك مستقبلاً. فالتغذية الراجعة المفيدة لا تكتفي بالتعليق على الماضي بل تمتد لتصل إلى تحسين هذا السلوك وتطويره.

> التغذية المستقبلية هي التي تهدف إلى التطوير لا مجرد قبول الواقع أو التعليق عليه.

مثال:

حللت واجباتك بطرقة منظمة، وهذا يمكن أن يقودك إلى اختيار واجبات أكثر صلة بأنشطة تعاونية هادفة للتفكير.

نلاحظ أن المعلم لم يقف عند الماضي وهو حل الواجبات بطريقة منظمة بل حفز الطالب وزملاءه على التوجه نحو تطوير هذه الطريقة المنظمة ليمارسوا أنشطة تفكير تعاونية.

4- التغذية الراجعة ليست تقيماً أو حكماً. Not- evaluative

ابحث عن كلمة أكثر عدالة فالتغذية الراجعة ليست تقيماً أو حكماً. إنها تحسين تطوير دعم، مراجعة، استثمار خطط مشتركة.

لا تسمى التغذية تقيماً أو حكماً. فالحكم والتقويم يؤدي إلى الرفض أو إلى الدفاع والتبرير. ونحن لسنا في حاجة إلى إضعاف الطالب لكي يدافع عن نفسه، ولا إزعاجه لكي يرفض ويبرر.

إن التغذية الراجعة سواء كانت من المعلم إلى الطالب، أو من أي مصدر إلى أي شخص يجب أن تسعى إلى المراجعة والتطوير ووضع الخطة للتحسين. وإن أي تغذية راجعة مهددة، ناقدة لن تكون ذات نتائج إيجابية. فالمطلوب تغذية راجعة وصفية غير مهددة.

5- التغذية الراجعة التي تركز على الكل لا على الخطأ. Stress at all not on wrongs

يتحدث المعلمون بعبارات سلبية: تهم، نقد، سخرية أضعاف ما يتحدثون به من عبارات دعم وتشجيع.

يحاول بعض المعلمين أن يركزوا على الأخطاء، باعتبار السلوكات الصحيحة هي السلوك الطبيعي، لذلك تشير الدراسات أن المعلمين يستخدمون عبارات سلبية خمسة عشر ضعف العبارات الإيجابية التي يطلقونها، مما يشير أنهم يركزون على الأخطاء والعيوب.

298

إن هدف التغذية الراجعة زيادة الرضا وتنمية العلاقات وبناء الفريق، والبناء على النجاحات والتغلب على الصعوبات. وليس بينها أهداف ساخرة أو محبطة.

6- لا تفقد هدفك. الهدف هو التعلم والتحسين والتطوير Learning and Improvement

إن خبرات الماضي والتعليق عليها يهدفان إلى التعلم من الماضي لتحسين المستقبل، ومن هنا فان هدف التغذية الراجعة الذي يجب أن يكون في ذهن المعلم هو:

- تعريف الطالب بإمكاناته: الحالية والمستقبلية.
- الاستمتاع بعلاقات وروابط تعلم إيجابية.
- التحسين والتعلم والتطوير.

وإن تحقيق هذه الأهداف الكبيرة يتطلب ما يلي:

أ- أن تقدم تغذية دقيقة واضحة ولا تبقى في العموميات.

مثال: سلوكك غير ملائم هذه تغذية عامة، لن تخدم أحدا. ولذلك نقول:

- أن حركتك التي قمت بها أربكت زميلك وهو يعمل. لاحظ أننا تحدثنا هنا بدقة عما قام به الطالب وعن اثر سلوك الطالب على زميلة.

ب- أن لا تضع نفس الأهداف لجميع الطلبة Appropriate for everyone. وتطلب منهم أن يقوموا بنفس الآراء أو نفس الأداء وبنفس الطريقة. فالتغذية الراجعة الإيجابية تتجاوب مع تمثيلات الطلبة وخيار اتهم المفضلة. فالطالب الذي يرسم جيداً قد لا يستطيع أن يجاري زميله في التغير الحركي ومن هنا لا نقارن بين طالب وآخر.

مثال: انظر إلى الرسم الذي قام بها زميلك. هذا شيء رائع. بينما كان رسمك مضحكاً!!

أهداف التغذية الراجعة

- لا تقدم عموميات. كن دقيقاً.
- لا تضع نفس الأهداف للجميع.
- لا تعطي أهدافك الأولوية نفسها.
- لا تضغط عليهم كي يغيروا.
- لا تهتم بأهدافك فقط.

إن التغذية الراجعة هذه لا أساس تربوي لها. فهناك من يرسم وهناك من يتحرك أو يتأمل أو يتعاون ... فليس المطلوب نفس السلوك! دعهم يصلون إلى أهدافهم بأساليب مختلفة.

ج- لا تعطي جميع أهدافك نفس الأولوية Rank your objectives in order of importance

إن المعلمين يمتلكون مستويات من الأهداف، فهناك أهداف يجب أن تنجز وأهداف يمكن أن تنجز. ولذلك تركز التغذية الراجعة على تحقيق الأهداف الواجبة الضرورية. فإذا كان المعلم بصدد تدريس المهارات الحياتية، فإن التغذية الراجعة حول أولوية هامة، وعلى حساب أهداف أخرى غير ضرورية في هذه المرحلة. كالعمل الفردي مثلاً.

> **أولوياتك**
> - أهـــداف يجـــب أن تنجز.
> - أهـــداف يمكـــن أن تنجز.
> - أهداف يمكن تأجيلها.

د- لا تهتم بأهدافك فقط. فكر بأهداف الطلبة أيضاً. You are not the only one

إن معايير السلوك التي ستقدم التغذية الراجعة يجب أن لا ترتبط برغبات المعلم وطموحاته فقط، بل يتفق المعلم مع الطلبة على السلوكات المطلوبة. وعلى معايير الأداء المطلوب حتى يكونوا على وعي بما سيفعلونه.

هـ - فكر كيف تساعدهم. لا تضغط عليهم Think How You Can Help Don't press

التغذية الراجعة ليست سلاحاً بيد المعلم يستخدمها كما يريد ووقت يشاء. إن تقديم التغذية الإيجابية بهدف التغيير يتطلب أن يكون المعلم واثقاً صبوراً متسامحاً يعطي وقتاً كافياً دون إلحاح، يقدم الإرشاد والمساعدة والتدريب. يقدم النموذج السلوكي المطلوب.

> إحـداث التغيـير لا يـتم بالضـبط أو النقـد أو السخرية.
> يحتاج الطالب إلى وقت كاف وكذلك التغيـير لا يتم فجأة.

6- التغذية الراجعة تقدم للجميع ولا ترتكز على فئة. Offer Feedback to everyone, not to someone

إن تقديم التغذية الراجعة للطالب الضعيف يؤدي إلى التذّمر وشعوره بالدونية وشعور الآخرين بالإهمال.

يحتاج جميع الطلبة إلى التغذية الراجعة، ولا يجوز إهمال الطلبة الذين يقومون بالأداء الصحيح، والتركيز على الطلبة الذين يواجهون صعوبات أو بطيئي التعلم. وبنفس الوقت لا يجوز أن تركز التغذية الراجعة على المتفوقين وتهمل الضعاف. فجميع الطلبة يشعرون بالحاجة إلى التغذية الراجعة، لأنهم بحاجة إلى معلم عادل نزيه يشعرهم بأنهم يعيشون نفس الأوضاع.

7- لا تقيم الأداء فقط. قيم ظروف الأداء Look at the other factors, not performance only

لا تركز على الأداء وكأنه شيء منفصل عن الظروف التي تمّ فيها هذا الأداء.

إن التغذية الراجعة يجب أن تكون شاملة، ونزيهة وعادلة. ولذلك قد يكون جهة الطالب حصل على علامة60/100 أكثر استحقاقاً للتعليق الإيجابي من طالب حصل على 80/100 .

إن من المهم أن يقدم المعلم التغذية الراجعة لأداء تم في ظروف معينة فالطالب الذي يعيش في بيئة غير غنية بالمثيرات، أو الذي يدرس في منزل مزدحم بالأفراد لا يستطيع أن ينجز نفس ما ينجزه طالب أخر يعيش ظروفاً جيدة.

فالتغذية الراجعة يجب أن ترعي جميع العوامل التي يعيشها الطالب وتؤثر على أدائه، ولا تطلب منه مستحيلات لا يستطيع تحقيقها.

8- **لا تقدم التغذية الراجعة بأسلوب الفراشة بل بأسلوب النحلة.** Be bee not
butterfly

> تنتقل الفراشة مـن زهـرة إلى أخـرى عشـوائياً لـكي تسـتمتع. بيـنما تبقـى النحلة على الزهـرة حتى تحقق كل هدفها.

تقدم التغذية الراجعة ضمن خطة لها أهدافها الواضحة ، ولا تقدم عشوائيا أو تنتقل من موضوع إلى آخر، بل تركز على الهدف حتى يتحقق، ولذلك يعلن المعلم هدفه ويوجه الطلبة نحو الهدف، ويقدم لهم التغذية راجعة مرتبطة به.

فإذا كان هدف معلم الرياضيات هو تعليم مهارات هندسية معينة، لا يجوز أن يشتت نفسه ليصحح أخطاء الطالب في الإملاء أو سلوكه في عدم إعطاء التعلم لزميله ... أن هذا لا يعني أن المعلم ليس مسؤولا عن كل ذلك ، لكن عليه أن يركز التغذية الراجعة على هدف معين ومباشر.

9- **قدم التغذية الراجعة بأسلوب المحاور لا أسلوب المطرب أو العزف المنفرد.**
Dialogue not Monologue

إن التغذية الراجعة لا تنبع من السلطة فوقية. وليست توجيهات أبوية أو تربوية من طرف اكبر إلى طرف اصغر. فالتغذية الراجعة طريق في اتجاهين: يقدم المعلم ويستمع الطالب. ويتحدث الطالب ويستمع المعلم، أو يتحدثان معا ويتحوران للوصول إلى السلوك الصحيح.

مثال:

المعلم : كيف توصلت إلى هذه النتيجة؟ لماذا تقول ذلك؟

الطالب : فكرت في تشابه المثلثين،

المعلم : وهل المثلثان المتشابهان متكافئان؟

الطالب : نعم.

المعلم : ما رأيك بهذين المثلثين: إنهما متشابهين في آنٍ واحد مع أن أحدها اكبر مساحة من الآخر بكثير.

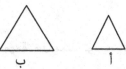

أ
ب

الطالب : ربما. فلم اعرف الفرق بين التشابه والتكافؤ.

لاحظ أن المعلم لم يبدأ بما يلي: هذا خطأ! أن عليك أن تصحح نفسه. (وهذا ما يسمى بالمونولوج) إنما زاد حوارا وتفاعلا بين الطرفين.

10- لا تقد النقاش من خلال تقديم وجهات نظرك. Let them begin

سرعان ما يقدم المعلمون تعليقاتهم، فينقدون أو يمدحون سلوك الطالب، ويقدمون له التوجيه والنصح أو اللوم والنقد دون أن يسمعوا من الطالب شيئاً.

المصيدة

يقع المعلمون تحت إغراء بدء الحديث وإصدار الأحكام والتوجيه والإرشاد قبل أن يستمعوا إلى وجهة نظر

فإذا كانت التغذية الراجعة ديالوجاً وليست مونولوجاً. فإن من المفروض أن يبدأ الحوار بحديث الطالب والاستماع إلى طريقته في التفكير، والقيمة التي وجهت سلوكه. فالتغذية الراجعة هي نقاش مشترك، يقود إلى نتيجة راشدة. والقاعدة الذهبية هنا هي: دع الطالب يقدم وجهة نظره أولا! مما يسمح له بتبديد مخاوفه، زيادة تفاعله واستجابته.

11- قدَم ثناء لا مدحاً متملقاً Praise not flattering

سبق أن قلنا أن المدح والذم ليسا عنصرين فاعلين. وأن المعلم يجب أن يستثمر نجاحات الطالب في مواقف بعيدة عن المبالغة والتملق. إن كلمات مثل عظيم، أبدعت،

بطل قد تكون ملائمة لأطفال الروضة، ولكنها لا تعطي نفس الدلالات لطالب المرحلة الأساسية العليا أو ما بعدها.

إن استثمار نجاحات الطلبة يجب أن يواجه إيجابياً:

مثال:

- أنا أوافق على ما ذكرت. هذه نقطة مهمة. هل يمكنك توضيحها؟

- أنا معك تماماً في هذا الموضوع. ما الذي يمكنك عمله لاحقاً لاستكمال ما بدأنا!

- احترم هذا الرأي. وأقدر قوتك بجانب زميلك. واصل ذلك.

هذا هو الثناء الذي يشعر الطالب بالأمن، وينمي إحساسه بالسلوك السوي.

12- تحدث عن سلوك لا عن شخص الطالب The behavior not the Person!

هل يحق للمعلم أن يقول للطالب أنت كسول! بشع المنظر!

مغرور؟هل تسهم مثل هذه الصفات في بناء شخصية الطالب؟

إن الصفات الشخصية حتى لو كانت صحيحة , لا فائدة من مواجهة الطالب بها،ومن الأمثلة التي غالبا ما يستخدمها معلمون غير مؤهلين ما يلي :

> الصفات الشخصية ليست قابلة للتعديل بسهولة. لذلك يركز المعلم المؤهل على تعديل السلوك لا الشخصية.

- أنت كسول مهمل .
- أنت مشاغب عدواني.
- أنت مغرور.
- صوتك خشن.
- هل نظرت إلى وجهك في المرآة؟

إننا بدلا من التركيز على صفات الشخصية، نركز على السلوك ،كما يظهر من الأمثلة التالية:

- بدلا من أنت كسول ، نقول: يمكنك زيادة الاهتمام بواجباتك.
- بدلا من أنت مهمل، نقول : الاهتمام بالتفاصيل أكثر يمكن أن يقودك إلى ما تريد.
- بدلا من مغرور نقول: زيادة الثقة بالنفس تتطلب المحافظة على احترام مشاعر الآخرين.

وهكذا..

لا يحق النقاش للمعلمين التحدث عن شخصية الطالب ،فليس من الذوق والأخلاق أن تركز على الصفات الشخصية.

13- تغذية راجعة مرنة غير مستفزة Be Soother not irritators

إن اختيار الألفاظ هام جدا في تعاملنا مع الآخرين سواء كانوا زملاء أم آباء آم طلبة.فالكلمة هي التي تفتح الباب أو تغلقه.أن المعلم حين يقدم تغذية راجعة فانه يهدف دون شك إلى تحسين السلوك ،لكن سوء اختيار الكلمات قد يؤدي إلى نتائج معكوسة، وفيما يلي عدد من الأمثلة التي تستخدم عادة حتى بحسن نية:

- ألا ترى؟
- ألم تسمع؟
- ألم تفهم؟
- ألم تع ذلك؟

إننا تماما كأننا نقول :انك لا ترى!لا تسمع! لا تفهم! لا تعي.

لكي نحافظ على اتصال ناجح وتفاعل إيجابي فإننا يمكن أن نعيد صياغة هذه الأمثلة على النحو التالي :

- بدلا من ألا ترى؟ نقول: هناك طريقة أخرى لرؤية هذا الموقف.
- وبدلا من ألا تسمع؟ نقول: هناك وجهات نظر أخرى يمكن الاستماع إليها.

وهكذا..فالكلمات والتعابير اللفظية أكثر تأثرا في نفوس الآخرين. صغارا أم كباراً.

14- لا تستسلم   Don't give up

كثيراً ما يشعر المعلمون بالإحباط. فالطلبة لا يتقبلون وجهات النظر دائماً.

وقد يكون لدى الطلبة أسباباً كافية للرفض فهم:

- قد يحبون السلوك الذي يقومون به، ولا يرغبون في تغييره.

- قد يرفضون ما نقول لأننا لم نوضحه لهم.

إننا في هذه الحالة نحتاج إلى إجراء تعديلات ولو بسيطة على مقترحاتنا، ويمكن سحبها بالكامل أو تأجيلها. أو إعادة صياغتها، فالمطلوب أن نستمع إليهم جيداً، وأن نعيدهم إلى ما نريد بطريقة إيجابية. وابق حازماً واشرح وجهة نظرك وبإمكانك العودة إلى ما تريد دائماً.

إن بإمكانك أن تفاوض الطلبة:

مثال:

- هل تستطيع أن تقول لماذا تشعر بأن هذا غير مناسب.

- ما الذي جعلك تشعر بذلك؟ هل لديك موانع؟

- ما الصعوبات التي تواجهك لو غيرت هذا السلوك؟

المهم أن لا تلجأ إلى السلطة والتهديد.

15- استخدم رسالة أنا بدلاً من رسالة أنت   I-message, not you-message

إن رسالة أنت - you - رسالة نستخدمها جميعاً في إيصال ما نريد، وفي تقديم التغذية الراجعة. وهي رسالة يوجهها المعلم مباشرة إلى الطالب، طالباً منه عمل شيء أو الكف عن عمل شيء.

وفيما يلي بعض الأمثلة على هذه الرسالة:

- أنت مهمل!
- أنت جيد!
- عليك بالاهتمام بواجباتك!
- لا تضيِّع وقتك سدى-!
- اعمل ما أطلب منك!

رسالة أنت
رسالة موجهة إلى الطالب تضم توجيهات، نقد أوامر، مدح، ذم. وهي غالبة ما تكون رسالة ناقصة.

إن هذه الرسائل هي عبارة عن توجيهات ووعظ وأوامر ونقد ومدح، لا توضح هذه الرسائل أي مضمون، وقد لا يفهمها الطالب كما أرسلها المعلم لأنك حين تقول للطالب أنت مهمل، لا يفهم سبب ذلك، وكثيراً ما يفاجئ الطلبة المعلمين بقولهم: لماذا تقول هذا؟ ماذا فعلت أنا؟

إن رسالة أنا هي رسالة أكثر نضجاً واكتمالاً لأنها تشرح للطالب أبعاداً هامة ومتكاملة.

رسالة أنا
تتكون هذه الرسالة من ثلاثة عناصر هي:
1- شعور المعلم.
2- السلوك الذي سبب الشعور.
3- نتيجة استمرار هذا السلوك.

وفيما يلي بعض الأمثلة:

بدلاً من أن تقول: أنت مهمل. نرسل رسالة أنا على النحو التالي:

"أشعر بالانزعاج حيث لا تحل الواجبات في موعدها. وذلك يعيقنا عن التقدم في إنهاء المنهج.

لاحظ في هذه الرسالة ما يلي:

- عبر المعلم عن شعوره بالانزعاج، وقال بأنه منزعج ولم يقل بأن الطالب هو المزعج.
- حدد المعلم السبب الذي أزعجه وهو عدم حل الواجبات في موعدها.
- حدد نتائج هذا السلوك و آثاره فيما لو استمر.

إن رسالة أنا كاملة تحوي عناصر أساسية في الاتصال وتوضح للطالب الموقف كاملاً، ولذلك غالباً ما تكون استجابة الطالب لهذه الرسالة إيجابية.

ومن المهم أن نحذر أن رسالة أنا تعبير عن شعور المعلم. وأن المعلم لا يستطيع أن يعبَر عن شعوره إلا إذا كان محترما بين طلابه، وأن طلابه يأبهون بمشاعره.

ومن الأمثلة على رسالة أنا ما يلي:

- أشعر بالارتياح حين تتعاون مع زميلك، لأن ذلك سيدفعه إلى التقدم.
- أشعر بالألم حين تكثر حركات لا داعي لها، لأن ذلك يشتت انتباه زملائك.
- أشعر بخيبة الأمل حين لا تحل الواجبات، لأن ذلك يجعلنا نكررَ الشرح ثانية.
- أشعر بالفرح حين تنهوا النشاط في الوقت المحدد، ذلك سيساعدنا على تعلم الدقة.

الفصل التاسع عشر

استراتيجيات تدريس القيم والاتجاهات والمهارات الحياتية

أولاً- تدريس القيم والاتجاهات

• كيف نبني نظامنا التعليمي بحيث يكون أكثر ارتباطاً بالقيم والاتجاهات؟

ويتفرع عن هذا السؤال الأسئلة التالية:

• هل نحن بحاجة إلى تعديل المناهج والكتب المدرسية والسياسات التربوية العامة؟

• كيف نصل إلى معلمينا، بحيث نكسبهم الاتجاهات والقيم، التي تدعو إلى تعليم القيم؟ وكيف نكسبهم مهارات أساسية في تعليم القيم؟

• ما البرنامج التدريبي الذي يمكن أن يجعل المعلمين قادرين على تعليم القيم والاتجاهات؟

للإجابة عن هذه الأسئلة، ونبدأ بذكر المبررات وراء هذا الموضوع:

1- ركزت التربية في القرن العشرين - وخاصته في النصف الثاني- على قيم العلـوم والتكنولوجيا إلى الدرجة التي احتلت في هذه القيم أولويـات التعليم في العالم. ولو على حساب القيم الإنسانية والاجتماعية. وهذا ما حدا بمنظمة اليونسكو. في

تقريرها عن التعلم في القرن الحادي والعشرين إلى المناداة بالانتقال ثانية أو بإعادة الاعتبار ثانية إلى القيم الإنسانية.

2- إن التغيرات الاجتماعية والاقتصادية. وتأثيرات العولمة، أفرز مجموعة من الأخلاقيات الجديدة تميزت في معظمها إلى جانب القيم المادية والاستهلاكية، بعيداً عن القيم الروحية والإنسانية. حيث أصبحت التحولات الاجتماعية والأيديولوجية تقاس بالتغيرات المادية الكمية، أو بالتغيرات التكنولوجية. وهذا يتطلب أن تمارس التربية دورها في ضبط هذا التغير، وربط بالقيم الأساسية للمجتمع.

3- انتشار ثقافة التغيير، الناتجة عن زيادة سرعة التغيير، والمتمثلة بما يلي: تقلص كمية المكان، تقلص قيمة الأشياء، ظهور العلاقات الوقتية على حساب الدائمة والمستمرة، ثقافة الإنذار المبكر، ثقافة العيش في المستقبل، ابتعاد تأثير الماضي على الحاضر والمستقبل.
فكيف نواجه مناهجاً ومعلمون مثل هذه الثقافة الجديدة؟

4- ونحن بحاجة إلى نظرة واضحة نحدد بموجبها . نظام القيم الحديث الذي نواجه هذه التغيرات، وهذه الثقافات. فكم من الماضي يجب أن نأخذ؟ وما هذا الكم ؟ وكم من الذات والحاضر يجب أن نبدع؟ وما هذا الإبداع! وكم من الآخر يمكن أن نأخذ؟ وما هذا الكم؟

5- كما أننا مطالبون بالإجابة عن السؤال: ما نوع المواطن الذي نريد إنتاجه؟ هل نريد إعادة إنتاج المواطن السابق ؟ القديم؟ بكل ما يحمله من قيم وثقافات؟ أم نريد إنتاج مواطن معاصر قادر على العيش في عالم يؤثر فيه بشكل لم يسبق له قبل؟

6- ونوجه ألان مظاهر متنوعة من سلوكيات تؤثر بها شبابنا نتيجة اتصاله بثقافة العصر وأدواتها. أثارت جدلا واسعاً في صفوف فئات اجتماعية متعددة حول مدى الصواب والخطأ في هذه السلوكيات. أو مدى الآمن والخطر فيها. لهذه الأسباب جميعها نحتاج إلى وقفة تأمل للإجابة عن سؤال كيف نحقق كل هذا؟

ولا شك أننا ندرك جميعا . أننا إذا لم نتحدث نحن كتربويين مع الأطفال وشبابنا، فسيتحدث معهم غيرنا، ولن نعرف من هو هذا الغير؟و لكننا نعرف ماذا يقول لهم، وما نوع نتائجهم الذي بدأنا نلاحظ بعض في صور من التنكر أو التطرف أو الانسياب أو الجموح....

ثانياً- واقع السياسات التربوية في العالم العربي .

إن استعراضاً سريعاً لفلسفات التربية في دول الخليج، والعالم العربي وانعكاسات هذه الفلسفات في خطط وزارت التربية والتعلم وفي المشروعات والبرامج واحطط التي يضعها الكتب التربية العربي لدول الخليج، وخاصة ما ورد في وثائق التربة والتعليم الأردنية، ومناقشات مجلس التربية بين عامي 90-2003 يكشف عن الملاحظات التالية:

1- هناك رغبة واضحة في إحداث تطوير شامل في مختلف السياسات التربوية وخاصة فيما يشمل كفايات المعلم، وتطوير التعليم ومصادر التعلّم وتطوير التعليم ما قبل الابتدائي والأساسي والثانوي المهني والتقني. وتطوير الخطط الدراسية، وبفعل دور التوجه والإرشاد التربوي والنفسي. (مشروعات المكتب: 143هـ)

2- هناك تركيز واضح على إعادة النظر في أهداف المواد الدراسية على ضوء الأهداف العامة للتربية: وأهداف المراحل التعليمية من خلال القيام بدراسة تحليلية للأهداف العامة للتربية. وتحديد القدر المشترك بين دول الخليج، وما انفردت به كل دولة استجابة لخصوصيتها. ومن المتوقع أن يكون مكتب التربية العربي لدول الخليج قد أنجز استكمال وثيقة الأهداف التربوية بما يهيئ السبل لبناء مناهج مطورة (برنامج 19/ك: 2001).

3- أكدت جميع السياسات التربوية في الوثائق الرسمية (القوانين التربوية، اللوائح التربوية، الأنظمة والتعليمات ...) على أهمية بناء شخصية المواطن القادر على العيش في عالم متغير، والملتزم بثقافة العصر، بما يشكل نسقاً متكاملاً بين الأصالة والمعاصرة. وبين الثبات والتغير. وبين المحافظة والتجديد.

4- استجابة لحاجات الأنظمة التربوية في دول الخليج. وإسهاما فيه في محاولة تنفيذها يتطلع مكتب التربية العربي لدول الخليج إلى ترجمة هذا السياسات إلى برامج ومشروعات محددة، تحت شعار: تعلم القيم والاتجاهات.

ثالثاً- تعليم القيم: صعوبات وعقبات

ينادي بعض المهنيين بأن يكون موضوع القيم وخاصة القيم الأخلاقية موضوعاً دراسياً، يضاف إلى موضوعات المنهج المدرسي، وهؤلاء أنفسهم الذين يرون أن الاهتمام بأي موضوع يعني إدخاله إلى المنهج المدرسي كموضوع مستقل، إن التجارب السابقة في موضوعات مماثلة مثل تعلم التفكير، والتربية السكانية، والتربية المرورية وغيرها أدت إلى إثقال المناهج بموضوعات كثيرة، ولكنها لم تؤد إلى تحقيق الغرض المرجو فيها. بحيث تكون القيم والاتجاهات جزءاً من المواد الدراسية. أو جزءاً من كل مادة دراسية.

فالرياضيات مثلاً تعلمنا أن هناك أكثر من طريق وأكثر من حل واحد للمشكلة كما تعلمنا قيماً مثل الدقة والقياس والتوقع ووضع الفروض، وقراءة المعطيات والافتراضات والبناء على المسلمات والحقائق. والعلوم تعلمنا قيماً مثل مدى الثقة بالحواس والتجريب والموضوعية، وضبط المتغيرات، واتخاذ القرار وحل المشكلات.

إن مثل هذه القيم لا تحتاج مناهج خاصة أو مستقلة، وكل ما تحتاجه هو تنمية مهارة المعلم على تأكيد هذه القيم وتنميتها باعتبارها نتاجاً علمياً ا, رياضياً، أو باعتبارها أهدافاً أصيلة للعلوم والرياضيات.

إن الإستراتيجية التي تقوم على أساس وضع منهج مستقل خاص بالقيم والاتجاهات يمكن أن تعاني من السلبيات التالية:

1- إثقال اليوم المدرسي بموضوعات متعددة، وفتح الباب أمام موضوعات أخرى، وترسيخ مبدأ خاطئ يقوم على أن المناهج المدرسية هي الحل السحري لجميع مشكلات المجتمع الاجتماعية والمعيشية اليومية.

2- إن تخفيض فترة خاصة لتدريس القيم والاتجاهات يقود إلى نتيجة خاطئة وهي أن الدروس الأخرى أو المناهج الأخرى لا علاقة لها بتنمية القيم والاتجاهات في اختصاص المعلم آخر وليس للمدرسة أو لسائر المعلمين.

3- إن تدريس القيم والاتجاهات كموضوع مستقل قد يؤدي إذا ما قدَم بطرق التدريس التقليدية إلى نفور الطلبة من بعض هذه القيم والاتجاهات باعتبارها واجباً تدريسياً إضافةً عليهم.

4- هناك تناقض واضح بين تخصيص دروس خاصة للقيم والاتجاهات وبين الأهداف العامة للتربية التي نسعى لنمو شخصية الطالب بشكل متكامل ومن خلال البرامج المدرسي كله. إن هذه التحفظات تقودنا إلى الإستراتيجيات التالية التي تبني على أساس إدماج القيم والاتجاهات ضمن جميع المواد الدراسية.

رابعاً- الإستراتيجيات الحديثة في تدريس القيم والاتجاهات.

تهدف هذه الإستراتيجيات إلى تحقيق ما يلي:

1- توسيع المناهج المدرسية وإغناؤها من حيث المضمون لا من حيث الكم.

2- إحداث نقلة في إستراتيجيات القيم عن طريق تغيير بيئة التعلَم وخاصة طرق التدريس وأدواته وأهدافه.

3- تكوين أفراد فاعلين: كأفراد وكأعضاء في المجتمع.

1- توسيع المناهج وإغناؤها نوعاً لا كماً

توفير المناهج المدرسية الحالية معلومات ومهارات تخص الجانب الأكاديمي وقد تناول - في أحسن الأهوال - تطبيقات علمية.

فمناهج اللغة العربية تعلم الاتصال الشفوي والكتابي، ولها تطبيقات محددة من خلال النصوص والقواعد. ولكنها لا تتطرق إلى موضوعات مثل: الحث على العمل

المهني تحمل المسؤولية، حل المشكلات، التفكير الناقد ... وتبعد عن إثارة موضوعات حول التعصب والتميز والعدالة و الظلم والحقوق والواجبات والعنف والسلام والبيئة والتنمية.

ومناهج الرياضيات تعلم الأطفال كيف يقومون بالعمليات الخوارزمية، ولها تطبيقات محدودة في الحياة العملية، ولكنها قلما تدرس أو تشير إلى موضوعات قيمة ومهارات تفكير وإبداع مثل حل المشكلة. وربط الرياضيات بالظواهر الاجتماعية والثقافية والاقتصادية وغيرها.

وكذلك وتفعل مناهج التربية الاجتماعية والعلوم والفنون والتربية الرياضية والإسلامية.

إن تعميق المناهج وإغناءها يتطلب التركيز على الجانب التطبيقي لها وعلى أهدافها الأساسية. فنحن لا ندرس الظواهر الطبيعية أو الاجتماعية لمجرد معرفة قوانينها، إنما تحتاج إلى تعميق دراستها من أجل فهمها والتعامل معها وتطوير موقفنا منها، وزيادة إسهامنا فيها. إن مناهجنا مثلاً لم تحسّن علاقتنا بالبيئة:هل هي علاقة صراع وتحدٍ أمام علاقة تفاعل وتعاون؟ وهل نحن أحرار في التعامل مع البيئة أم نحن محكومون بقواعد تقضي بالمحافظة عليها واحترامها؟

أو هل نحن نمتلك هذه البيئة؟ هل ورثناها عن آبائنا وأجدادنا أم هي دين علينا استلفناه من أحفادنا وأولادنا؟

2- تغيير البيئة الصفية.

تتميز البيئة الصفية حالياً بطرق تدريس تستند إلى عرض المادة الدراسية ومحاولة تبسيطها، وتقديمها للطلبة بشكل محبب في أحسن الأحوال. فالمعلمون منشغلون بنقل معلومات معينة، والطلبة منشغلون بما يريده المعلمون. الأمر الذي جعل مادة التعلم غير ذات معنى بالنسبة للطلبة .

إن تغير البيئة الصفية -من خلال التركيز على بناء القيم والاتجاهات. يتطلب جعل التعلم ذا معنى، بحيث يندمج الطلبة في مادة التعلم ويتحملون مسؤولية ما يتعلمون. وإن جعل التعليم ذا معنى يتطلب:

- ربط التعليم بالقضايا والمشكلات ذات الصلة بحياة الطلبة.
- إعطاء الطلبة الدور الأساسي في القيام بتحمل مسؤولية التعلم واختيار المواقف الملائمة.

3- **تدريس المفاهيم بدلاً من تدريس الحقائق**

تحتل المعلومات والحقائق المركز الأساسي في الأنظمة التعليمية، فالمناهج مليئة بحقائق قديمة وحديثة، وأساليب التدريس تركز على نقل هذه الحقائق. وأساليب التقويم والامتحانات تعيد سحب هذه الحقائق من الطلاب. فالتعليم الحالي كما يسميه بعض المربين **أشبه بالتعليم البنكي. حيث يقوم المعلم. بإيداع رصيد من الحقائق على مدى العام الدراسي في بنك الطالب(دماغه) ثم يقوم بنهاية العام بسحب هذا الرصيد (الامتحانات) لكي يتأكد من احتفاظ دماغ الطالب بهذا الرصيد.** وغالباً ما يكون هذا النوع من التعليم على حساب تعليم القيم والاتجاهات.

> **التعليم الحالي أشبه بعملية إبداع بنكي. يقوم المعلم بإبداع الحقائق لفترة من الزمن. ثم يعيد سحبها في نهاية العام.**

فالتعليم البنكي مليء بالتنافس والصراعات والآلام ومصحوب ببعض مظاهر الزيف والغش والدروس الخصوصية وتسَرب أسئلة الامتحان. إن المطلوب هو نقل التدريس من مستوى الحقائق إلى مستوى المفاهيم.

فبدلاً من أن يدرس الطلبة عن شخص عادل، يدرسون عن العدالة والتسامح والنزاهة. وبدلاً من دراسة نموذج شخص فاسد، يدرسون عن الإخلاص والالتزام والمسؤولية.

وبدلاً من حل مسألة عن عمود كبير وعمود أصغر، يدرسون مفاهيم مثل أكبر، أصغر، أقل، أكثر.

وبدلاً من دراسة مواقف علمية محددة، يدرسون عن التجريب والملاحظة والاكتشاف.

وهكذا فإن دراسة المفاهيم تقيم صلات أكثر وروابط أكثر مع متطلبات الحياة ومتغيراتها، بدلاً من الاقتصاد على دراسة الحقائق محددة يسهل نسيانها أو انتهاء مفعولها.

4- تغيير أساليب التدريس والانتقال من الأساليب التي تركز على الحفظ والتلقين مثل المحاضرات والأسئلة والامتحانات إلى أساليب وإستراتيجيات حديثة تدعو إلى التفكير والتجريب والتأمل.

أساليب حديثة
- **النمذجة.**
- **التعليم المباشر.**
- **الحركة والدراما.**

ومن الأساليب الفاعلة في تدريس القيم والاتجاهات ما يلي وإضافة إلى ما ورد في هذا الكتاب من إستراتيجيات حديثة ما يلي:

أ- النمذجة: وتستند إلى طريقة اعمل كما اعمل. أو انظر إليَ، وادرس سلوكي. فالمعلم يقدم نموذجا حياً للسلوك النزيه العادل، غير المؤذي، المخلص أمام طلابه.

ب- الحديث الهادف الموجه لتوعية الطلبة وتقديم صور واضحة للقيم والاتجاهات المطلوبة.

ج- استخدام الحركة كأداة لضبط الانفعالات وإعادة الطلبة إلى التوازن الانفعالي ويمكن استخدام الحركة والتمثيل الأدائي الدرامي لعرض نماذج من السلوك القيمي.

5- أفراد فاعلون شخصياً واجتماعياً.

إن بناء منظومة قيمة لدى الطلبة تجعلهم أكثر صلة بقواقعهم ومجتمعهم، وأكثر اهتماماً بمشكلاته، وأكثر رغبة في التفاعل وتطويره إن بناء الفرد يتطلب تزويده قيم

مثل التسامح والحرية والإصرار والمسؤولية ومحاربة الفساد والدعوة إلى العدالة، وممارسة الواجبات والمطالبة بالحقوق والعمل على تحرير المجتمع من المعوقات، والمساهمة في العمل بكل أنواعه الرسمي والتطوعي.

خامساً: الأسس التربوية والفكرية لتدريس القيم والاتجاهات

تستند فلسفة تدريس القيم والاتجاهات إلى الأسس التالية:

1- إن هدف التربية توليد الوعي لدى الطلبة ليكونوا قادرين على تغيير بيئتهم وواقعهم. وتطويرها. والإسهام في بنائها. واتخاذ موقف إيجابي منها.

2- إن المعرفة بحد ذاتها قاصرة عن توليد والوعي والحماس، فلا بدَ من بعد قيمي إنساني يحفز الأفراد على الإسهام من خلال الحوار والتفاعل وفهم الآخر واحترام رأيه، وتوظيف هذه القيم بما يجعل المواطن مسؤولاً لا متفرجاً.

3- إن تغيير الظروف لا يتم تلقائياً، ولا يفرض من الخارج، ولا يحدث نتيجة المعرفة، وإنما من خلال التصدي للأفكار والقيم السلبية الشائعة أو المستوردة واستبدالها بقيم واتجاهات أصيلة قادرة على تحديد بدائل ومتغيرات.

4- تباين الطلبة في طرق تعلمهم، وتشير نظرية الذكاء المتعدد إلى أن هناك ثمانية أنماط ذكاء، وأن الطلبة يتعلمون من خلال خياراتهم المفضلة، كما أن الطلبة يتعلمون في أزواج وفي مجموعات، وربط التعليم بالحياة والعمل، وتوجه القيم المدرسية نحو تنمية قيم ومهارات التفكير، وحل المشكلات واتخاذ القرارات. فتعليم القيم يواءم بين النشاطات وأساليب التعليم ويتطلب أساليب جديدة في التدريس. كمَا يتطلب تدريباً للمشرفين والمعلمين والعاملين في المناهج الدراسية.

5- إن تعلم القيم والاتجاهات يهدم الفجوة بين النظرية والتطبيق. فنحن لا نريد أن نتحدث عن الفضيلة والاحترام والتعاون والمساندة. ونترك الأمر معلقاً بحدود الترف المعرفي أو الوعظ النظري. فتعليم القيم هو نشاط موجه نحو العمل،

وتصبح المعرفة أداة للتغيير والتقدم. وتصبح أنشطة التعلم أنشطة واقعية مبنية على حاجات الطلبة ومستندة إلى خبراتهم.

متطلبات التنفيذ

إن تدريس القيم أو التدريس من أجل تنمية القيم يتطلب اتخاذ عدد من الإجراءات المتعلقة بالقيم التي سيتم التركيز عليها. وبالمعلمين والمشرفين الذين سينفذونها وبإستراتيجيات التدريس التي يجب أن تستخدم، وبالبيئة الصفية أو المدرسة الملائمة.

وفيما يلي عرض لهذه الأبعاد:

أولاً- قائمة القيم والاتجاهات:

يتطلب إعداد هذه القائمة، ورشات للمتخصصين في المواد الدراسية. لتحديد القيم والاتجاهات المرغوبة، وتحديد مواقع تدريسها. وتوقيت عمليات التدريس. ويعمل المتخصصون وفق قائمة القيم العامة للمجتمع التي يمكن عرضها فيما يلي كأساس يمكن البناء عليه: إضافة أو حذفاً أو تعديلاً:

1- احترام الذات واحترام الآخر.

2- القيم المرتبطة بآداب الحديث والتعبير والاستماع والاتصال بشكل عام.

3- القيم المرتبطة بالخير مثل: التعاون، المساعدة الدعم، التضامن، الفضيلة ...الخ.

4- القيم المرتبطة بالحق: مثل النزاهة، العدالة، الصدق، المسؤولية ...الخ.

5- القيم المرتبطة بالجمال مثل: التناسق، الكمال، الملاحظة، والدقة.

6- القيم الدينية والأخلاقية والاجتماعية.

7- القيم الأصلية والقيم الجديدة والمعاصرة المنسجمة مع حياتنا.

8- القيم المرتبطة بقضايا البيئة والوطن، والأسرة.

9-   القيم المرتبطة بالحقوق والواجبات.

10-   القيم المرتبطة بالعمل وباقتصاديات الاستهلاك والترشيد.

المهارات المرتبطة بالقيم والاتجاهات:

إن تدريس القيم والاتجاهات يستلزم على النظام التعليمي أن يجيب عن السؤال التالي: ما الخصائص والسلوكات التي نريد أن نراها في طلابنا؟ وهذا يرتبط بأسئلة عديدة أُخرى مثل: ما الكفايات التي يجب أن تتوافر لدى المعلمين المؤهلين لتدريس المهارات الحياتية؟ وما الأساليب التي يجدر استخدامها لتحقيق هذه الأهداف؟

ترى Sue Person أن المهارات الحياتية أو المبادئ التي تحتاج إليها هي:

1-   الموثوقية: وتعني أن نتصرف بما يجعلنا قادرين على كسب ثقة الآخرين، بحيث يستمعون إلينا ويثقون بما نقول.

2-   الصادقية: بمعنى أن يكون الشخص منسجماً مع ذاته ومع الآخرين، يظهر ما يخفي من مشاعر، ويتمتع بالشفافية الكاملة.

3-   الإصغاء: بمعنى أن نعطي اهتماماً كاملاً للمتحدث يمكننا من التأكد مما سمعناه، ومن فهمنا لما سمعنا.

4-   كف الأذى: بمعنى أن نحترم مشاعر الآخرين، ولا نسيء إليها قولاً أو فعلاً، لفظاً أو حركات.

5-   السعي نحو الأفضل: بمعنى أن نبذل الجهد الممكن وفق إمكاناتنا وقدراتنا، وأن لا نوفر من الجهد الذي تستطيع القيام به. فالسعي نحو الأفضل هو مسؤولية والتزام.   (Kovalik: 2002)

إن المعلمين يستطيعون تقديم هذه المهارات بأساليب متعددة، وأن لا يقلقوا من عدم رؤية نماذج صحيحة، فالسلوك ومهارات الحياة لا يتم تعلّمها بسهولة، بل تحتاج وقتاً طويلاً، وتحتاج سلوكات عاطفية من المعلم، وسلوكات فعلية تنسجم مع

السلوكات العاطفية، فلا يكفي أن نعظ بالمصداقية والموثوقية أو نقول بأننا نحب الطالب ونحترمه، ما لم يشعر الطالب بأننا فعلاً نمارس هذه السلوكات.

هناك عقبات أحياناً أمام قول الحقيقة كاملة. حيث يترتب على الحقائق أحياناً بعض العواقب الخطيرة.

إن علينا أن نمارس المصداقية دائماً، وأن تقول فعلاً ما هو حقيقي، وإن تذكر قصة أو موقف حقيقي أسهل بكثير من تذكر موقف كاذب. ولكن يحذر المعلم من تدمير الحقيقة ولو بجزء بسيط من عدم المصداقية، فإذا وعد أوفى، وإذا قال كاملاً التزام به وإلا فقد رصيده من الثقة.

ثانياً- المعلمون والمشرفون

إن تدريس القيم يتطلب مهارات جديدة لدى كل من المعلمين والمشرفين وهذه المهارات ترتبط بإستراتيجيات التعلم الملائمة لتدريس القيم، وبأخلاقيات مهنية جديدة.

ثالثاً- إستراتيجيات التعلَم الملائمة:

إن تدريس القيم يتطلب كما سبق- ربطاً بين المعلومات النظرية والتطبيقيات العلمية، كما يتطلب أحداث نقله أساسية في طرق التعليم التقليدية القائمة على العرض والشرح والتقليد والتوصيل. ويرى المربون أن الطرق البديلة هي:

- أساليب التعلم التعاوني: الزوجي المجموعي.
- أساليب التعلم الذاتي.
- أساليب التعلَم المبنية على تفضيلات الطلبة (الذكاءات الثمانية).
- أساليب التعلم المبنية على الحوار والمناقشة والتطبيق العملي.
- أساليب التعلم المبنية على التفكير بأنواعه: الأساسي والنقدي والإبداعي.
- أساليب التعلم المبنية على المشاعر والعواطف والحركة والحواس والعمل ...

- أساليب التعلم المبنية على البحث والاستقصاء والاكتشاف والتجريب.
- أساليب التعلم المبنية على بحوث الدماغ الحديثة.

إن تنمية مهارات المشرفين والمعلمين في هذه المجالات تعد من الخطوات الأساسية للبدء في مشروع تدريس القيم والاتجاهات.

رابعاً- البيئة الصفية والبيئة المدرسية الملائمة

إن البيئة الملائمة لتدريس القيم تتمتّع بالخصائص التالية:

1- بيئة آمنة، منفتحة، بعيدة عن الضغوط والتهديدات والقيود.

2- بيئة تسمح بالبحث والتجريب والاكتشاف.

3- بيئة تسمح للطلبة بالمشاركة، وإبداء الرأي.

4- بيئة تسمح للطلبة بالعمل كأفراد وأزواج وجماعات.

5- بيئة لها رسالة واضحة، ورؤيا وأهداف قائدة.

6- بيئة توفر فرصاً متكافئة للجميع.

والتحدي هنا! كيف ندخل مثل هـذه المرونـة إلى مدارسـنا؟ ومـا التغيرات التـي ستـرافق تعديل البيئة؟ هل هي تغيرات في مفاهيم الأداة ومفاهيم المعلمين؟ هل هي تغيرات في بنية .

الباب الخامس
التعليم من أجل التفكير

اشتمل هذا الباب على موضوعي:

📖 التعليم وفق برنامج الكورت للتفكير.

📖 التعليم وفق عدد من المهارات الأساسية للتفكير.

وقد تمَ عرض تطبيقات ونماذج لدروس عملية على مختلف المهارات وفي عدد كبير من الدروس، ومن المناهج والكتب المدرسية.

الفصل العشرون

استخدام مهارات الكورت في التفكير

التدريس وفق برنامج الكورت لتعليم التفكير

ينسب برنامج الكورت إلى إدوارد دي بونهو. وقد اشـتق اسـم الكورت مـن مؤسسـة بحثيـة تسمى مؤسسة البحث المعرفي Cognitive وهذا البرنامج سهل بسيط، يتكون من ست أجزاء يحـوي كل جزء عشرة دروس تعكس مهارات التفكير المختلفة.

وفيما يلي عرض لهذه الأجزاء المهارات، يتبع كل جزء مثالاً تطبيقياً، ثم نعرض أنشطة عديـدة من دروس من المناهج والكتب المدرسية في عدد من المواد.

وسنتحدث فيما يلي عن أهداف كل جزء وأبرز المهارات التي يشمل عليها، ثم نضع عدداً مـن الأنشطة التعليمية وفق مختلف هذه المهارات كتطبيقات عمليـة لـدروس مسـتخدمة مـن المنـاهج المدرسية.

أولاً: مهارات توسيع الإدراك.

يهدف هذا الجزء إلى مساعدة الطلبة عن التفكير الشامل مـن خـلال رؤيـة كليـة للموضوع، تتناول أبعاده المختلفة بإيجابية وسلبياته.

ويركز هذا الجزء على مساعدة الطالب الموضوع:

- مراعاة جميع الأهداف العوامل المؤثرة على الموضوع.

325

- تحديد الأهداف ووضع الخطط على ضوئها.
- وضع الأولويات والبدائل.
- رؤية الموضوع من زوايا متعددة.

ومن أبرز مهارات هذا الجزء:

1- مهارة اعتبار جميع العوامل المؤثرة.
2- رؤية الإيجابيات والسلبيات في الموقف.
3- وضع قوانين لتنظيم العمل.
4- تحديد الأهداف.
5- وضع الأولويات على ضوء الأهداف.
6- وضع البدائل والخيارات.
7- اتخاذ القرارات على ضوء دراسة جميع العوامل.
8- دراسة وجهات النظر المختلفة حول الموضوع.
9- إدراك المرتبات أو النتائج المترتبة على قرارنا.
10- الوعي بأهدافنا وأهداف الآخرين.

أنشطة تطبيقية على مهارات توسيع الإدراك

1- "اتخذت المدرسة قراراً بتقديم برنامج خدمة المحافظة على نظافة البيئة في المجتمع المحلي."
   - ما العوامل التي أثرت على المدرسة؟
   - ما إيجابيات وسلبيات هذا القرار؟
   - ما الخطوات التي تقترحها لبدء العمل.
   - ماذا يترتب على هذا القرار:

- على الطلبة ؟
- على المجتمع؟
- على الأهالي؟

- ما رأى المجتمع بهذا القرار؟
- ما البدائل التي كانت متاحة أمام المدرسة؟

2- اتخذ الرسول عليه السلام قرار بالتصدي لقوافل المشركين؟

- ما العوامل التي أثرت على هذا الموقف؟
- ما البدائل التي كانت متاحة أمام المسامين؟
- ما أهداف المسلمين؟
- ما أولوياتهم؟
- ما النتائج القريبة؟ البعيدة لهذا التصدي؟

ثانياً: مهارات التنظيم

يهدف هذا الجزء إلى مساعدة الطلبة على اكتساب مهارات تحديد المشكلة وإستراتيجيات حلها.

ويركز على الأهداف التالية:

- تميز الشيء عن غيره.
- تميز الأسباب والنتائج. والآراء والحقائق.
- تحليل الموقف إلى عناصره.
- الاختيار من بين مجموعة بدائل.
- إيجاد بدائل وطرق أخرى.

ومن ابرز هذه المهارات:

1- مهارات تميز الشيء/الموقف/الشخص من خلال تحديد عناصره الأساسية.

2- مهارة تحليل الشيء إلى عناصره وأجزائه.

3- مهارة مقارنة الشيء بشيء آخر معروف لدينا: بماذا يتشابهان؟ ويختلفان؟

4- مهارة اختيار أحد البدائل.

5- مهارة إيجاد بدائل وخيارات أخرى.

6- مهارة البدء والانتقال من المعرفة إلى التطبيق.

7- مهارة وضع خطة لمواجهة الموقف.

8- مهارة تحديد الفكرة الرئيسة.

9- مهارة الدمج واتخاذ الخطوة التالية.

10- مهارة استخلاص النتائج.

أنشطة تطبيقية:

الموضوع: الإيمان والكفر.

1- كيف نميِّز الشخص المؤمن من غيره.

2- ما السلوكات التي يمارسها المؤمن؟

3- قارن بين سلوكات مؤمن وغير مؤمن في مناقشة موضوع الصلاة؟

4- ما العناصر المادية في المسجد؟ وما العناصر الروحية؟

5- رتب الأفكار التالية حسب قوة الإيمان؟

- الاهتمام بالصوم، وإهمال بعض الشعائر.
- السلوك الواضح في احترام شعائر الدين.
- الالتزام الكامل بأركان الإسلام.

● الدفاع والتضحية بالنفس في سبيل الإسلام.

6- ما البدائل أمام مسلم أراد أن يساعد فقيراً. ولم يجد فقيراً في الحي الذي يسكن فيه؟

7- كيف تبدأ خطة لجمع التبرعات لإخوانك المحتاجين؟

ثالثاً: مهارات التفاعل.

يهدف هذا الجزء إلى مساعدة الطلبة على الدفاع عن أفكارهم والاستعانة بالأدلة القوية والابتعاد عن عيوب التفكير الأساسية. ويركز هذا الجزء على:

● دراسة آراء الآخرين وتفهمها.

● تقديم أدلة كافية لدعم الرأي.

● الحذر من الوقوع في عيوب التفكير: التجاهل، المبالغة، التحيز، الأحكام الجزئية.

ومن أبرز المهارات في هذا الجزء:

1- التحقق من آراء الطرفين.

2- التميز بين الآراء والحقائق.

3- القدرة على تقديم البرهان القوي.

4- القدرة على الكشف عن المبالغات والتجاهل.

5- القدرة على الكشف عن التحيزات والأخطاء.

6- القدرة على استخلاص النتائج والوصول إلى التعاليم.

أنشطة تطبيقية على مهارات التفاعل.

1- قام الطلبة برحلة إلى مدينة جبلية يحبها المعلم، ولم يجدوا مكاناً للنوم. ما الأخطاء التي حدثت في هذه الرحلة؟ ما الذي تجاهله المعلم؟

2- ما أقوى دليل على أن مكان الرحلة مناسب وممتع (رتب هذه الأدلة حسب قوتها)

أ- القرب ب- الارتفاع ج- اشتماله على غابات وآثار ممتعة

د- قلة التكاليف هـ- يحبه المعلم و- وافق جميع الطلبة عليه.

ز- اختاره مدير المدرسة.

3- أعطِ أدلة قوية على أن الطقس غداً سيكون حاراً؟

رابعاً: مهارات الإبداع:

يهدف هذا الجزء إلى إكساب الطلبة مهارات التفكير الإبداعي من خلال التركيز على:

- استخدام آليات إنتاج أفكار إبداعية.
- التفكير بطرق جديدة غير مألوفة.
- تقبل الفكرة الغريبة وعدم نقدها بسرعة.

ومن أبرز مهارات هذا الجزء ما يلي:

1- عدم رفض الفكرة الجديدة.

2- الاستناد إلى فكرة مؤقتة للوصول إلى فكرة نريدها.

3- استخدام المدخلات العشوائية.

4- القدرة على تحدي أفكار شائعة.

5- القدرة على التحرر من قيود الأفكار المسيطرة.

6- القدرة على الربط بين أشياء منفصلة.

7- القدرة على توفير متطلبات إنتاج أفكار جديدة.

8- القدرة على تقديم أفكار ناجحة وعملية ومفيدة.

أنشطة تطبيقية على مهارات الإبداع.

1- ما مدى تقبلك لفكرة: أن يعمل الطالب يوماً. ويستريح يوماً؟

2- ماذا لو أُلغيت فكرة تبريد المنزل أو تدفئته؟

3- ما العلاقة بين السيارة والهاتف؟

4- بماذا يشبه الفيل العربة؟

5- ماذا لو بقي الرجال في المنازل. وعملت النساء خارج المنزل؟

6- ماذا لو لبس كل من يصلي لباساً موحداً؟

خامساً: المعلومات والمشاعر

يهدف هذا الجزء إلى إكساب الطلبة مهارات التعامل مع المشاعر والمعلومات من خلال:

- تنمية مهارات جمع المعلومات.
- تنمية مهارات إثارة الأسئلة.
- تنمية مهارات إدراك التناقضات في موقف ما.
- إدراك مدى الترابط بين العواطف والتفكير.

ومن أبرز مهارات هذا الجزء:

1- معرفة المعلومات المتوافرة والناقصة.

2- إثارة الأسئلة.

3- استخدام المفاتيح الرئيسة للحل.

4- إدراك التناقضات والكشف عنها.

5- توقع المعلومات غير المتوافرة أمامنا.

6- الثقة بالأفكار كحقائق حتى ثبوت عدم صحتها.

7- الاستعانة بالأداة الجاهزة.

8- إدراك أثر العاطفة على تفكيرنا.

9- إدراك أثر القيم على سلوكنا.

10- القدرة على تبسيط الأفكار.

أنشطة تطبيقية:

"شاهدت ثلاث سيارات تسير بسرعة"؟

● ما الأسئلة التي تسألها حتى تتوصل إلى أسباب سيرها بسرعة؟

● ما توقعاتك؟

● ما التناقضات بين السرعة كسبب لحوادث السيارات أو السرعة في مسابقة رياضية؟

● لماذا يقبل أهل المدينة سلوكات لا يقبلها أهل الريف؟

● لماذا يختلف سلوك الأجانب عن سلوكنا؟

سادساً: العمل

يهدف هذا الجزء إلى مساعدة الطالب على تحديد هدفه بدقة والسعي نحوه.

ومن أبرز مهارات هذا الجزء:

1- تحديد الهدف والالتزام به.

2- إدراك التفاصيل الكاملة عن الموضوع.

3- القدرة على تلخيص الموضوع واختصاره.

4- القدرة على إدراك الغايات والأهداف القريبة والبعيدة.

5- القدرة على فهم مدخلات الموضوع.

6- القدرة على إيجاد عدة حلول للموقف.

7- القدرة على اختيار الحل الملائم.

8- القدرة على تنفيذ الذي نختاره.

أنشطة تطبيقية:

● أراد شخص أن يبني منزلاً. ما أهدافه؟

ما المواد التي يحتاجها؟ ما الخطوات التي سينفذها؟

● احتاج شخص إلى نقود لتعليم ابنه في الجامعة.

ما الحلول التي يمكن أن يجدها؟

ما الحل الملائم؟ غير الملائم؟

كيف سينفذ حله ؟

إدخال مهارات عقلية عليا إلى المناهج والكتب المدرسية
وفق برنامج الكورت

أنشطة التفكير

الدرس: علوم

الصف: الثاني

أولاً: محتوى الدرس:

● الجو بارد

ثانياً: الأنشطة التعليمية

النشاط الأول:

الهدف: أن يستوعب الطالب الأشكال أو الأحوال المختلفة للطقس.

الإجراءات:

1- اطلب من الطلبة استكمال الفراغ:

الجو بارد

الجو ....

الجو...

الجو...

2- اطلب استكمال الفراغ:

..... ، ..... ، ..... ، بارد ، ..... ، ..... ، ..... ، .....

النشاط الثاني:

الهدف: أن يصنف الطالب عدداً من الأشياء.

الإجراءات:

اطلب تصنيف ما يلي إلى بارد، غير بارد (دافئ، حار، ....)

الشاي، الكتاب، النار، المكيف، الثلاجة، المدفأة، العصير، الحليب، ...الخ.

النشاط الثالث:

الهدف: توسيع إدراك الطفل.

الإجراءات: اطلب استكمال الفراغ.

الجو بارد الجو حار، دافئ

... بارد ... حار

... بارد ... حار

... بارد ... حار

النشاط الرابع:

الهدف: تنمية الملاحظة.

الإجراءات: اطلب استكمال الفراغ:

نحمل في المطر مظلة (شمسية).

المظلة
- محدبة وذلك من أجل .....
- لها عصاً طويلة وذلك من أجل .....
- لها يد وذلك من أجل .....
- يمكن طيها وذلك من أجل .....

النشاط الخامس:

الهدف: أن يهتم الطالب بمراعاة الجوانب المختلفة.

الإجراءات: اطلب من الطلبة قراءة ما يلي:

حملت حنان مظلة معها إلى المدرسة.

أكمل ما يلي:

الإيجابيات هي: ....، ....، ....،

السلبيات هي: ....، ....، ....،

النشاط السادس:

الهدف: أن يراعي الطالب جميع العوامل.

الإجراءات: قدَم العبارة التالية:

أمطرت بشدة، ولبس فيصل، ملابس ثقيلة جداً:

كنزة صوف، ملابس داخلية صوف، جاكيت،

طاقية، كبوت (معطف)

اسأل: ما العوامل التي تم أخذها بعين الاعتبار؟

النشاط السابع:

الهدف: أن يدرك الطالب بعض التناقضات.

الإجراءات: قدم الجمل الغبية التالية:

- اشتد الحر، فأشعل أبي التدفئة.
- بعد أن غلى والدي الشاي وضعه في الثلاجة.

- أرادت أم المحافظة على برودة الثلاجة، فتركها مفتوحة.
- اشتد البرد فلبسنا ملابس قصيرة.
- عطشت، فشربت ماءً دافئاً.

النشاط الثامن:

الهدف: أن يضع الطالب فروضاً عديدة لتفسير الموقف.

الإجراءات: خرجت غادة من منزلها، فرأت الجو ماطراً. عادت إلى المنزل مدة دقيقتين، ثم خرجت ثانية.

- ماذا فعلت في أثناء عودتها؟
- ماذا أخذت معها؟

النشاط التاسع:

الهدف: أن يقارن الطالب بين شيئين:

الإجراءات: اطلب المقارنة بين الحليب والعصير.

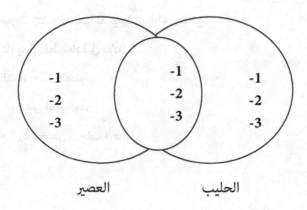

العصير   الحليب

النشاط العاشر:

الهدف: أن يتخذ الطالب قرارات.

الإجراءات: قدم النص التالي:

كان عليك الخروج في يوم ماطر لمدة ساعة. وسمح لك بأخذ اثنين مما يلي: ما هما؟

مظلة: حذاء مطري، طاقية، راديو، طعام، ماء، معطف، مدفأة صغيرة.

النشاط الحادي عشر:

الهدف: أن يدرك الطالب النتائج المترتبة:

الإجراءات: قدم النص التالي:

خرج علي من منزله صباحاً مرتدياً ملابس خفيفة.

ما المترتبات على ذلك؟

النشاط الثاني عشر:

الهدف: أن يميز الطالب بين الآراء والحقائق.

الإجراءات: قدم العبارات التالية واطلب تصنيفها إلى آراء وحقائق:

1- في الشتاء ينزل المطر عادة في بلادنا.

2- فصل الشتاء أجمل الفصول.

3- أفضل البرد على الجو الحار.

4- في أيام البرد تنخفض درجات الحرارة.

5- ....

6- ....

النشاط الثالث عشر:

الهدف: أن يميز الطالب بين الأسباب و النتائج.

الإجراءات: قدم العبارات التالية واطلب تحديد السبب والنتيجة.

1- حين يشتد البرد يصاب بعضنا بالزكام.

2- تتغير حالة الجو، فتنخفض درجات الحرارة.

3- أدى سقوط المطر إلى حدوث فيضانات.

4- تحسّن المحصول هذا العام لأن المطر كافٍ.

5- ....

6- ....

النشاط الرابع عشر:

الهدف: أن ينتج أفكاراً، أن يرتب أشياء.

الإجراءات: اطلب من الطلبة تضخم ما يلي:

اطلب من الطلبة تقليل ما يلي:

تضخيم: نقطة ماء، .....، .....، .....، ...

تقليل: .....، .....، .....، .....، ... برد شديد.

النشاط الخامس عشر:

الهدف: يدرك التغيرات.

الإجراءات: قدم العبارات التالية:

في الشتاء

يتغير الجو من .... ، .... إلى ....

يتغير ملابسنا من .... ، .... إلى

يتغير أحوال منازلنا من .... ، .... إلى

يتغير مأكولاتنا من .... ، .... إلى

يتغير مشروباتنا من .... ، .... إلى

النشاط السادس عشر:

الهدف: ربط المفاهيم بمدلولاتها:

الإجراءات: قدم ما يلي:

من أنا؟

1- أحميك من المطر.

2- أنزل في فصل الشتاء.

3- أرفع درجة حرارة منزلك في الشتاء.

4- أقيس درجة الحرارة.

النشاط السابع عشر:

الهدف: أن يستنتج الطالب تسلسلات معينة

الإجراءات: قدم القصة التالية في حلقات، واطلب من الطلبة استكمال النقص فيها:

1- نزل المطر.

2- سارت وفاء في الشارع.

3- ....

4- أخذها والدها إلى الطبيب.

النشاط الثامن عشر:

الهدف: أن يضع الطالب فروضاً عديدة.

الإجراءات: قدم العبارة التالية، واطلب تفسيرات عليها.

وصلت وفاء إلى المدرسة دون تبتل. كيف حدث هذا؟

....

....

....

النشاط التاسع عشر:

الهدف: أن يستنتج الطالب أو أن يحكم على صحة الاستنتاجات

الإجراءات: قدم نصاً قصيراً. ثم قائمة بالاستنتاجات. واطلب الحكم عليها هل هي صحيحة أم خاطئة.

شوهدت عالية وهي تحمل شمسية ملونة. أي الاستنتاجات التالية صحيحة:

- كان المطر خفيفاً.
- كان المطر نازلاً.
- كان الجو حاراً.
- تتلاءم الشمسية مع ملابسها.
- لم تكن لديها شمسية أُخرى.
- إنها على عجلة من أمرها.

النشاط العشرون:

الهدف: أن يعبر بدقة عن حدث.

الإجراءات: قدم عدداً من العبارات، واطلب من الطلبة وضع كلمة دائماً، أحياناً، قليلاً، نادراً، أبداً. أمام كل عبارة.

1- يحمل الناس الشمسية في أثناء الطمر.

2- يلبس الناس ملابس دافئة في أثناء البرد.

3- بسير الناس بملابس قصيرة في أثناء البرد.

4- يلبس الرجال قبعة أجنبية في أيام البرد.

5- نلبس أحذية شتوية في البرد.

6- نفتح شبابيك منازلنا في البرد.

النشاط الحادي والعشرون:

الهدف: يهدف النشاط إلى تخيل أحداث قادمة: تنبؤ.

الإجراءات: أختر حدثاً ثم اطلب من الطلبة استكمال أحداث مترتبة عليه.

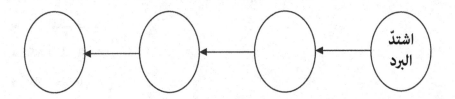

النشاط الثاني والعشرون:

الهدف: يهدف النشاط إلى معرفة الإيجابيات والسلبيات المترتبة على الموضوع. نتائج أولية وثانوية.

الإجراءات: اكتب ظاهرة في دائرة، مثل: انقطاع المطر فترة طويلة واطلب تعبئة النموذج المرفق ولاحظ ما يلي:

+ تشير إلى نتيجة إيجابية.

- تشير إلى نتيجة سلبية.

____ تشير إلى نتيجة أولية.

=== تشير إلى نتيجة ثانية.

══ تشير إلى نتيجة ثالثة.

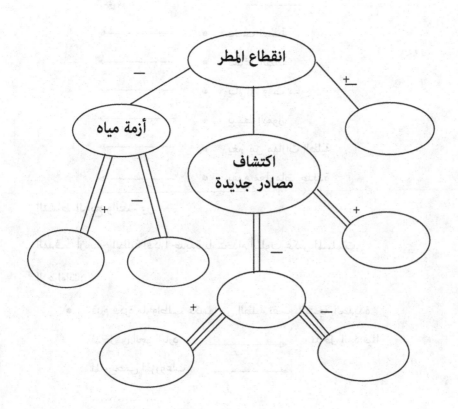

النشاط الثالث والعشرون:

الهدف: أن يبدع الطالب أفكاراً جديدة.

الإجراءات:

- أطلب أفكاراً جديدة عن البرد.
- ضع كلمة عشوائية مثل معلم. واعمل مقارنة

البرد		المعلم
------------		------------
→	•	يخيف الطلبة
→	•	يساعد الطلبة
→	•	يـأتي في وقت معين
→	•	يبسط الأمور
→	•	يغير من مهارات الطلبة
→	•	يقدم معلومات جديدة

النشاط الرابع والعشرون:

الهدف: أن ينتج الطلبة أفكاراً جديدة باستخدام أسلوب عكس المسلمات.

الإجراءات:

- قدم فكرة ما. واطلب عكسها من الطلبة تفسير النتيجة الجديدة.

ندخل في الجو البارد ← يدخل البرد فينا

الماء يحمي المزروعات ←

....

....

النشاط الخامس والعشرون:

الهدف: أن يرتب الأدلة حسب قوتها.

الإجراءات:

1- قدم العبارة التالية: "أخذت حنان مظلتها معها صباحاً"

2- اطلب ترتيب الأدلة التي اعتمدت عليها في هذا القرار حسب قوتها.

- قالت أم حنان إن الجو بارد هذا اليوم.
- سمعت حنان نشرة جوية قبل أسبوع تشير إلى إمكان سقوط المطر.
- نظرت حنان من النافذة فرأت غيوماً كثيفة.
- قالت المعلمة للطالبات عليكن اصطحاب المظلات في أيام المطر.
- سمعت حنان نشرة المساء الجوية التي أعلنت عن إمكان سقوط المطر صباحاً.

النشاط السادس والعشرون:

الهدف: أن يستخدم القياس.

الإجراءات: قدم ما يلي:

إذا كان الجو ماطراً فإن المشاة يتبللون

رأيت مشاة متبللين

إذن ....

النشاط السابع والعشرون:

الهدف: أن يستخدم مهارة الاستنتاج.

الإجراءات: قدم العبارة التالية، واطلب التميز بين الاستنتاجات الصحيحة والخاطئة.

" سارت غادة تحت المطر ولم تبتل"

إن هذه العبارة تشير إلى أن غادة:

- وصلت إلى المدرسة بسيارة.
- كانت ترتدي معطفاً واقياً من المطر.
- ربما كانت تحت مظلة.
- كانت تسير بسرعة.
- انقطع المطر حين كانت غادة تسير في الشارع.

النشاط الثامن والعشرون:

الهدف: أن يقدم الطالب أدلة مقنعة.

الإجراءات: قدم الموقف التالي:

"رفض سامي حمل مظلة معه في يوم مطر".

ما وجهة نظره؟

كيف تقنعه بحمل المظلة؟

النشاط التاسع والعشرون:

الهدف: أن يقدم الطالب تنبؤات معينة

الإجراءات: قدم الموقف التالي:

نزل المطر واستمر في النزول أسبوعاً دون انقطاع.

ما النتائج المتوقعة لذلك؟

- عليك.
- على المدرسة.
- على الأسرة.

- على الطعام.
- على الحياة بشكل عام.

النشاط الثلاثون:

الهدف: أن يقدم أدلة قوية.

الإجراءات: رفض طارق ارتداء معطف مطري. تحدث معه أبوه لمدة ثلاث دقائق. ارتدى طارق المعطف.

ماذا قال له أبوه؟

ماذا أجاب طارق؟

الباب السادس

تطبيقات ودروس عملية من المناهج

الفصل الحادي والعشرون

مهارات التفكير
تطبيقات عملية من المناهج الدراسية

تناول هذا الجزء من الكتاب بعض مهارات التفكير الأكثر ارتباطاً واستخداماً بعملية التدريس الصفي، وتشمل بعض مهارات التفكير الأساسي والتفكير الناقد والإبداعي.

وقد تم عرض كل مهارات على النحو التالي:

1- تعريف بسيط بمفهوم المهارة.

2- درس تطبيقي من المناهج والمواقف الصفية.

3- أمثلة أُخرى من دروس ومواد أخرى يمكن تدريسها وفق هذه المهارة.

4- التفكير حول التفكير بهذه المهارة، أي بمعنى ما الذي يدور في الذهن ونحن نمارس استخدام هذه المهارة.

وسيتبع هذا الجزء بفصل عن دروس حقيقية من المناهج والكتب المدرسية لبعض الدول العربية: الإمارات، والمملكة العربية السعودية، والأردن.

المهارات

1- الملاحظة.

2- المقارنة.

3- التعميم.

4- علاقة الكل والأجزاء.

5- التنبؤ.

6- حل المشكلات.

7- تقييم صحة المصادر.

8- علاقة السبب بالنتيجة.

9- الفروض.

10- المجاز والتشبيهات.

أولاً- مهارة الملاحظة

يقصد بالملاحظة استخدام الحواس في التعرف على الأشياء.

فنحن نرى الأشياء أو نسمعها أو نشم رائحتها أو نلمسها، والملاحظة أداة قوية للحصول على المعلومات ، خاصة إذا كانت حواسنا سليمة، وملاحظتنا مقصودة.

سواء كانت الملاحظة عفوية أم مقصودة، فهي من أكثر الوسائل استخداماً للحصول على المعلومات.

نلاحظ الأشكال والألوان والحجوم والأطوال والحركة كما نلاحظ الكل والأجزاء والعلاقات بين الأشياء.

ويراعي في دقة الملاحظة ما يلي:

- سلامة الحواس، وعدم الوقوع في خداع الحواس.
- عدم الدقة في الملاحظة، والسرعة في الاستنتاج.
- شمول الملاحظة للموقف الكلي، وعدم اقتصارها على جزئيات.
- النسيان وتداخل الأشياء وعدم وضوحها.

من المهم ملاحظة الأشياء والأحداث والمواقف والأجزاء بربطها بوظائفها.

لكي تكون ملاحظتنا في الاتجاه الصحيح، علينا أن نسأل:

- ما الذي أُلاحظه؟
- لماذا أُلاحظه؟

ويمكن أن نضع نموذجاً للملاحظة، كما هو مبين فيما يلي:

نماذج الملاحظة

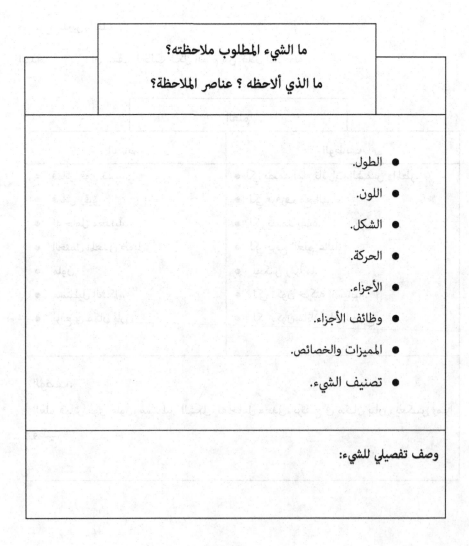

ما الشيء المطلوب ملاحظته؟

ما الذي ألاحظه ؟ عناصر الملاحظة؟

- الطول.
- اللون.
- الشكل.
- الحركة.
- الأجزاء.
- وظائف الأجزاء.
- المميزات والخصائص.
- تصنيف الشيء.

وصف تفصيلي للشيء:

مهارة الملاحظة: درس تطبيقي

موضوع الدرس: العلم

الهدف : أن يصف الطالب شكل العلم من خلال الملاحظة

العلم	
العناصر	**الوظائف**
• قماش قوي نسبياً. • قماش رقيق. • له حامل معدنية. • الحتمل المعدني طويل. • ملون. • مستطيل الشكل. • يرفع في مكان بارز.	• لكي يصمد أمام تأثيرات الشمس والمطر. • لكي يرفرف مع الهواء. • لكي يصمد بقوة. • لكي يرفع العلم عالياً. • يعكس رمزاً ما. • لكي تكون حركته انسيابية. • لكي يكون ماثلاً أمام الجميع.
الوصف: العلم قماش قوي ملون، مستطيل الشكل، له حامل معدني، يرتفع في مكان بارز، يعكس رمزاً وطنياً.	

مهارة الملاحظة: درس تطبيقي

موضوع الدرس: المظلة

الهدف : أن يلاحظ الطالب أجزاء المظلة ويصفها.

المظلة

عناصر المظلة ووظائفها	
• محدبة الشكل.	• لكي ينحدر عنها الماء.
• لها عصا طويلة.	• لكي ترتفع عن رأس حاملها.
• للعصا ممسك.	• لكي يسهل التحكم بها.
• بداخلها أسلاك معدنية.	• لكي تمنع انثناءها.
• يمكن طيّها.	• حتى يسهل حفظها.
• مكونة من قماش لا يبتل.	• حتى لا يبتل مستخدمها.

الوصف:

المظلة قماش لا يبتل، تتخللـه أسلاك معدنية تحافظ على وضعها محدبة لها عصا يمكن مسكها.

أمثلة لدروس عملية يمكن تنفيذها من خلال الملاحظة:

1-   ما صفات الدائرة.

2-   ما محتويات الخلية النباتية.

3-   أجزاء الجهاز العصبي.

4-   خريطة دولة الإمارات العربية المتحدة.

5-   موضوعات وبرامج الفضائيات.

6-   وصف الزهرة، حديقة، غابة.

7-   ماذا يحدث للماء حين يتحلل؟

8-   أحوال فرنسا قيل الثورة.

> التفكير حول التفكير يهـدف إلى إثـارة وعـي الطالـب بمـا لاحظـه، وبالطريقـة التي تمت بها الملاحظة.
> وهـذه المهـارة هـي إحـدى أهم مهارات التفكير.

الملاحظة: التفكير حول التفكير:

يناقش الملاحظ بما لاحظه للتعرف على الطريقة التي استخدمها في الملاحظة، والعمليات التي دارت في ذهنه وهو يلاحظ.

> مهـارة التفكير حـول التفكير تهدف إلى معرفـة العمليـات الداخليـة التـي دارت في ذهــن الشـخص حتى يزداد وعيه بها.

ويمكن أن نقدم الأسئلة التالية:

●   ما الذي لاحظته أولاً؟ ما الذي جعلك تركز عليها؟

●   ما الذي دار بذهنك؟ كيف سجلت ملاحظتك؟

●   ما الذي اكتشفته من خلال ملاحظتك؟

كيف لاحظت هذه الأجزاء؟ كيف يمكنك تحسين ملاحظتك؟

ثانياً- مهارة المقارنة

يزداد فهمنا للأشياء والأحداث والظواهر حين نصفها ونلاحظها. ولكن يتعمق فهمنا لها حـين نقارنها مع غيرها من الظواهر.

وتتم المقارنة حين نعرف خصائص الظاهرتين اللتين نقارنهما معاً. وتساعدنا المقارنة على اتخاذ القرار للحكم على بديلين أو فكرتين أو صحة قرارين.

والمقارنة مهارة تهتم بمعرفة أوجه الشبه والاختلاف، فهي لا تقتصر على معرفة الفروق فقط.

والمقارنة يمكن أن تكون:

> **أهداف المقارنة**
> - تسـاعد عـلى فهـم خصائص الشيء.
> - تسـاعدنا في اتخـاذ قرارات للاختيـار بـين بديلين.
> - تسـاعدنا في التوصـل إلى استنتاجات هامة والكشـف عـن أفكـار جديدة.

1- مقارنة مفتوحة: بحيث نقارن بين ظاهرتين بشـكل عـام دون التركيز على جانب معين.

كأن نقارن بين سيارة وسيارة أو بين فصل الشتاء وفصـل الخريف.والهدف في هذه المقارنة عام وشامل.

2- مقارنة هادفة أو مركزة: بحيث نقارن بـين ظاهرتين بمـا يخدم أغراضنا أو الهدف الذي نسعى إليـه. كأن نقـارن بين سيارتين من حيث الأقل استهلاكاً. أو بين منزلين مـن حيث الأفضل بيئة. أو بين كتابين من حيث الأكثر إقناعاً.

فالهدف من هذه المقارنة واضح ومحدد يركز إلى جانب معين.

نموذج للمقارنة (1)

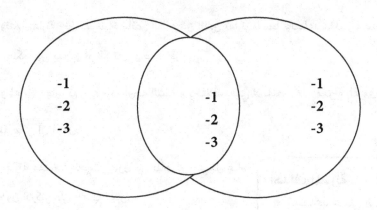

نقارن بين ظاهرتين أو فكرتين أو شيئين .. أ، ب

- في الدائرة أ نضع ما يميز أ عن ب، وهي أوجه الاختلاف.

- في الدائرة ب نضع ما يميز ب عن أ، وهي أوجه الاختلاف.

- في التقاطع نضع ما هو مشترك بين أ،ب، وهي أوجه الشبه.

درس تطبيقي: المقارنة

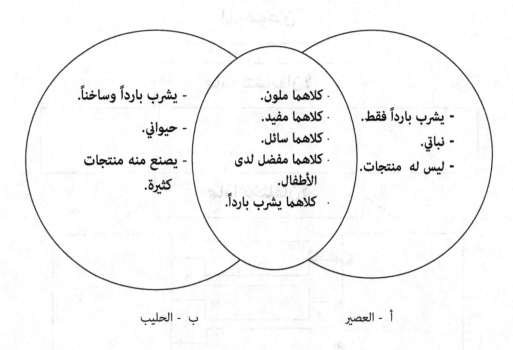

- يشرب بارداً فقط.
- نباتي.
- ليس له منتجات.
· كلاهما ملون.
· كلاهما مفيد.
· كلاهما سائل.
· كلاهما مفضل لدى الأطفال.
· كلاهما يشرب بارداً.
- يشرب بارداً وساخناً.
- حيواني.
- يصنع منه منتجات كثيرة.

أ - العصير ب - الحليب

المقارنة - النتيجة:

كلاهما سائل، مفيد، يفضله الأطفال ولكن يشرب الحليب ساخناً أو بارداً، وهو منتج حيواني يمكن أن يزودنا بمنتجات كثيرة مثل الزبدة والجبنة واللبنة بينما العصير يشرب بارداً، وهو نباتي وليس له منتجات.

نموذج المقارنة (2)

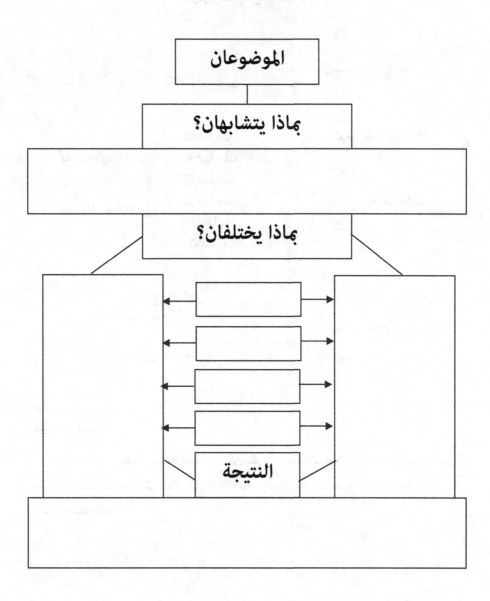

درس تطبيقي- مهارة المقارنة

المحتوى: القيادات المصرية.

الهدف : أن يقارن الطالب بين شخصية جمال عبد الناصر وأنور السادات.

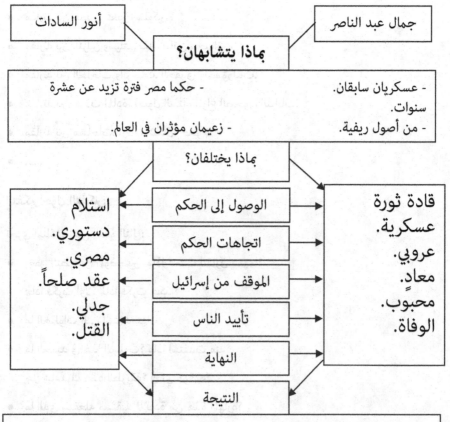

جمال عبد الناصر

أنور السادات

بماذا يتشابهان؟

- عسكريان سابقان.
- حكما مصر فترة تزيد عن عشرة سنوات.
- من أصول ريفية.
- زعيمان مؤثران في العالم.

بماذا يختلفان؟

جمال عبد الناصر		أنور السادات
قادة ثورة عسكرية.	الوصول إلى الحكم	استلام دستوري.
عروبي.	اتجاهات الحكم	مصري.
معادٍ.	الموقف من إسرائيل	عقد صلحاً.
محبوب.	تأييد الناس	جدلي.
الوفاة.	النهاية	القتل.

النتيجة

كلاهما له تأثير دولي هام، ولكل منهما شخصية مؤثرة، تشابها في النشأة والتاريخ لكن لكل منهما دور مختلف، تأثر عبد الناصر بالثورة والوحدة العربية، بينما اهتم السادات بالديمقراطية الشكلية.

المقارنة: أمثلة لدروس:

- الحياة الريفية والمدينة.

- مقارنة بين شاعرين، أديبين، شخصيتين، دورين.

- مقارنة بين عملين، فعلين، سلوكين.

- مقارنة بين منزلين،وسيلتي نقل، نباتين ، حيوانين.

- مقارنة بين الحاجات والرغبات. الحقوق والمسؤوليات.

- مقارنة بين حالات المادة، فصول السنة، أنواع الصخور، النباتات.

- مقارنة بين مساحات، أرقام، أشكال، حجوم.

- ......

التفكير حول التفكير:

تجري المناقشة على النحو التالي:

- بغض النظر عن الموضوعين. ماذا عملت لتقارن بينهما؟ بماذا فكرت أولا؟ لماذا فكرت هكذا؟

- ما الخطوات التي استخدمتها؟

- ما الجديد في هذا الأسلوب؟ ماذا استفدت منه؟ هل ساعدتك هذه الطريقة؟ في أي موقف؟

- ما الذي ستفعله مستقبلا للإفادة من هذه المهارة؟

ثالثاً- مهارة التعميم

> **فوائد التعميم**
> - **يساعدنا في الحصول على معلومات بسهولة وبجهد قليل.**
> - **تساعدنا في اتخاذ قرارات جديدة مشابهة لما حدث في مواقف سابقة.**

إننا نحصل على معلومات وحقائق من خلال اتصالنا المباشر مع الأشياء والأحداث. فنحنن نلاحظ الشيء ونحصل على معلوماتنا عنه خلال الملاحظة المباشرة. وحين نصور حكمنا على حلاوة الشاي مثلا،فأننا نتذوقه ونحكم عليه وحين نريد التأكد من سلامة شيء ما فأننا نفحص هذا الشيء. هذه المعرفة تسمى المعرفة المباشرة، ولكن هناك مواقف كثيرة لا نستطيع أن نفحصها أو نلاحظ مباشرة ومع ذلك نحكم عليها ، مثل:

في فصل الشتاء القادم تنخفض درجة الحرارة.

إذا زادت كثافة السير تحدث أزمة مرورية.

إذا سقط جسم من مكان عال، فانه يسقط على الأرض.

إن مثل هذه الأحكام هي تعميمات ناتجة عن خبرات سابقة أو ملاحظة مباشرة سابقة. على الرغم من أن التعميم يساعدنا في الحصول على معلومات دون جهد إلا انه من السهل أن نقع في الأخطاء، خاصة إذا تسرعنا في إصدار الأحكام أو التعميمات. أو إذا بنينا تعميمات على أساس ضعيف أو بناء على ملاحظات جزئية.

ولكي نحذر الوقوع في أخطاء التعميم علينا أن نراعي ما يلي:

1- هل ملاحظاتنا السابقة كافية لمساعدتنا في إصدار التعميم؟

2- هل العينة كانت كافية لإصدار التعميم؟

3- هل العينة التي شاهدنا ممثلة لكل الأشخاص؟

إننا لا نستطيع أن نحكم على جميع الطلبات بأنهم مهملون بمجرد أن نرى بعضهم مهملون.

نموذج التعميم

التعميم المطلوب
العينة التي تدعم هذا التعميم
وصف العينة
النتائج التي اشتقت من العينة
التفسير: إذا كانت العينة غير مناسبة

درس تطبيقي- مهارة التعميم

محتوى التعميم: حوادث السيارات.

الهدف: أن يستنتج الطالب عوامل تؤدي إلى الحوادث.

التعميم المطلوب
العوامل المؤدية إلى حوادث السيارات
العينة الداعمة: • عشرون حادثاً نتيجة السرعة.   • 38 حادثاً نتيجة إهمال صيانة السيارات.   • 1 حادث نتيجة النوم.
وصف العينة: تم الحصول عليها عشوائياً من سجلات الأمن على مدى أسبوع واحد.
التعميم المطلوب: • إن أبرز عوامل تؤدي إلى الحوادث هو إهمال صيانة السيارات.   • ليس هناك حوادث ناتجة عن سوء الطرق أو سوء الطقس.

أمثلة لدروس على التعميم:

1- اختر قانوناً صفياً. اطلب من الطلبة إصدار تعميمات عن أغراض هذا القانون.

2- لدينا ثلاث حيوانات سيقانها طويلة. سريعة الحركة.
وثلاث حيوانات سيقانها قصيرة بطيئة الحركة.
ما التعميم الذي يمكن إصداره؟

3- اشتريت كتاباً واحداً بغلاف أنيق. قرأته كان ممتعاً ما التعميم الذي يمكن إصداره؟

4- أكتب خمس تعميمات عن سلوك الآباء، المعلمين، الشرطة، الأمهات.

5- نجح الطالب في السنوات الثلاث السابقة ما التعميم الممكن؟

6- حضرت مباراتي كرة قدم كانتا مملتين. فقلت جميع المباريات مملة. أين الخطأ؟

7- ثلاثة أعداد فردية لا تقسم على اثنين ما التعميم؟

8- ثلاث أرقام فردية تقسم على ثلاث. ما التعميم؟

التفكير حول التفكير:

● ماذا نسمي الانتقال من الحكم على مجموعة صغيرة إلى الحكم على الجميع؟

● قام شخص بإصدار تعميم ما. ما الأسئلة التي نسألها له لكي نعرف مدى صحة تعميماته؟

● في أي الأحوال تستطيع أن تعمم دون الوقوع في الخطأ؟

● ما التوجهات التي تعطيها لزميلك كي لا تخطأ في التعميم؟

● لماذا تستطيع أن تقول أن الشيء حلو بمجرد تذوقك له؟

● هل تستطيع أن تقول أن الكتاب مفيد بمجرد تصفحك له؟ لماذا؟

رابعاً- مهارة إدراك علاقة الكل والأجزاء

إن كل ما يحيط بنا مكون من أجزاء أو عناصر. حتى الأفكار والقصص والأحداث لها عناصرها وأجزائها وإن من المهم أن نعرف معرفة العلاقة بين الأجزاء والكل وما وظيفة كل جزء وما علاقة جزء وجزء.

كما أن من المهم أن نعرف أن الجزء نفسه يتكون من أجزاء أصغر منه. فالمكتبة مثلاً هي كل. ولكنها جزء من المدرسة. والمدرسة هي كل ولكنها جزء من نظام التعليمي. والنظام التعليمي وهو كل. ولكنه جزء من نظام الدولة .. وهكذا..

معرفة علاقة الجزء بالكل تساعدنا على:

1- فهم الكل بشكل أفضل.

2- المحافظة على الكل وصيانته.

3- سهولة تحليل الكل إلى أجزائه.

4- إعادة تركيب الأجزاء بطريقة جديدة لإنتاج كل جديد.

إن من المهم أن نعرف الحقائق التالية:

1- أن الكل يختلف عن مجموع أجزائه. فالكتاب يختلف عن مجموع صفحاته. فلو أعدانا ترتيب الصفحات بشكل عشوائي فإننا لا ننتج كتاباً. لأن المهم هو تنظيم الأجزاء ومع بعضها وليس جميع الأجزاء مع بعضها.

2- إن معرفتنا بالأجزاء من حيث الشكل والمظهر لا تقودنا إلى معرفة حقيقة، لأن المهم هو معرفة العلاقات بين الأجزاء، وبينها وبين الكل.

3- إن معرفة الأجزاء ووظائفها وعلاقاتها بالكل ضروري جداً لإنجاح عملية التحليل. فلا نستطيع أن نحلل فكرة أو موقفاً إلا إذا تعرفنا على أجزائها وعناصرها وعلاقتها.

نموذج الكل والأجزاء

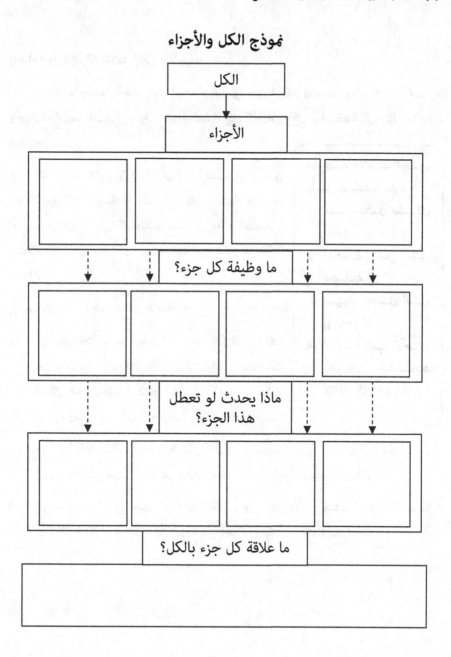

الكل

الأجزاء

ما وظيفة كل جزء؟

ماذا يحدث لو تعطل هذا الجزء؟

ما علاقة كل جزء بالكل؟

درس تطبيقي – الجزء والكل

المحتوى: الجهاز الهضمي

الهدف: أن يربط الطلب بين أجزاء الجهاز ودورها في عملية الهضم

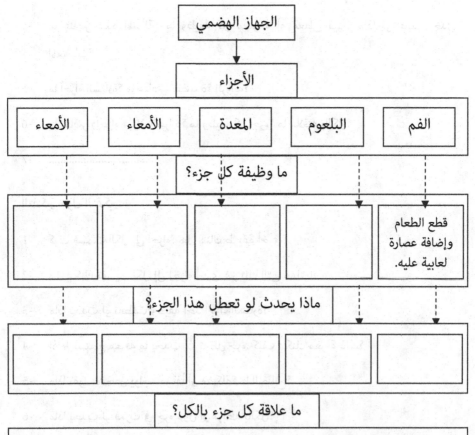

أمثلة لدروس على الكل والأجزاء:

1- ما وظيفة كل جزء في كتابك؟ الفهرس، الغلاف، الفصول، ...؟ ما علاقتها بالكتاب؟

2- مم تتكون المظلة؟ ما أجزاؤها؟ ماذا يحدث لو تعطل أحد الأجزاء؟

3- ما أجزاء المثلث؟ ماذا يحدث لو فقد جزء منه؟

4- ما عناصر هذه المسألة؟ ما وظيفة كل معلومة أو معطى فيها؟ ماذا لو غابت إحدى المعطيات؟

5- ما أجزاء السيارة؟ ما عناصر القصيدة؟ الرواية؟

6- ما عناصر وأجزاء ميزان الحرارة؟ ما وظيفة كل جزء؟ ما علاقته بالكل؟

7- ....

التفكير حول التفكير:

1- كيف قسمت الكل إلى أجزاء؟ هل هناك طريقة أخرى؟

2- هل يمكنك تقسيم الكل إلى أجزاء أخرى غير تلك التي عملتها؟

3- ماذا يحدث لو تعطلت وظيفة أحد أجزاء السيارة؟

4- إذا لم تستطع معرفة ما يحدث إذا تعطل جزء. كيف يمكنك معرفة ذلك؟

5- ماذا تقول لشخص يواجه موقفاً أو مشكلة؟ ما النصائح؟

6- ماذا يحدث لو فكرت في جزء دون أن تربطه بالكل؟

خامساً- مهارة التنبؤ

تبدو مهارة التنبؤ في القدرة على توقع الأحداث القادمة في سياق معين. هناك عادة مؤشرات تساعد على التنبؤ، وإدراك الأمور المحتملة أو بعيدة الاحتمال.

إن المدرسة التقليدية عودت طلابها على الاهتمام بالأحداث الماضية أو تحليل الأحداث الحالية، ولكنها لم تحاول تنمية مهارات التنبؤ بالمستقبل.

إن مهارة التنبؤ وتنمية هذه المهارة من أهم أهداف المدرسة الحديثة، ويتطلب إتقان هذه المهارة التعرف على تسلسل الأحداث الماضية وعوامل حدوثها حتى نكون قادرين على التفكير بما ستتطور إليه الأمور في المستقبل.

إننا ندرس الحدث الحالي أو الماضي حتى نكتشف مؤشرات تساعدنا على التنبؤ بما سيحدث.

مثال: كان أحد الطلبة ضعيفاً في مادة اللغة في المدرسة الثانوية، وأهمل دراسته لاحقاً.

ماذا نتنبأ بسلوك هذا الطالب إذا:

- إذا ألقى خطاباً؟

- كتب موضوعاً؟

ما الذي جعلنا نتنبأ بذلك؟ ما المؤشرات؟

> تبدو مهارة التنبؤ هامة في استكشاف المستقبل، والاستعداد للأحداث القادمة.
> أو في دراسة المترتبات على قرار معين أو تصرف معين.

> المدرسة الحديثة تطلق عقول الطلاب نحو المستقبل. ولا تتوقف عند ما يحدث حالياً أو ما حدث في الماضي.

نموذج التنبؤ

التنبؤ	محتملة الحدوث	غير محتملة	ما الذي يجعلنا نحكم بذلك؟
النتيجة:			

مهارة التنبؤ: درس تطبيقي

موضوع الدرس: إنشاء الجسور في المدن.

الهدف: أن يتنبأ الطالب بنتائج بناء جسور في المدن.

التنبؤات	محتملة الحدوث	غير محتملة	ما الذي يجعلنا نحكم بذلك؟
1- تشويه المنظر الجمالي للمدينة	نعم		وجود اسمنت وحديد ودخان.
2- إفساد الجو البيئي	نعم		_
3- انسياب المرور	نعم		فتح مسرب جديد للمرور دون إشارات
4- إحداث فوضى مرورية		نعم	لأن المسرب الجديد يوفر تنظيماً أكثر.
5- تقليل الحوادث	نعم		زيادة السرعة على الجسر يؤدي إلى حوادث.
6- هجرة السكان القريبين	نعم		بسبب الازدحام والضجيج وفساد البيئة.
7- نقل الأزمة المرورية إلى مناطق أخرى	نعم		سرعة عبور الجسر يزيد من الاختناق في مناطق أخرى.

النتيجة:

إن وجود الجسور يشوه المدينة، ويزيد من تلوثها، وينقل الأزمة إلى مناطق أخرى.

أمثلة من دروس متنوعة:

1- ماذا تتوقع إذا جئت إلى المدرسة دون أن تحل واجباتك؟

2- ماذا تتوقع أن يحدث لو أن بطل القصة كان امرأة؟ رجلاً قوياً؟ كان أنت؟

3- ماذا يحدث لو تم إلغاء الامتحانات؟ إشارات المرور؟

4- ماذا يحدث لو لم تمطر السماء على مدى عامين؟ لو أمطرت خمسة أيام متتالية؟

5- ماذا تتوقع لو انقطع التيار الكهربائي عشرين يوماً؟

6- ماذا يحدث لو أضفنا ملحاً إلى الشاي في حفلة بهيجة؟

7- ماذا يحدث لو غادر الوافدون البلاد فجأة؟

8- ماذا يحدث لو اكتشف العالم مصدر طاقة غير النفط؟

9- ماذا يحدث للكائنات الحية في منطقة قلت فيها المياه؟

10- ماذا لو كان المنزل غرفة كبيرة واسعة؟

مهارة التنبؤ: التفكير حول التفكير:

● كيف تنبأت بذلك؟ على ماذا استندت؟

● هل هذه التنبؤات ممكنة كلها؟

● كيف تجعل تنبؤاتك القادمة أكثر دقة؟

● ما مدى ثقتك بتنبؤات الآخرين؟

سادساً- مهارة حل المشكلات

نواجه يومياً عدداً من المشكلات الحياتية أو الدراسية أو المهنية، وتتخذ كثيراً من القرارات لحل هـذه المشكلات، وقد تكون حلولنا سليمة أو غير سليمة، فكيف نزيـد مـن مهارتنا في حل المشكلات؟

إن حل المشكلة تتطلب عدة خطوات:

1- تحديد المشكلة: من المهم أن نتفق على تحديد المشكلة.

- هـل ضياع مفتـاح السيارة هـو المشكلة؟ أم الوصول إلى العمل في الوقت المناسب هو المشكلة؟

- هل المشكلة هي الجوع أم عدم توفر الطعام؟

- هل المشكلة بناء منزل أم عدم وجود منازل ملائمة للإيجار؟

إن تحديد المشكلة يوجهنا نحو الحل. أمـا إذا توجهنا إلى أعراض المشكلة فإن المشكلة ستبقى دون حل.

2- البحث عن حلول محتملة للمشكلة ووضع عـدة فـروض لحلها. فإذا كانت المشكلة هي الوصول إلى العمل، فإننا أمام حلول محتملة عديدة مثل:

- الاتصال بالهاتف والاعتذار.

- الاتصال بزميل لنقلك إلى مكان العمل.

- استئجار سيارة.

إذن هناك عدة حلول، لكن ما الذي يترتب على كل حل؟

3- دراسة النتائج أو المترتبات على كل حل ومعرفة السلبيات والايجابيات في الحل المقترح.

4- اختيار الحل الملائم والذي يطرح أكثر الايجابيات ويقلّل من السلبيات.

أخطــــاء في مواجهتنــا للمشكلات

1- نبحث عن الحل السهل والسريع.

2- نطبـق أوّل حـل يخطـر ببالنا.

3- نهمل مـا يترتب عـلى حلولنـا مـن مشكلات جديدة.

4- قد نهتم بمظهر المشكلة وشـكلها دون أن نهتـم بالمشكلة وأسبابها.

إن تحديد المشكلة هـو الذي يجيب عن سؤال:

لماذا نعتبر هذه مشكلة؟

ما الوضع الراهن؟

ما المشكلة فيه؟

نموذج حل المشكلة

المشكلة

الحلول الممكنة

الحل المستخدم

نتائج الحل	تقييم نتائج الحل

الحل المستخدم

درس تطبيقي على حل المشكلات

المشكلة: فقدت معلمة دفتر التحضير، وعليها حصة هامة.

الهدف : أن يقترح المشارك حلاً للمشكلة.

المشكلة
فقدان دفتر التحضير

الحلول الممكنة

- الاعتذار عن الدرس.
- تكليف زميلة أخرى بإعطاء الدرس.
- التدريس دون وجود التحضير.
- إعداد خطة سريعة بديلة.
- إرسال الطالبات إلى المكتبة.
- أخذ إجازة ليوم واحد.

الحل المقترح

إعطاء الدرس دون تحضير

المترتبات

- الارتباك في الحصة.   −
- صعوبة إدارة الحصة.   −
- اعتماد المعلمة على الذاكرة.   ±
- إبقاء برنامج الطالبات دون تغيير.   +
- إحساس المعلمة بالثقة بالنفس.   +

النتيجة: حل غير مناسب.
حل مقترح جديد

أمثلة على دروس في حل المشكلات.

- في صف ما، خمس طالبات يحملن نفس الاسم، ما المشكلة؟ لماذا؟ كيف يمكن حلها؟

- شخص يريد تكوين أسرة ، ما مشكلاته؟ كيف يمكن حلها؟

- يقطع المواطنون الشجر للحصول على حطب للتدفئة، ما المشكلة؟ كيف يمكن حلها؟

- كيف تحل الطيور مشكلات تناول طعامها بعد سقوط الثلج؟

- دعوت عشرة ضيوف إلى منزلك، فوجئت بوجود ثماني وجبات فقط، كيف تحل المشكلة؟

- في الصف ثلاثة طلاب يشكون من الرشح، ما الحلول؟ ما نتائج كل حل؟

- اتهمك المعلم بأعمال لم تقم بها، ما المشكلة؟ ما الحلول؟

- لا يمتلك بعض الطلبة نقوداً للإنفاق على حاجاتهم، ما الحلول؟ ما المترتبات؟

- كيف تحل مشكلات مثل تلوث البيئة الناتج عن دخان السيارات؟

التفكير حول التفكير

- ما الذي فكرت به حين اخترت هذا الحل؟

- ماذا تفعل لو كان الحل المقترح غير مجدٍ أو صعب التحقيق؟

- ما الذي تقوله لزميل لك يواجه مشكلات عديدة؟

- كيف حددت هذه المشكلة؟

سابعاً- مهارة تقييم موثوقية المصادر

نستخدم في حياتنا العملية معلومات من مصادر متعددة، مثل الصحف، الكتب، الأشخاص، الوثائق، ... الخ، فهل هذه المصادر موثوقة أم أنها تقودنا إلى الوقوع في أخطاء؟

ما المصادر الموثوقة؟ ما المصادر التي تقدم معلومات دقيقة؟

أي المصادر أكثر صدقاً؟ ما علاقة الصدق بالمؤلف؟ بدار النشر؟ بالتاريخ؟

ما المصادر الأولية التي تقدم معلومات مباشرة؟

ما المصادر التي تقدم معلومات منقولة من مصادر أخرى؟

إن المهم أن يفحص الإنسان مصادره، ويبحث عن دقتها قبل أن يسترشد بها أو يأخذ عنها. فالمراجع والمصادر تختلف في دقتها وفي أحكامها، وفي وجهات نظر مؤلفيها، وفي طريقتهم في تحليل الأحداث. ولذا يبدو تدريب الطلبة والأشخاص الباحثين على تحري صحة المصدر يعتبر من المهارات الأساسية للعمل العلمي والتفكير السليم. ولفحص مصدر ما، فإننا نقدم مجموعة من الأسئلة التي تقودنا إلى إجابات تمكننا من الحكم على صحة المصدر.

معايير موثوقة المصدر

1- **هل ما جاء فيه منسجم مع مصادر أخرى؟**
2- **هل مؤلفه يتمتع بالسمعة العلمية؟**
3- **هل المؤلف مختص بالموضوع؟**
4- **هل قدّم أسباباً مقنعة؟**
5- **هل المراجع التي اعتمد عليها دقيقة؟**
6- **هل المرجع يعرض حقائق أم آراء؟**

وسنقدم فيما يلي نموذجاً لفحص صحة المصدر مع تطبيق عملي على هذا النموذج.

نموذج فحص دقة المصدر

الأسئلة	الإجابات
الحكم:	

درس تطبيقي : دقة المصادر

محتوى الدرس: ادعى شخص أن كل طفل يمكن أن يتعلّم الإبداع.

الهدف: أن يكتشف الطالب دقة هذا الإدعاء.

الأسئلة	المعلومات والإجابات المتوفرة	الاتجاه + ، -
هل هذا الشخص مؤهل علمياً وتربوياً؟	يحمل درجة الدكتوراه في الفزيولوجيا والدماغ.	+
هل هو موثوق من الآخرين؟	إنه غير معروف في الأوساط العلمية.	-
هل اعتمد على تجارب وبحوث علمية؟	إنه باحث ولديه تجارب غنية	+
هل عمل في تدريب الأطفال؟	لم يعمل	-
هل تنسجم أفكاره مع العلم السائد؟	هناك بحوث تؤيد وأخرى تعارض	+
هل لديه أسباب شخصية لهذا الادعاء؟	نعم! إنه يدير مدرسة حديثة	-

الحكم: لا نستطيع الحكم. نحن بحاجة إلى متابعة البحث قبل إصدار قرار على صحة إدعائه. ولذا فإن علينا أن نطلب معلومات جديدة مثل:

هل نشر بحوثه العلمية؟

هل أقرّت بحوثه من مجلات علمية محكمة؟

هل قدّم بحوثه في مؤتمرات علمية؟

....

....

أمثلة على دروس في فحص دقة المصدر:

1- أمامك تقرير عن زيارة قام بها زميلك إلى مؤسسة خيرية. كيف نفحص صحة التقرير؟

2- نبحث عن معلومات سياحية. من تسأل من هؤلاء؟ رتبّهم حسب درجة ثقتك بمعلوماتهم؟

- ضابط شرطة، معلم جغرافيا، نائب، معلم تاريخ، إعلامي.
- دليل سياحي، باحث جغرافي، مختص في الآثار.

3- أي الفضائيات التالية أكثر دقة في أخبارها؟ كيف تثبت رأيك؟

الجزيرة، العربية، CNN، الأردنية، أبو ظبي، الإخبارية.

4- قرأت إعلاناً عن أحد المشروبات، كيف تفحص صحة الإعلان؟

5- طلب منك ملاحظة سلوك أطفال الروضة، كيف تجعل ملاحظاتك دقيق؟

6- نشرت جريدة محلية استطلاع رأي عام عن حكومة متنفّذة، كيف تحكم على صحة نتائج الاستطلاع؟

التفكير حول التفكير

- كيف اخترت معاييرك؟ لماذا اخترت هذا المعيار كأفضلها؟
- ما المعايير التي أهملتها؟ لماذا أهملتها؟
- ما المعايير التي ساعدتك على الحكم؟ ما المعايير التي لم تساعدك؟
- فكر في طريقة لتعديل معاييرك؟

ثامناً- معرفة الأسباب

إن معظم الناس يهتمون بالنتائج أكثر من اهتمامهم بالأسباب. كما يخلطون بين الأسباب والنتائج. ولا يميزون بينها، وهذا من أكثر مزالق التفكير السليم.

فحين نقرأ إعلاناً، أو نسمع خبراً أو فكرة، لا نسأل لماذا نشر هذا الإعلان؟ أو لماذا أذيع هذا الخبر؟ وحتى لو سألنا، فإن من المحتمل أن لا نعثر على السبب الحقيقي، إذ كثيراً ما تختلط الأسباب، وكثيراً ما تختفي الأسباب الحقيقية.

إن معرفة الأسباب، والتمييز بينها وبين النتائج هي من مهارات التفكير التحليلي الأساسية. فهل صحيح أن السرعة هي سبب حوادث السيارات؟ هل هناك أسباب أخرى أكثر أهمية؟ ماذا عن الطيش؟ الطقس؟ سوء الطريق؟ الإهمال؟ التعب؟ صلاحية المركبة؟ .... الخ.

كيف نميّز السبب المباشر أو السبب القوي؟

إن تمييز الأسباب عن النتائج يتطلب تدريباً على إتقان هذه المهارة.

أسئلة هامة

- مـا الأسـبـاب الـتـي أنتجت هذا الفعل؟
- مـا الإثـبـات عـلـى أن هـذه الأسباب هـي الـتـي أنتجـت هـذا الفعل؟
- ما السبب القريب؟
- مـا الأسـبـاب غـيـر المباشرة؟
- ما الأسباب المحتملة؟ غير المحتملة؟

نموذج مهارة معرفة الأسباب

النتيجة	
الأسباب المحتملة	الأسباب غير المحتملة
-1	-1
-2	-2
-3	-3
-4	-4
-5	-5
-6	-6

درس تطبيقي : معرفة الأسباب

المحتوى: عوائق التقدم الاقتصادي العربي.

الهدف: أن يضع الطالب الأسباب الحقيقية التي تعيق الاقتصاد.

عوائق اقتصادية	
أسباب محتملة	**أسباب غير محتملة**
1- ضعف الموارد الأولية	1- التنافس بين الجامعات.
2- اضطراب الأوضاع السياسية.	2- انتشار البطالة.
3- التخلف الثقافي.	3- زيادة نسبة الفقر.
4- الانقطاع أربعة أيام عن السوق العالمي.	4- عوامل الطقس.
5- تنافس الدول العربية.	5- تذبذب أسعار البترول.
6- الاهتمام بالزراعة.	
7- الاحتكار العالمي.	
8- غياب التنسيق العربي.	
9- ضعف رأس المال.	

أمثلة لدروس عن تمييز الأسباب

- ما الذي جعل المتحدث يقول هذا الكلام؟
- ما عوامل الزيادة السكانية في العالم العربي؟
- ما أسباب ضعف الطلبة في اللغة العربية؟
- ما الأسباب التي قدمها الطبيب لإقناعك بتخفيف الوزن؟
- ما أسباب نفور الطلبة من المدرسة الحالية؟
- لماذا تنخفض الروح المعنوية للعاملين في التعليم؟
- ما النتائج التي يمكن أن تحدث لطالب يعمل ليلاً لمساعدة أهله؟
- ما العوامل التي أدت إلى تقدم الثقافة العربية؟
- ما أسباب الاهتمام بالكتب الدينية والسياسية؟
- ما الأسباب التي تؤيد أو تعارض التحاقك بفريق كرة القدم؟
- ما أسباب اختيار المستطيل كأكثر الأشكال انتشاراً في البناء؟
- لماذا احتلت أمريكا العراق؟
- أعط أسباباً مقنعة لكي لا يشاهد الأطفال بعض الفضائيات؟

التفكير حول التفكير

- تحدث شخص عن عمل المرأة، ما الأسئلة التي تثيرها لكي تتعرف على دوافع هذا الشخص؟
- ما الذي جعلك تقول إن السرعة هي سبب الحادث؟
- لماذا أهملت عامل الطقس كسبب للحادث؟
- إذا أردت أن تعرف وجهة نظر متحدث ما في موضوع حرية المرأة ، ما الأسئلة التي تثيرها ؟

تاسعاً- الفروض والاحتمالات وتوليد الأفكار

حين نريد تفسير موقف، فإننا نخمّن أبعاد هذا الموقف، ونحاول وضع فروض أو احتمالات وأفكار تساعدنا في فهمه. فحين يتفوق أحد الطلبة فإننا نضع فروضاً لتفسير هذا التفوق، مثل:

> الفـروض هـــي تفسـيرات مبدئيـة نضـعها في محاولـة لفهـم الموقف. وحين نثبت صحتها تتحول إلى حقائق.

- إنه شديد الذكاء؟

- إنه مجد وحريص.

- إنه متفاعل ومستمع جيد.

- إنه يدرس خمس ساعات يومياً.

هذه فروض وليست حقائق، ولكن حين نقوم بدراسة لفحصها، فإن بعض هذه الفروض تثبت صحته، وبعضها تثبت عدم صحتها.

إن الفروض التي تثبت صحتها هي التي نأخذ بها في تفسيرات الموقف. أمـا الفروض التـي لم تثبت صحتها فإنها تهمل.

إن الأسلوب العلمي هو أن ندرس المشكلة، ونضع عدة فروض لتفسيرها، ثم نختبر مدى صحة هذه الفروض حتى نحصل على النتيجة التي تفسّر المشكلة.

سنركز في هذا الجانب على زيادة مهارة الطالب في وضع فروض أو توليد أفكار لحل مشكلة معينة.

درس تطبيقي : مهارة وضع الفروض وتوليد الأفكار

موضوع الدرس: زيادة حوادث السير.

الهدف: أن يضع الطالب فروضاً عديدة لتقليل عدد لمشكلة حوادث السير.

زيادة حوادث السير

الحلول المقترحة

1- تدعيم إشارات المرور.
2- تركيز المنهج الدراسي على موضوع التربية المرورية.
3- رفع أسعار السيارات.
4- رفع أقساط شركات التأمين.
5- رفع أسعار البنزين.
6- وضع غرامات على الحوادث.
7- تخصيص شوارع آمنة للمشاة.
8- تشديد العقوبة.
9- صناعة السيارات من البلاستيك.
10- منع السرعة الزائدة.
11- وضع نجمة على السيارة الآمنة.
12- وضع مطبات في الشوارع.

تصنيف الحلول

حلول تربوية	حلول قانونية	حلول قاسية	حلول وقائية	حلول مؤقتة

الحلول الإبداعية:

أمثلة عملية لدروس حول وضع الفروض والخيارات:

- اقترح طرقاً متعددة لتحسين العلاقات بين الزملاء؟

- كيف تحل مشكلة البطالة؟ اقترح عشرة مقترحات.

- ضع مقترحات لخفض التلوث في البيئة؟

- كيف تحفز الطلبة على حل الواجبات المدرسية؟

- كيف تصل من مدينة إلى مدينة في أقصر وقت ممكن؟

- كيف تفسر ظاهرة الزواج المدني؟

- اقترح طرقاً لحل مشكلة زيادة أسعار المنازل؟

- قدم صورة لشخص يتحدث، ما الذي يقوله هذا الشخص؟

التفكير حول التفكير

- أردت أفكاراً حول خفض الزيادة السكانية، ما الأسئلة الهامة التي تسألها؟

- لماذا لم تكتف بتفسير واحد، لماذا بحثت عن تفسيرات أخرى؟

- هل طريقتك ملائمة لاشتقاق أفكار عديدة؟

- إذا رغبت في الحصول على أفكار عديدة حول موضوع. ما الذي تفعله؟

عاشراً- الإثارة العشوائية والمجاز

تستخدم هذه المهارة في الحصول على معلومات عن موضوع أو فكرة لا نعرفها من خلال تشبيه هذا الموضوع أو الفكرة بشيء آخر معروف.

ويمكن أن يكون الموضوع المشبه ما مرتبطاً بالمشبه ومختاراً بعناية، وفي هذه الحال تسمي المهارة: التعلم بالمجاز والتشبيه. كأن نشبه الدورة الدموية بحركة المرور. وقد يكون المشبه به غير مرتبط إطلاقاً بالمشبه، وفي هذه الحال تسمى المهارة بالإثارة العشوائية. كأن نشبه المعلم بالتعلم أو العلم أو الورقة.

ويمكن أن تستخدم هذه المهارة بتوسيع في كثير من الدروس حيث تحدث جواً من المرح والمتعة يميّز عملية التعلم.

> **الإثارة العشوائية**
> إذا أردت أن تحصل على معلومات عن مفهوم لا تعرفه. حاول استحضار مفهوم عشوائي آخر. ثم قارن بين المفهومين، فتحصل على معلومات هامة عن الموضوع الذي لا تعرفه.

نموذج الإثارة العشوائية والمجاز

المشبه (الموضوع المعروف)	أوجه الشبه	المشبه (الموضوع غير معروف)
النتيجة:		

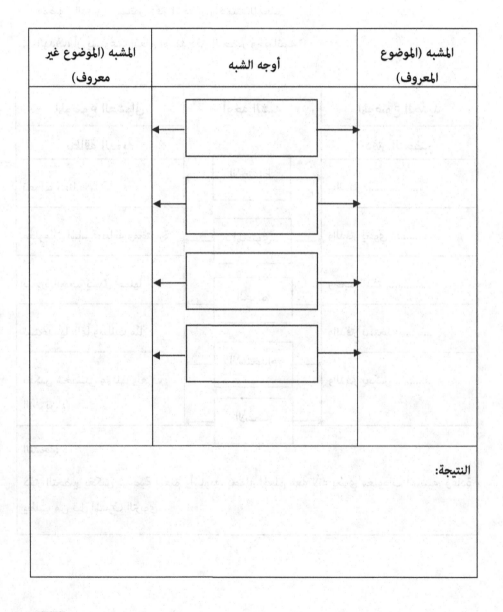

درس تطبيقي: الإثارة العشوائية

موضوع الدرس: خصائص دفتر التحضير وأهميته للمعلم.

الهدف: أن يستوعب المعلم أهمية دفتر التحضير وخصائصه.

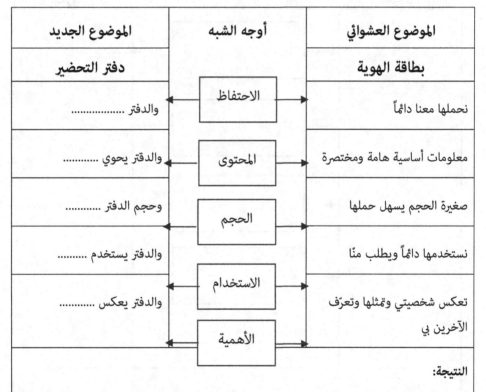

الموضوع العشوائي	أوجه الشبه	الموضوع الجديد
بطاقة الهوية		**دفتر التحضير**
نحملها معنا دائماً	الاحتفاظ	والدفتر ....
معلومات أساسية هامة ومختصرة	المحتوى	والدقتر يحوي ....
صغيرة الحجم يسهل حملها	الحجم	وحجم الدفتر ....
نستخدمها دائماً ويطلب منّا	الاستخدام	والدفتر يستخدم ....
تعكس شخصيتي وتمثلها وتعرّف الآخرين بي	الأهمية	والدفتر يعكس ....

النتيجة:

دفتر التحضير يعكس شخصية المعلم وأسلوبه، يحمله المعلم معه لأنه يحوي معلومات أساسية، وعادة يطلب من قبل المشرف التربوي.

أمثلة لدروس عملية

- المدير يشبه الفراشة.   ما أوجه الشبه؟

- الإنسان يشبه السيارة.   ما أوجه الشبه؟

- الأب يشبه الجسر.   ما أوجه الشبه؟

- الضغط الجوي يشبه الحجر.   ما أوجه الشبه؟

- المكثف يشبه خزان الماء.   ما أوجه الشبه؟

- المدينة تشبه المتجر.   ما أوجه الشبه؟

- الجذر التربيعي يشبه الخريف.   ما أوجه الشبه؟

- المدرسة تشبه البحر.   ما أوجه الشبه؟

- المعلم يشبه الدبوس.   ما أوجه الشبه؟

- الدائرة تشبه الوالدة.   ما أوجه الشبه؟

التفكير حول التفكير

- لماذا حددت هذه الخصائص؟ هل فكرت بأوجه شبه أخرى؟

- كيف وضعت الفكرة العشوائية؟ هل فكرت بإثارات أخرى؟

- ما الذي دار بذهنك وأنت تبحث عن أوجه الشبه؟

- ما قيمة المعلومات التي حصلت عليها؟

تطبيقات عملية

اشتمل هذا الباب على تطبيقات عملية شاملة في مواد مختلفة ومن كتب دراسية في عدد من الدول العربية، وتم عدم الإشارة إلى هذه الكتب لأسباب معروفة. كما أننا وضعنا الأنشطة دون أن نضع مادة الدرس، لأن ذلك غير ممكن عملياً. لكن تم وضع الأنشطة بشكل واضح يمكن أن يفيد في أي موضوع أو درس آخر، فموضوع الدرس ليس أساسياً، ما يهمنا هنا هو كيف نضع أنشطة تفكير وكيف نستخدمها.

وقد احتوى هذا الباب على أنشطة في:

- اللغة العربية.
- التربية الإسلامية.
- العلوم.
- الرياضيات.

نأمل أن يكون هذا مفيداً للمعلمين والمشرفين.

ملاحظات:

1- احتوت المادة الجديدة على أسئلة تفكير، وأنشطة تفكير.

2- أسئلة التفكير هي أسئلة تثير التفكير، وليس لها إجابة محددة صحيحة. بل يحتمل السؤال أكثر من إجابة صحيحة.

3- عرض نشاطين إلى ثلاثة أنشطة في كل درس.

4- يمكن أن تكون بعض الأنشطة غير واضحة بالنسبة لبعض الطلبة. ولكنها ستكون واضحة جداً بعد تجريبها على عينة محددة من الطلبة.

5- يمكن إضافة العديد من الأنشطة لكل درس. ولكن تم الاكتفاء بنماذج منها. لكن يمكن للمعلم التوسَع فيها كما يريد، ووفق ظروفه وإمكاناته.

6- يمكن أن يتدرب المعلمون على تنفيذ هذه الأنشطة.

7- وأخيراً يمكن توزيع مهارات التفكير بشكل منظم ومن المواد الدراسية والسنوات أو الصفوف. بحيث تتكامل هذه المهارات مع تقدم الطالب في الدراسة.

1- أنشطة تفكير في اللغة العربية

1- اليوم الدراسي الأول

أسئلة التفكير: انظر إلى الصورة وأجب:

1- ما عمر الأب؟ الأم؟ راشد؟ حمد؟ ريم؟ هند.

2- هل ستنجب الأسرة المزيد من الأطفال؟ كم؟

3- كم يصبح عدد الذكور؟

4- كم يصبح عدد الإناث؟

نشاط (1)

الهدف: أن يفكر الطفل إبداعياً

- لو أردت حذف بعض المأكولات عن المائدة في الصورة. ماذا تحذف؟
- اقترح عشرة أشياء تفضل وجودها على الطاولة؟
- ما الأشياء الناقصة على المائدة؟ اذكر عشرة أشياء ناقصة؟

نشاط (2)

الهدف: أن يتدرب الأطفال على وضع الخطط.

أنت مسؤول عن أسرتك هذا الأسبوع. خطط لسرتك في المجالات التالية:

- ماذا يأكلون كل يوم؟ أين تسمح لهم بالذهاب؟
- ما النشاطات المسموحة لهم؟
- ما البرامج التلفزيونية التي ستشاهدونها؟ ما البرامج الممنوعة؟
- ما الزيارات المسموحة؟ ما الممنوعة؟

- كم درهماً ستصرف كل يوم؟ كم ستعطي كل شخص في الأسرة.
- إذا خالفك والدك. وأنت مسؤول الأسرة. كيف ستتصرف معه؟
- ما القوانين التي تضعها لقوانين الأسرة.

نشاط (3)

الهدف: أن يضع الطالب خطة أسبوعية وخطة يومية.

1- رتِّب وقتك كل يوم من الساعة الثانية بعد الظهر حتى السابعة:

راع ما يلي:

وقتاً كافياً للعب. وقتاً كافياً للطعام. وقتاً كافياً للدراسة.

وقتاً كافياً للجلوس مع الأسرة. وقتاً للذهاب إلى أماكن الثقافة. التسلية.

2- معك 150 درهماً. لإنفاقها على أسرتك في يومٍ واحد

كيف تنفقها مراعياً.

- الطعام.
- المصروف اليومي لكل فرد.
- بعض الحاجات الأخرى.

2- بطاقة تهنئة

أسئلة التفكير:

1- لو أردت أن تقترح - تقترحي مسابقات مدرسية غير مسابقة الرسم. ماذا تقترحين؟

2- حددي خمس مواقع في المنزل تضعين فيها العلم.

حددي خمس مواقع في المدرسة تضعين فيها العلم.

3- يرمز العلم إلى اتحاد الإمارات السبع: سبع نخلات.

هل تستطيعين اقتراح أشياء أخرى كرمز للاتحاد غير السبع نخلات.

مثل:

سبع زهرات. سبع ......

سبع سيوف. سبع ......

سبع ...... سبع ....

سبع ...... سبع ....

نشاط تفكير:

الهدف: تدريب الطالب على تحديد أولوياته.

أردت أن تهدي نجاحك إلى واحد من هؤلاء. لمن تهديه

رتبي هؤلاء حسب درجة رغبتك في الإهداء: من الأول؟ الثاني؟ ...الخ.

- الأم، المعلمة، الأب، الجد، الخ الصغير، المديرة.

نشاط (1)

الهدف: أن تحدد الطالبة المعاني المتشابهة في عدد من الجمل.

أي الجملتين متشابهة في المعنى:

1- دمت مرفوعا يا علم بلادي.

2- علم بلدي ملون.

3- نضع العلم فوق رؤوسنا وفوق مؤسساتنا .

4- نرسم العلم لأننا نحبه .

نشاط (2)

الهدف: أن تصمم الطالبة بطاقة تهنئة أو أي بطاقة

اطلبي من الطالبات أن تضع كل منهن شكلا أو تصميما لبطاقة:

● تهنئة.

● دعوة.

● تأجيل دعوة.

3- **يوم النشاط الرياضي**

أسئلة التفكير :

1- ما المشاعر الموجودة في النص؟ مشاعر الفائز؟

مشاعر الخسران؟

مشاعر الأب؟

2- ما مشاعرك أنت؟

3- ماذا ينبغي عليك أن تفعل!

إذا أردت أن تنجح؟

إذا أردت أن تفوز؟

إذا أردت أن تشتري لعبة؟

نشاط تفكير:

الهدف: أن يميز الطالب بين سلوكات صحيحة وأخرى خاطئة.

أي السلوكات التالية تساعدك على الفوز بالنجاح؟

1- أن تستعد جيداً .	نعم	لا
2- أن تخدع الآخرين.	نعم	لا
3- أن تتعاون مع الآخرين.	نعم	لا
4- أن تحب الآخرين.	نعم	لا
5- أن تخفي الحقيقة عن الآخرين.	نعم	لا

400

نشاط تفكير:

الهدف: أن يميز بين العوامل الإيجابية والسلبية في النص.

في الدرس مجموعة من المواقف التي تحدث فرحاً وسروراً

ومجموعة من المواقف التي تحدث حزناً وألماً.

حدد هذه المواقف!

نشاط تفكير:

الهدف: أن يميز الطالب بين السبب والنتيجة.

ميّز بين الأسباب والنتائج في كل سلوك مما يلي:

- استعد الفريق ففاز.
- فاز الفريق فشعر الجميع بالفرح.
- تحدث راشد ففرح أبو راشد.
- حزن راشد بسبب خسارته في المباراة.

نشاط التفكير:

الهدف: أن يستخدم الطالب إستراتيجية رابح - رابح.

" خطط للعبة مع زميلك ليس فيها شخص يفوز والآخر يخسر".

4- رحلة مدرسية

أسئلة التفكير:

1- لماذا يقوم الأطفال برحلة؟

2- ما أفضل مكان ترغب أن تزوره؟   ماذا ترغب أن تشاهد فيه؟

من ترغب أن يكون معك هناك؟   ماذا تفعل في هذا المكان؟

ما الحاجات التي تأخذها معك إلى هذا المكان؟

نشاط التفكير:

الهدف: أن يخطط الطلبة لرحلة.

قسم الصف إلى مجموعات، كلف كل مجموعة بعمل ما.

- المجموعة الأولى: تختار مكان الرحلة.

- المجموعة الثانية: تختار مدة الرحلة.

- المجموعة الثالثة: تختار وقت الرحلة.

- المجموعة الرابعة: تحدد كلفة الرحلة.

- المجموعة الخامسة: تحدد متطلبات بدء الرحلة.

نشاط تفكير:

الهدف: أن يميز الطالب بين مشاعره قبل الرحلة وبعد الرحلة.

اسأل الطالب: من قام برحلة؟ أدر نقاشاً حول الرحلات ثم اطلب ما يلي:

- صف مشاعرك / مشاعر أهلك قبل الرحلة.

- صف مشاعرك / مشاعر أهلك بعد الرحلة.

- لماذا تغيرت المشاعر؟

5- العين الساهرة.

أسئلة تفكير

1- ما الذي يجعل رجل الشرطة متعباً؟

2- إذا أردت أن تبحث عن صديق ضائع. ماذا تفعل؟ أين تبحث؟

3- ما الأسباب التي تجعل طالباً يتأخر عن العودة إلى منزله؟

4- ما المهنة التي تفضل أن تمارسها حين تكبر؟

نشاط تفكير:

الهدف: أن يفكر الطالب في مستقبله المهني.

فيما يلي عدد من المهن. أي المهن تختار؟ رتبها من حسب أهميتها لديك:

- معلم.
- طبيب.
- شرطي.
- تاجر.
- مذيع تلفزيون.
- سائق.
- جندي.

نشاط تفكير:

اختار أحد زملائك أن يمارس مهنة الشرطي.

ما إيجابيات هذا العمل؟

ما سلبياته؟

هل تشجعه على ذلك؟

6- العمل

نشاط تفكير:

الهدف: أن يتدرب الطالب على الملاحظة. اطلب استكمال الفراغ:

يضع الملك تاجاً على رأسه.	وذلك من أجل ....
يحمل حرس الملك نقوداً.	وذلك من أجل ....
ترك الفلاح الفأس من يده.	وذلك من أجل ....
يلبس الملك ملابس أنيقة.	وذلك من أجل ....

نشاط تفكير:

الهدف: أن يستخدم الطالب القياس بالمشابهة. اطلب استكمال ما يلي:

غرسوا	فأكلنا	نغرس	فيأكلون
عملوا	....	....	فينجحون
سهروا	....	....	فيأمنون
تعلموا	....	....	فيتعلمون

نشاط تفكير:

الهدف: أن يتعرف الطالب إلى أصحاب المهن المختلفة

ماذا يعمل هؤلاء؟	ماذا يعمل الشعراء؟
ماذا يعمل المحامون؟	ماذا يعمل الفلاحون؟
ماذا يعمل الطلاب؟	ماذا يعمل المديرون؟
ماذا يعمل التجّار؟	

7- الوقاية خير من العلاج

أسئلة التفكير:

1- ذهبت ريم إلى طبيب الأسنان. ولم تذهب سعاد. لماذا؟

2- لماذا ازداد عدد أطباء الأسنان؟

3- ماذا تقولين للأطفال لو أنك طبيبة أسنان؟

4- ارتكبت مها عدة أخطاء. ثم ذهبت إلى طبيب الأسنان فخلع لها ضرسها.

ما الأخطاء التي ارتكبتها؟

نشاط تفكير:

الهدف: أن تدرك الطالبة التناقضات في المواقف التالية:

ما التناقضات فيما يلي:

- أكلت كثيراً من الحلوى. وبذا حافظت على أسنانها.

- استخدمت الفرشاة والمعجون. فتسوست أسنانها.

- راجع طبيب الأسنان بانتظام. فخلع له عدداً من أسنانه.

- كسر على أسنانه جوزاً. فصارت أسنانه قوية.

- أحافظ على أسناني وأغسلها بعد النوم كل صباح.

نشاط تفكير:

الهدف: أن يضع الطالب فروضاً لتفسير موقف ما.

كان مازن يذهب كثيراً إلى طبيب الأسنان.

لماذا؟

اكتب خمس أسباب محتملة.

نشاط تفكير:

الهدف: أن يتعلم الطالب إنتاج أفكار عديدة.

الوقاية خير   من العلاج.

العمل خير   من ....

أفضل لحم السمك أكثر من ....

الفوز خير   من ....

.... خير   من ....

.... خير   من ....

.... خير   من ....

8- محكمة البحار

أسئلة التفكير:

1- ما الذي يفعله الشخص حتى تسميه مهتماً؟

2- كيف تتعامل مع المهتمين لو كنت قاضياً؟

3- ما التهمة التي توجهها لما من:

- لا يقول الحق.
- لا يدرس جيداً.
- لا يحترم الوقت.
- لا يفعل شيئاً!

نشاط تفكير:

الهدف: أن يميز الطالب بين الآراء والحقائق.

1- القاضي هو الذي يحكم على المهتمين.

2- المتّهم هو شخص سيئ.

3- قنديل البحر أفضل من السلحفاة.

4- السلحفاة تسير ببطء.

5- الحاجب هو شخص الذي ينادي على المتهمين.

6- صوت الحاجب مزعج.

نشاط تفكير:

الهدف: أن يصدر الطالب قراراً بعد مراعاة جميع العوامل المؤثرة.

استمع القاضي إلى شاهد واحد. وأصدر حكماً على المتهم.

- ما الأخطاء التي وقع بها هذا القاضي؟
- هل حكم القاضي صحيح؟ ما الذي يلزم حتى يكون هذا الحكم صحيحاً؟

نشاط تفكير:

الهدف: أن يميز الطالب بين كلمات ذات صلة وكلمات غير ذات صلة بموضوع

ما الكلمات التي لها صلة بالمحكمة في القائمة التالية:

1- العدل.	2- المتهم.	3- السوق.	4- الفواكه
5- الشاهد.	5- الحاجب.	6- القاضي.	7- التاجر.
8- التاجر.	9- القاضي.		

نشاط تفكير:

الهدف: أن يميز الطالب بين سلوكات تخضع للمساءلة في المحكمة سلوكات أخرى لا تخضع.

قام عدد من الأشخاص بالسلوكات التالية. وقدموا جميعاً للقضاء. اصدر القاضي أحكاماً بتبرئة بعضهم وأدائه آخرين. ميز بين البريء و المدان من السلطات التالية :

1- مر رجل بسيارته في الشارع .ووقف عند الإشارة.

2- قاد رجل سيارته بسرعة حنونة.

3- قطع سائق الإشارة وهي حمراء.

4- أنتظر السائق قليلا حتى مر رجل من عبر الشارع.

9- كل عام والوالد زايد بخير

أسئلة تفكير:

1- لو أرت اختيار عاصمة ثانية للإمارات. ماذا تختار ؟ لماذا اخترتها؟

2- لو أرت أن تقدم أنت وزملاء الصف هدية للشيخ زايد ماذا تختارون ؟

3- ما أنواع الورود الذي قدم للشيخ زايد؟ ما أنواعه؟

4- كيف حمل أبناء الإمارات باقة الورد الكبيرة

نشاط تفكير:

أن ينظم الطالب احتفالا بموقف ما.

أقترح مجموعة من الأنشطة للاحتفال بعيد المدرسة!

أقترح مجموعة من الأنشطة للاحتفال بعيد زميلك!

أقترح مجموعة من الأنشطة للاحتفال بعيد اتحاد الإمارات!

نشاط تفكير:

أن يميز الطالب بين حياة القرية وحياة المدينة.

ذهبت مع زميل لك لزيارة صديق لكما يسكن في القرية. وقضيتما معه يوما كاملا من الصباح حتى صباح اليوم التالي:

تحدث لنا عما يلي:

- كيف وصلتما إلى القرية.

- ماذا شاهدتما في الريف.

- ماذا يعمل والد زميلك.

- ما الفرق بين منزلك في المدينة ومنزل زميلك في الريف.

- ما الفرق بين عادات أهل المدينة والريف.
- ما الفرق بين مطاعم أهل المدينة والريف.

نشاط تفكير:

الهدف: أن يضع الطالب تصميماً لشعار.

أردت أن تصمم شعاراً أو لافته للاحتفال بعيد ميلاد القائد. ماذا تكتب على اللافتة أو الشعار؟

10- وطني الإمارات

أسئلة تفكير:

1- كل أجدادنا تمراً وسمكاً. ماذا لو لم يكن لديهم تمر وسمك؟ ماذا يأكلون؟

2- اكتب أسماء خمس مواد تبنى منها بيوت المواطنين قديماً وحديثاً.

نشاط تفكير:

الهدف: أن يدرك الطالب النتائج المترتبة

اتحدت الإمارات السبع في دولة واحدة. ما النتائج المترتبة على هذا الاتحاد. إملاء الشكل التالي:

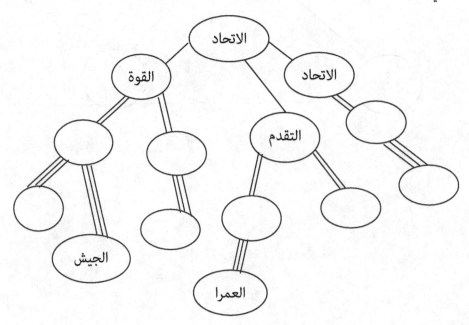

نشاط تفكير:

الهدف: أن يحدد الطالب العوامل المؤثرة والعوامل الناتجة.

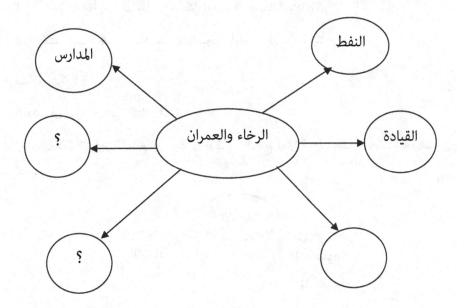

11- أرض الخيرات

أسئلة التفكير:

- لو كان لديك حديقة في منزلك. ماذا تزرع فيها؟

- إذا زرت سوقاً في إمارة غير إمارتك. ماذا تشاهد فيها؟

- ماذا تشاهد في سوق بمنطقة على البحر؟ سوق بعيد عن البحر؟

نشاط تفكير:

الهدف: أن يصدر الطالب قراراً

أردت الحصول على معلومات عن أسواق الخضار. من تسأل من هؤلاء للحصول على المعلومات المطلوبة؟

- مديرة المدرسة.

- شرطي سير.

- دليل سياحي.

- تاجر خضار.

- زميل في صفك.

- جدَك.

- شخص يشتري خضاراً من السوق.

- مزارع.

رتب هؤلاء حسب درجة ثقتك في معلوماتهم.

نشاط تفكير

الهدف: أن يستنتج الطالب أفكاراً هامة ضمن سياق.

أكمل السلسلة التالية:

1- أراد شخص أن يخفف من وزنه

2-

3- قال له الطبيب: تناول خضاراً وفواكه وابتعد عن الحلويات

4-

5-

6- تحسنت صحته. ونقص وزنه.

نشاط تفكير:

الهدف: أن يستنتج الطالب تسلسلاً منطقياً.

أكمل ما يلي:

1- جهز الفلاح الأرض

2-

3- قطف الفلاح الفواكه والخضار.

4- ....

5- ....

6- ذهب والدي إلى السوق. واشترى فواكه وخضار.

7- ....

8- ....

2- التربية الإسلامية- أنشطة التفكير

1- سورة القارعة

نشاط تفكير:

الهدف: أن يربط الطالب بين معنيين متقاربين.

أي الجملتين متشابهتين في المعنى.

1- أحداث يوم القيامة مخيفة

2- يخرج الناس من القبور.

3- يجتمع الناس للحساب.

4- يحاسب الله الناس على أعمالهم.

5- تتفتت الجبال ويخرج الناس كالفراش.

مناقشة:

هل هناك جملتان أخريان متشابهتان في المعنى. ما هما؟

• ما العنوان الذي تضعه ليشمل جميع الجمل السابقة؟

نشاط التفكير

أي الصور التالية أشد إيلاماً؟ رتبها حسب درجة الألم من 1-5

• يجتمع الناس يوم القيامة للحساب.

• تتفتت الجبال كالصوف المتطاير.

• يخرج الناس من القبور كالفراش.

- من خفت موازينه فهو شقي مأواه النار.
- يوم القيامة شديد الأهوال.

مناقشة:

- ما أشد إيلاماً؟ ما أخفها؟
- من الذي يشقى يوم القيامة؟
- هل ترحب بيوم القيامة؟ لماذا؟
- كيف تستعد لذلك اليوم؟

2- الإيمان باليوم الآخر.

نشاط تفكير:

أكمل السلسلة التالية:

1- نفخ إسرائيل في الصور.

-2

-3

-4

5- يحاسبون

6- ....

مناقشة:

- ما أهم هذه الخطوات؟
- لماذا يحاسب الناس؟
- ما القرار التي تحدث بعد المحاسبة؟

نشاط تفكير:

الهدف: أن يضع الطالب فروضاً عديدة لتفسير موقف.

حلم شخص في العشرين من عمره. أنه يعيش يوم القيامة. وإنه أرسل إلى الجنة. لأنه كان في حياته يوم بعشرة أعمال جيدة. وأن اللـه سامحه في خمسة أعمال.

ما هذه الأعمال؟ الجيدة والسيئة؟

نشاط تفكير:

من أنا؟

1- أنفخ في الصور فتخرجون من قبوركم.

2- أنا يوم الحساب.

3- أنا موازيني ثقيلة.

4- تدخلون إليَ إذا كانت أعمالكم جيدة.

3- الجنة والنار

نشاط تفكير:

قارن بين الجنة والنار

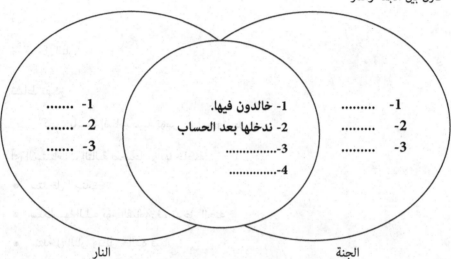

الجنة   النار

نشاط تفكير:

أن يميز الطالب بين الأسباب والنتائج.

- كان التاجر يغش فدخل النار.

- يبعث الله الناس يوم القيامة لكي يحاسبهم.

- سيلقى الكفار عذاباً شديداً.

- يدخل المؤمنون الجنة.

- المسلم يعمل الخير ويدخل الجنة.

نشاط تفكير:

أكمل التسلسل التالي:

-1

-2

-3

4- فدخل النار.

نشاط تفكير

"كانت باسمة إنسانة طيبة تؤمن بالـلـه. وتفعل الخير"

أي الاستنتاجات التالية صحيحة. وأيها خاطئة:

- ستدخل الجنة.
- سيحاسبها الـلـه يوم القيامة. ثم تدخل الجنة
- ستدخل النار. وتظل خالدة فيها.
- ستتمتع بأنهار الجنة.
- إنها تؤمن باليوم الآخر.

4- الناقة وثمود

أسئلة التفكير:

- أين كانت الناقة قبل أن تخرج من الصخر؟
- لماذا طلبوا من صالح عليه السلام أن يخرج الناقة من الصخر؟
- لماذا قتلوا ناقة صالح عليه السلام؟
- ماذا يحدث لو أن قبيلة ثمود لم تقتل الناقة؟
- هل تستطيع إخراج ناقة من الصخر؟ ماذا تستطيع أن تخرج من الصخرة؟
- كيف كان لبن ناقة واحدة يكفي للقبيلة كلها؟

نشاط تفكير:

"قرَرت قبيلة ثمود قتل الناقة" ماذا ترَتب عليها من نتائج؟

نشاط تفكير:

"عاقب اللـه قبيلة ثمود عقاباً شديداً".

ما العقوبات التي يمكن أن يعاقب اللـه بها الكفار؟

1- يغرقهم في الماء.
2- ....
3- ....
4- ....
5- ....
6- يرسل إليهم رياحاً قوية.
7- ....
8- ....

5- سورة الفجر

أسئلة تفكير:

- ما السلوكات التي يسلكها بعض الناس حالياً. ويعتبرها الـلـه ضارة؟
- ما السلوكات التي يسلكها بعض الناس حالياً. ويعتبرها الـلـه مفيدة؟
- هل رأيت أحداً يسلك مثل عاد وثمود؟ بماذا يشبهونهم؟
- هل رأيت حاكماً مثل فرعون؟ من؟ بماذا يشبهه؟

نشاط تفكير:

الهدف: أن يتعلم الطالب القياس وفق نموذج معين.

الشفع	والوتر
الليل	و......
الخير	و......
الغريب	و......
......	و......
......	و......
......	و......

نشاط تفكير:

الهدف: أن يميز الطالب بين الآراء والحقائق.

1- نحتت قبيلة ثمود بيوتها في الصخر.

2- كانت بيوت ثمود أجمل بيوت وأقواها.

3- قبيلة ثمود هي أفضل من قبيلة عاد.

4- أقسَم الـلـه ليعذبن عاد وثمود.

5- يراقب الـلـه أعمال الجميع ويحاسبهم عليها.

6- سورة الفجر (2)

أسئلة تفكير

1- لماذا يعطي الله أموالاً لبعض الناس. ويحرم بعضها.

2- ما واجب من يعطيه ربه مالاً كثيراً؟

3- ما واجب من لا يعطيه ربه مالاً كثيراً؟

نشاط تفكير:

الهدف: أن يستنتج الطالب حقائق من نصوص.

أقرأ النص التالي: "يختبر الله المسلمين بالمال، مرة يعطيهم ومرة يحرمهم".

إننا نستنتج من هذا النص ما يلي:

- الناجحون هم الذين يحصلون على المال.
- الكسالى لا يجمعون الأموال.
- الله يعطي ويمنع.
- يكرم الله بعض المسلمين بإعطائهم المال.
- يجحد بعض المسلمون نعمة الله فيحرمهم من المال.
- الإكرام هو في كثرة المال.
- يختبر الله بعض المسلمين فيحرمهم من المال.

مناقشة:

هل تحب أن يكرمك الله بالمال؟ لماذا؟

هل تحب أن يحرمك الله من المال؟ لماذا؟

نشاط تفكير:

الهدف: أن تنمي اتجاهات إيجابية في إنفاق المال في سبيل الله

أكرمك اللـه بمبلغ مليون درهم. كيف تنفقها؟

حاول توزيعها على ما يلي:

1- للأهل.

2- للأصدقاء.

3- لك.

4- تبرع لمدرستك.

5- تبرع لجمعيات خيرية.

6- تبرع لفقراء.

7- تبرع لنادٍ تحبه.

مناقشة:

ما أكثر مبلغ تبرعت به؟ لمن؟

نشاط تفكير:

الهدف: أن يصدر الطالب قرارات يواجه بعض الناس الإهانات التالية:

أي هذه الإهانات أشد من غيرها؟ رتبَها حسب شدتها من 1-5

• قلة المال.

• ظلم النساء.

• معصية اللـه.

• عدم إكرام اليتيم.

• جمع المال الحرام.

مناقشة:

لماذا هذا الترتيب؟

هل هناك إهانات أخرى؟ أكتبها؟

7- سورة الفجر (3)

نشاط تفكير:

الهدف: أن يحدد الطالب سلوكات تقود إلى الجنة

في يوم القيامة: قيل لسعاد: وهي سيدة في الأربعين. أنت قمت بعشرة أعمال خير في حياتك. أذهبي إلى الجنة.

ما الأعمال التي قامت بها سعاد؟

مناقشة:

- كم عملاً من أعمال الخير عملت حتى الآن؟
- سجلها في قائمة! تحدث عنها مع زملائك!
- استمع إلى زملائك!

نشاط تفكير:

الهدف: أن يحدد الطالب سلوكات تقود إلى النار.

في يوم القيامة قيل لرجل: هذا يوم لا ينفع فيه الندم. ستعاقب عقاباً شديداً لأنك قمت بعشرة أعمال شريرة في حياتك.

ما هذه الأعمال؟

....

....

مناقشة:

هل قمت ببعض هذه الأعمال؟ كم عددها؟ كيف

8- سباب المسلم فسوق

نشاط تفكير

"سباب المسلم فسوق وقتاله كفر". هذا الحديث يعني ما يلي:

1- يمكن للمسلم أن يشتم مسلماً.

2- علينا أن نقاتل المسلمين.

3- يمنع علينا قتال المسلمين.

4- من يشتم مسلماً فهو فاسق.

5- علينا أن نحافظ على ألسنتنا ولا نشتم أحداً.

6- من يقاتل مسلماً فهو كافر.

نشاط تفكير:

شاهدت زميلاً لك يشتم زميله.

ماذا تقول له: اذكر خمس عبارات.

....

....

....

مناقشة:

اختر أفضل عبارة واكتبها على لوحة.

....

9- أول من أسلم

أسئلة التفكير:

1- لو سمعت دعوة الرسول مع خديجة وأبي بكر وعلي. هل كنت تصدق؟

2- لو دعاك أحد هذه الأيام إلى فكرة ما، هل تصدقه؟

3- وجَه رسالة إلى الصبي علي بن أبي طالب. ماذا تقول له؟

4- أيهما أفضل خادم صدق الرسول أم سيد رفض تصديق الرسول؟ لماذا؟

5- من ترى هذه الأيام مثل خديجة؟ أبو بكر الصديق؟ علي؟ زيد؟

نشاط تفكير:

لو كانت لديك فكرة جيدة. فعلى من تعرضها أولاً؟

- والدك.

- صديقك.

- أختك.

- أخيك.

- معلمك.

- سائق سيارتك.

- التلفزيون.

- الصحيفة.

رتب هذه حسب اهتمامك بها، ضع درجة (1) لأهم المصادر ودرجة (8) لأقلها أهمية.

مناقشة:

من الأول؟ لماذا؟

اعمل مناقشة بين طالبين مختلفين في الترتيب!

10- دار الأرقم

أسئلة تفكير

س1- لو عشت زمن الرسول. وطلب منك أن يجتمع المسلمون في بيتك. هل توافق؟ ماذا ستقول لأبيك؟ لأمك؟ لزعيم قبيلتك؟

س2- لماذا لم يجتمع الرسول وأصحابه في بيت الرسول؟

لماذا اجتمعوا في دار الأرقم؟

س3- لماذا تبرع الأرقم بجعل داره مركز للدعوة. ولم يتبرع شخص آخر؟

نشاط تفكير:

ما الأكثر شبهاً بدار الأرقم مما يلي:

* المدرسة.

* المسجد.

* النادي.

* مركز تحفيظ القران.

* المضافة.

رتبَ هذه الأفكار حسب الشبه مع دار الأرقم؟

نشاط تفكير:

"كانت دار الأرقم مكاناً سرياً حتى أسلم عمر"

أي من الاستنتاجات التالية صحيح؟

1- صار عدد المسلمين كثيراً.

2- صار المسلمون أقوياء.

3- استقوى المسلمون بعمر.

4- هزم المسلمون أعداءهم.

5- انتهى خوف المسلمين.

6- انتهى أذى المشركين.

7- ضعف المشركين.

نشاط تفكير:

أكمل الفراغات التالية بما يجعل المعنى متكاملاً.

1- اجتمع المسلمون في دار الأرقم سراً.

2-

3-

4-

5- صارت دار الأرقم مركزاً علنياً.

مناقشة:

برأيك ما الأحداث التي قادت إلى جعل دار الأرقم مركزاً علنياً؟

نشاط التفكير:

كانت الدعوة سرية.

ما إيجابيات الدعوة السرية؟

ما سلبياتها؟

11- سورة الكافرون

أسئلة تفكير

1- لماذا رفض الرسول أن يعبد الأصنام مقابل أن يعبد الكفار اللـه؟

2- هل هذا حل وسط؟

3- هل تحب الحلول الوسط؟

4- متى يكون الحل الوسط صحيحاً؟

نشاط تفكير:

قال الرسول لكفار لا أعبد ما تعبدون.

1- ماذا تقول لمن يفعلون الخطأ: لا .... ما .... ولا أنتم .....، ....

2- ماذا تقول لمن يشاهدون أفلاماً سيئة: لا .... ما .... ولا أنتم .....، .....

3- ماذا تقول لمن يشترون أشياء ضارة: لا .... ما .... ولا أنتم .....، ....

4- ماذا تقول لمن يأكلون حلويات مكشوفة: لا .... ما .... ولا أنتم .....، ....

مناقشة:

اطلب تأليف عبارات مشابهة:

لا أقول ما تقولون. ولا أنتم قائلون ما أقول

لا .... ولا أنتم ....

لا .... ولا أنتم ....

لا .... ولا أنتم ....

لا .... ولا أنتم ....

لا .... ولا انتم ....

12- أركان الإسلام

أسئلة التفكير

ما الركن الذي تستطيع تأجيله حتى تكبر؟

ما الركن الذي يحب أن تلتزم به الآن؟

ما الركن الذي يمكنك القيام به جزئياً؟

نشاط تفكير:

ضع دائماً، أحياناً، أبداً، أمام كل فقرة مما يلي حسب ما تراه مناسباً:

1- يصلي المسلمون الصلوات الخمس في مواعيدها.

2- يسمح لبعض المسلمين أن يؤجلوا بعض الأركان.

3- يرفض المسلمون إيتاء الزكاة.

4- يحج كل مسلم قادر.

5- يصوم الأطفال في رمضان.

6- يؤجل المسلم صلاته وصيامه.

مناقشة:

ما الأركان التي تلتزم بها دائماً؟

كم ركناً من الأركان ينطبق عليك حالياً؟

في أي سن تقوم باستكمال جميع الأركان؟

نشاط التفكير:

فيما يلي دروس تتعلمها من أركان الإسلام.

بين الركن الذي يعلمك ما يلي:

1-   الصبر والتحمل.

2-   الأمانة والنظافة.

3-   الإحساس بمشاعر المسلمين.

4-   الحصول على الثواب وزيادة أمولك.

5-   طريقة الدخول إلى الإسلام.

نشاط التفكير:

● أكتب رسالة تهنئ فيها والدتك حين عادت من الحج.

● أكتب رسالة تحث فيها زميلك على الصيام.

● تلقيت رسالة من شخص عاد من الحج. ماذا كتب لك فيها؟

أقرأ هذه الرسالة على زملائك.

13- ثواب المشائين إلى المسجد

نشاط تفكير:

كنت تسير في الشارع. وسألك غريب عن المسجد. فماذا تفعل؟

- تقول انك مشغول.
- تعذر وتقول انك مشغول.
- أرشده إلى موقع المسجد، وأعتذر عن الذهاب معه.
- أذهب معه إلى المسجد.
- أذهب معه إلى المسجد وأصلي هناك.
- أرفض إرشاده إلى المسجد.

مناقشة.

ماذا اخترت؟

متى تقول انك مشغول؟

نشاط تفكير:

كنت في بلد غريب. وحان وقت الصلاة. ولا تعرف موقع المسجد. من تسال لكي يرشدك؟

- سائق سيارة.
- استخدم الهاتف لأسأل موظف الاستعلامات.
- أسال رجلاً ملتحياً ماراً بالشارع.
- طفلاً صغيراً.
- سيدة تجلس أمام حديقة منزلها.

- رجل أمن.

رتب هؤلاء حسب درجة ثقتك بإجاباتهم.

نشاط تفكير:

إن الذهاب إلى المسجد أمر مطلوب منا وذلك بسبب:

- نتمرن على المشي. ونمارس رياضة مفيدة.

- نقضي على أوقات فراغنا.

- نصلي في المسجد.

- نصلي جماعة مع سائر المسلمين.

- المسجد مكان نظيف.

- يمكن أن أتحدث وأتسلى مع أصدقائي.

- يؤمن لنا مكانا في الجنة.

- أي من هذه الأسباب تراها ملائمة. وأيها غير ملائم.

رتبها حسب درجة الملاءمة!

14- الصلاة

نشاط تفكير :

الهدف : أن يتمهل الطالب قبل إصدار الحكم.

ما المعلومات الناقصة فيما يلي:

1- "لم يقم عصام للصلاة عندما سمع المؤذن"

أكتب خمس معلومات هامة ناقصة تحتاج إليها حتى تفهم الموقف؟

2- لم تصلي ندى الصلاة في موعدها.

اكتب خمس معلومات ناقصة تحتاج إليها لفهم الموقف.

نشاط تفكير:

أن يدرك الطالب دور العاطفة في تحديد الموقف.

كان الأب مسروراً جداً. وبعد ذلك سمع بأن أبنه لم يصلّ!

كيف تصرف الأب؟

كان الأب في حالة غضب شديد. ثم سمع بأن أبنه لم يصلّ!

كيف تصرف الأب؟

ما الفرق بين سلوك الأب في الموقفين؟

نشاط التفكير:

من الأقرب إلى أركان الإسلام؟

1- شخص يصلي ويصوم.

2- شخص يصلي ويزكي.

3-   شخص يصوم وذهب إلى الحج.

4-   شخص يصلي وذهب إلى الحج.

مناقشة:

ما المعلومات الناقصة التي تحتاج إليها لإصدار حكمتك.

نشاط تفكير:

أنت مسؤول عن أسرتك. ومعك ثلاثة أطفال ما القوانين التي تضعها لكي تضمن أنهم يؤدون وإصابتهم الدينية.

15- الآذان والإقامة

نشاط تفكير

ضع خطة تضمن ذهابك أنت وأخوك إلى المسجد لتقيم الصلاة. (العمل في مجموعات).

مناقشة:

ما الخطوة الأولى؟

ما الفرق بين الآذان وإقامة الصلاة؟

نشاط تفكير:

"تريد أن تقنع زميلك بأهمية الذهاب إلى المسجد لإقامة الصلاة".

ماذا تقول له؟ كيف تقنعه؟ اكتب أدلتك؟

نشاط تفكير:

تريد أن تعرف إن كان عادل يذهب يومياً لإقامة صلاة الفجر في المسجد أم لا.

ما الأسئلة الخمس التي تسألها له لكي تتأكد من ذلك؟

يمنع أن تسأله سؤالاً مباشراً مثل: هل تذهب لإقامة صلاة الفجر في المسجد؟

نشاط تفكير:

أي المؤمنين خير؟ رتبهم حسب رأيك؟

- من يصلي الصلوات في أوقاتها؟
- من يصلي الصلوات في أوقاتها أحياناً؟
- من يصلي الصلوات في المسجد؟
- من يصلي بعض الصلوات حاضراً وفي أوقاتها؟

نشاط تفكير:

قارن

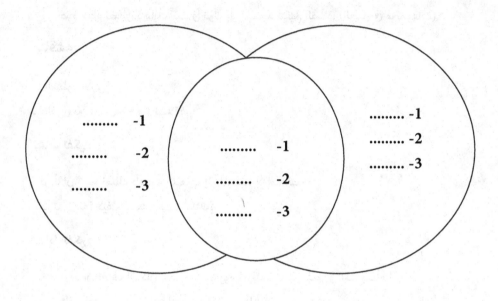

الإقامة   الآذان

16- صلاة الجماعة

نشاط تفكير:

● ضع خطة تضمن التزامك بأداة الصلاة جماعة.

نشاط تفكير:

أن يربط الطالب بين الأسباب والنتائج.

"في مسجد ما يقبل كثير من المصلين للصلاة في المسجد. ويتزايد أعداد المصلين يومياً".

● ما أسباب ذلك من وجهة نظرك؟

اكتب عشرة أسباب.

نشاط تفكير:

الهدف: أن يستمع الطالب إلى وجهة نظر الآخرين.

ناقش زميلك لتقنعه بأهمية الصلاة في المسجد جماعة.

ولكنه لم يقتنع منك!

ماذا كانت وجهة نظره؟

ماذا كانت وجهة نظرك؟

لماذا لم يقتنع؟

نشاط تفكير:

قالوا لك: صلاة الجماعة أفضل من صلاة الفرد. وتريد أن تتأكد من صحة ذلك: من تسأل؟ رتبهم حسب أهمية معلوماتهم.

● رجل متدين، مدير مدرسة، معلم الدين.

● تاجر، والدك، مؤلف كتاب الدين.

17- المصلى

نشاط تفكير:

حين تريد دعوة ناس للصلاة تقول للمصلى.

حين تريد دعوة زملائك للدراسة تقول ...

حين تريد دعوة زملائك إلى اللعب تقول ...

حين تريد دعوة زملائك للتبرع إلى الفقراء تقول ...

نشاط تفكير:

الهدف: أن يضع الطالب بدائل متعددة

دعا الشاعر الناس للذهاب إلى الصلاة فقال لهم نشيد للمصلى:

جد طرقاً أخرى لدعوة الناس إلى الصلاة غير الشعر!

نشاط تفكير:

الهدف: أن يثير الطالب أسئلة مميزة.

أنت مدير مدرسة وتريد أن تقابل شخصاً تختاره معلماً للتربية الإسلامية.

ما الأسئلة التي تسألها لهذا الشخص؟

نشاط تفكير:

قال الشاعر ليقنعنا بالصلاة:

هل رأيت الطير يشدو.

اذكر الــله.

سيرى الخلاق سعيك.

هو من يحسن أجرك.

ماذا تقول أنت لكي تقنع زميلاً لك بالصلاة؟

18- سورة الطارق

أسئلة تفكير:

- لماذا اختاروا هذه السورة لك؟
- ما الذي أحصاه الرقيب عنك حتى هذه اللحظة؟
- ما الذي تحب أن يحصيه الرقيب عنك؟
- ماذا تحب أن تقول للرقيب؟

نشاط التفكير:

الهدف: أن يفكر الطالب بطرق أخرى جديدة.

وضع الله علينا رقيباً من الملائكة ليحصي أعمالنا.

هل هناك طرق أخرى يمكن أن يسجل فيها أعمالنا! ما هي؟

نشاط تفكير:

الهدف: أن يضع الطالب توقعات واحتمالات.

في صفك جميع الطلبة حفظوا سورة الطارق.

وفي مدرسة أخرى لم يحفظها إلا عدد من الطلاب. ما أسباب ذلك؟

19- سورة الطارق (2)

أسئلة تفكير:

1- لماذا يريد الـلـه أن يمهل الكافرين؟

2- ماذا يحدث لو نجح الكافرون في إطفاء نور الإسلام؟

3- ماذا لو عرف الكافرون أن الـلـه لن يعاقبهم؟

نشاط تفكير:

رأى زملاءك في الصف زميلاً آخر لا يصلي.

فكانت وجهات نظرهم:

الأول: علينا أن نبلغ المدير عنه.

الثاني: علينا أن ننصحه.

الثالث: علينا أن نهدده.

الرابع: علينا أن نمهله قليلاً.

الخامس: علينا أن نمهله.

لماذا قال كل منهم ذلك. ما تفسيرك لموقف زملائك.

ما موقفك أنت؟

نشاط تفكير:

اكتب رسالة إلى أحد المشركين.

ماذا تقول له؟

كيف تبدأ السلام عليكم؟ أخي فلان؟ ماذا تقول؟

20- من آداب الشرب

أسئلة تفكير:

- ماذا يشرب المسلمون؟
- ما الأدوات التي نستخدمها في الشرب؟
- ما أسباب خروج الرائحة الكريهة من الفم؟

أنشطة تفكير:

أردت أن تسال شخصاً عن طريقة الشرب الصحيحة.

من تسأل من هؤلاء؟

- معلم الدين.
- الطبيب.
- معلم العلوم.
- والدك.
- والدتك.

رتب هؤلاء حسب ثقتك بإجاباتهم.

نشاط تفكير:

ميز الرأي من الحقيقة فيما يلي:

1- الليمون أفضل المشروبات.

2- يجب أن يشرب كل شخص بكأس خاص.

3- التنفس في وعاء الشرب ينقل الجراثيم.

4- وعاء الشرب الملون أفضل من وعاء الشرب العادي.

نشاط تفكير:

● في محاضرة لرجل دين حول طريقة الشرب الصحيحة أعلن عن أربع طرق للشرب الصحيحة.

ما هي؟

● وفي محاضرة لطبيب حول طريقة الشرب الصحيحة. أعلن عن طريقة مختلفة للشرب.

ما هي؟

ما الفرق بين ما قاله رجل الدين وما قاله الطبيب؟

نشاط تفكير:

الهدف: أن يراعي الطالب جميع العوامل المؤثرة-النظرة الكلية للأمور.

جاءت ليلى من المدرسة وهي تشعر بالعطش الشديد.

رأت علبة بيبسي باردة وشربتها كلها.

ما الأمور التي دفعتها إلى الشرب؟

ما الأمور التي لم تهتم بها ولم تفكر قبل أن تشرب؟

ما إيجابيات ما قامت به؟

ما سلبيات ما قامت به؟

21- الاستئذان

- ماذا تفعل لو لم يسمح لك زميلك بالدخول؟

- هناك خمس أشياء يمكن أن تعملها قبل أن تزور زميلك. ما هي؟

- ذهبت لزيارة زميلك. فوجدت باب الحديقة مغلقاً. هل ستطرق الباب؟ ما البدائل أمامك؟ كيف تتصرف؟

نشاط تفكير:

الهدف: أن يقدم الطالب مقترحات لحل موقف.

أردت أن تزور زميلاً لك. كيف تستأذن بالزيارة؟

اكتب خمس مقترحات غير تلك التي وردت في الكتاب؟

مناقشة:

متى تستخدم كل وسيلة؟

متى تستخدم الإنترنت؟ الهاتف؟

نشاط تفكير:

الهدف: أن يضع الطالب بدائل.

"زرت زميلاً لك. ولم تجده في منزله".

- ماذا تفعل؟ ما بدائلك؟

- ارتكب عدة أخطاء حين لم تجد زميلك. ما هذه الأخطاء؟

- ماذا كان بإمكانك أن تفعل لكي تضمن وجود زميلك في البيت؟

نشاط تفكير:

الهدف: أن يضع الطالب قوانين لتنظيم الموقف.

ضع عدداً من القوانين التي يجب أن نلتزم بها في أثناء زيارة زميل لنا.

- قوانين قبل بدء الزيارة.
- قوانين في أثناء الزيارة.
- قوانين بعد انتهاء الزيارة.

نشاط تفكير:

أن يضع الطالب فروضاً لما حدث.

أكمل الحدث التالي:

1- فكرت فريال في زيارة زميلتها رشا.

2-

3-

4- عادت دون أن تراها.

5-

6-

22- المحافظة على المرافق العامة

أسئلة التفكير :

أكتب عددا من المرافق العامة غير تلك التي وردت في الكتاب :

نشاط التفكير :

الهدف: أن يستنتج الطالب المعلومات الناقصة في الموقف .

((قال المعلم :علينا أن ننظم حملة للمحافظة على المرافق العامة)) .

هناك معلومات ناقصة كثيرة تحتاج لمعرفتها . ما هذه المعلومات .

أسال المعلم عنها حتى يقدمها لك .

مثل :

- متى نبدأ ؟
- متى سيقوم بالحملة ؟
- متى سيحول الحملة ؟
-
-
-
-

نشاط تفكير:

أن يصدر الطالب حكماً

"مررت بشارع فيه حفر عديدة". من المسؤول عن ذلك؟

- الأطفال الذين كانوا يلعبون في الشارع.

- سائقو السيارات المسرعة.

- المهندسون الذين فتحوا الشارع أصلاً، ولم يتقنوا رصيفه.

- المهندسون الذين حفروا لمد مواسير المياه.

- المهندسين الذين حفروا لتوصيل الكهرباء.

رتب هؤلاء حسب درجة مسؤوليتهم من وجهة نظرك.

نشاط تفكير:

مررت بشارع فقرأت إعلاناً يقول:

حافظوا على نظافة بيئتكم

وأردت أن تشارك في المحافظة على سلامة البيئة

ماذا تفعل؟

3- العلوم - إدماج مهارات التفكير في المنهج والتدريس

1- الإنسان والماء

أسئلة تفكير:

س1:   أمامك ثلاث زجاجات مملوءة. ماء، كاز، حبر

كيف تميز زجاجة الماء؟ أعط ثلاثة حلول.

س2: شرب باسم خطأ كأساً من ماء مالح.

كيف تصرف باسم بعد ذلك؟

ماذا قال له والده؟

ماذا قال لنفسه؟

نشاط تفكير:

الهدف: أن يميز الطالب بين الماء والعصير

حوار:

مناقشة بين زجاجة ماء وزجاجة عصير:

زجاجة الماء   : أنا لا لون لي ولا طعم

زجاجة العصير   : لي لون ولي طعم. فأنا أفضل منك

زجاجة الماء   :

زجاجة العصير	:	
زجاجة الماء	:	
زجاجة العصير	:	
زجاجة الماء	:	
الإنسان	:	....

نشاط (2):

الهدف: أن يستوعب الطالب استخدامات الماء

من أنا؟

- تحفظني في بئر عميق.
- تعيش الأسماك بداخلي.
- تسير سفنك فوق سطحي.
- تسقي بي مزروعاتك.
- تشربني حين تعطش.

نشاط (3):

الهدف: أن يستنتج الطالب خصائص الماء

قارن بين الماء والعصير

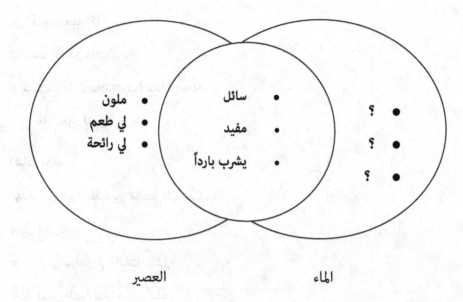

العصير   الماء

نشاط (4)

الهدف: أن يتخذ الطالب قراراً.

: أن يستنتج المترتبات على قراره.

عاد مازن وأخته لبنى من المدرسة ظهراً. وكانا عطشين:

شرب مازن مشروباً غازياً.

شربت لبنى كأساً من الماء.

ماذا قالت الأم لمازن؟ ماذا قالت للبنى؟

كيف شعر مازن بعد أن شرب؟ كيف شعرت لبنى؟

من استمتع بالطعام أكثر؟ مازن أم لبنى؟

من اهتم بصحته أكثر؟

انزعجت الأم من مازن. لماذا؟

لو كنت مع مازن. ماذا تشرب؟ ماذا تنصحه؟

ماذا تقول للبنى؟

نشاط (5):

الهدف: أن تميز الطالبة بين مصادر الماء الأساسية.

تمثيل أدوار:

* كلفى سراً، أربع طالبات بتمثيل:

البحر، النهر، البئر، صنبور الماء.

* اطلبي من كل منهن التحدث دقيقة عن نفسها..

* اطلبي من بقية الطالبات تحديد هوية كل طالبة.

* اسمحي لأي طالبة بأن تضيف أية معلومات عن أي شخصية

2- حالات الماء

أسئلة تفكير:

● حالات الماء ثلاث: سائلة، صلبة، غازية.

ما الحالة الأولى؟ هل هي سائلة أم صلبة أم غازية؟

● ما أكثر انتشاراً؟ الماء السائل أم الصلب أم الغازي؟

● ما الحالة التي تفضلها؟ لماذا؟

● أين يوجد الماء الصلب؟

● ذهبت إلى منزل صديقتك التي تسكن بجوار مصنع الثلج. فلم تجدي ماءً سائلاً.

ماذا تفعلين للحصول على ماء سائل؟

من الإجابات المحتملة : اسخن الثلج الموجود في الثلاجة.

- ....

- ....

نشاط تفكير:

الهدف: أن تميز الطالبة بين الحقائق والآراء فيما يلي:

ميزي بين الحقائق والآراء:

1- يتحول الماء إلى بخار بالتسخين.

2- يتحول الماء إلى جليد بالتبريد.

3- أفضل الماء البارد.

4- أحب ترك الجليد خارج الثلاجة حتى يذوب.

مناقشة:

ما الفرق بين الحقائق والآراء؟

نشاط تفكير:

الهدف: أن تنتج الطالبة أفكاراً جديدة.

اطلبي من الطالبات عكس الأفكار التالية:

	العكس	
نذهب إلى الماء	←	الماء يأتي إلينا.
يتحول الماء إلى بخار	←	
يتحول الجليد إلى ماء	←	
ننزل إلى ماء البئر	←	ماء البئر ..... إلينا.
ينزل الماء من السحابة إلى الأرض	←	تأخذ السحابة الماء من .....

مناقشة:

كثير من الأفكار حين نعكسها تنتج أفكاراً صحيحة

أعط أمثلة:

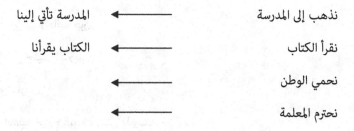

نذهب إلى المدرسة	←	المدرسة تأتي إلينا
نقرأ الكتاب	←	الكتاب يقرأنا
نحمي الوطن	←	
نحترم المعلمة	←	

نشاط تفكير:

الهدف: أن تقارن الطالبة بين حجم الماء السائل وحجمه حين يجمد.

قدمي الموقف التالي:

أغلقنا زجاجة ماء، وضعناها في مجمد الثلاجة (الفريزر) وبعد فترة وجدناها مكسورة!

لماذا؟

نشاط تفكير:

الهدف: أن تستوعب الطالبة التغيرات من حالة إلى أخرى.

لماذا حدث هذا؟

1- تركنا إبريقاً من الماء على الغاز فترة طويلة. فوجدناه خالياً من الماء

2- ذوبنا قطعة من الجليد بحجم كأس من الماء. فوجدنا أن الماء لم يعبئ الكأس.

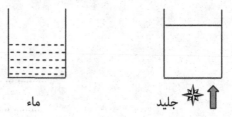

ماء   جليد

في يوم بارد جداً. شاهدنا قطرات ماء على زجاجة النافذة.

نشاط تفكير:

أن يميز الطالب فروقا دقيقة

ضع: دائماً، غالباً، أحياناً، نادراً، أبداً.

1- يتكون الثلج في مجمد الثلاجة.

2- ينزل المطر في بلادنا.

3- ماء البحر يسخن ويتبخر.

4- البخار على سطوح النافذة.

5- ينزل الثلج في فصل الشتاء.

6- ماء المطر يسقط على الأرض اليابسة.

7- تنخفض الحرارة كثيرا في فصل الشتاء.

مناقشة:

● اطلب من الطلبة إحضار أمثلة مماثلة.

● ناقشهم: ما الفرق بين دائما وغالبا؟ غالبا أحيانا؟..............

نشاط تفكير

الهدف: أن يدرك الطالب بعض التغيرات الأساسية.

قدم سلسلة التغيرات التالية.

الماء: جليد، ماء، بخار.

الفصول: صيف، ....، ....، ....

الإنسان: طفل، ....، ....، ....

اليوم: ....، ....، ....

النهار: صباح، ....، ....، ....

مناقشة:

● من يقدم تغيرات أخرى؟

● من يقدم أشياء لا تتغير؟

● لماذا تتغير الأشياء،من حالة إلى حالة؟

3- الماء حولنا

أسئلة تفكير:

- هل تفضل اليابسة أم الماء؟

- هل تفضل أن تعيش بقرب: نهر، بحر، بحيرة، غابات؟

- رتب هذه الأشياء حسب أهميتها لديك.

نشاط تفكير:

الهدف: أن يربط الطالب بين الأسباب والنتائج.

((شاهدت آمنة قطرات من الماء على السطح الخارجي لكاس ماء بارد)).

أي التفسيرات تعطي سببا لذلك؟

- يوجد بخار ماء في الجو حولنا.

- يوجد بخار ماء في الجو لامس سطحا باردا فتكثف وصار ماء.

- تسرب الماء البارد من داخل الكأس إلى سطحه الخارجي.

- الماء البارد يولد قطرات ماء خارجي الكأس.

- التغير في درجة الحرارة على سطح الكأس ودرجة الحرارة في الغرفة.

نشاط تفكير:

أن يدرك الطالب أثر غياب أحد العوامل في السلسلة البيئة.

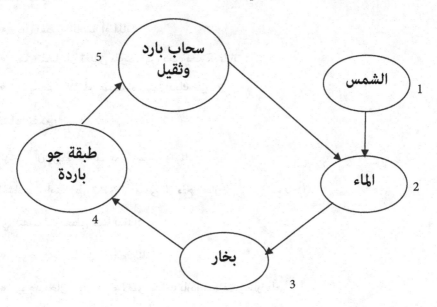

انظر الرسم إنه يتكون من خمس عناصر هي:

الشمس ←——— الماء ←——— البخار ←——— طبقة جو باردة ←——— سحاب بارد ماء

1- ماذا يحدث لو لم تكن الشمس موجودة؟

2- ماذا يحدث لو لم يتحول الماء إلى بخار؟

3- ماذا يحدث لو لم تكن هناك طبقة جو باردة؟

4- متى يمكن سقوط مطر غزير؟

5- متى يمكن انقطاع سقوط المطر كلياً؟

نشاط تفكير:

أن يستنتج الطالب أسباب سقوط المطر في منطقة ليس فيها ماء كالصحراء مثلاً.

اطلب من الطالب قراءة الرسم التالي:

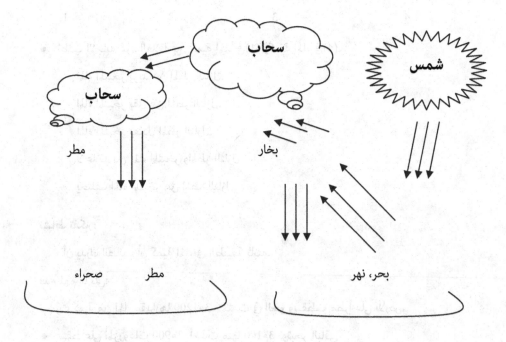

مناقشة:

ما الذي حرك السحاب إلى الصحراء؟

نشاط تفكير:

أن يدرك الطالب أن كمية الماء في الطبيعة لا تزيد ولا تنقص.

- قدَم له دورة الماء في الطبيعة

ماء ⟵ بخار ⟵ تكثف ⟵ ماء (مطر)

1 2 3 4

- اطلب الإجابة عن: العلاقة بين كمية الماء في(1) وكمية الماء في(4).
  - الماء المتبخر يزيد عن المطر النازل.
  - الماء المتبخَر يقل عن المطر النازل.
  - الماء المتبخر يعادل المطر النازل.
  - لا علاقة بين الماء المتبخر والمطر النازل.
  - يختلف الماء المتبخر عن المطر النازل.

نشاط تفكير:

أن يدرك الطالب أنّ كمية الماء في الطبيعة ثابتة.

قدم لهم ما يلي:

تبخرت كمية من الماء مقدارها 1200م3. تكثفت في الجو وسقطت مطراً على الأرض.

- سقط على المزروعات 900م3 أخذت منها 100م3 وتبخر الباقي.
- سقط على الوادي 300م3 ذهب إلى البحر منها 200م3 وتبخر الباقي

أي الاستنتاجات التالية صحيحة؟

1- إن معظم ماء المطر يتبخر ثانية.

2- إن المطر النازل أقل من الماء المتبخر.

3- إن المطر النازل يعادل الماء المتبخر.

4- تستفيد المزروعات من جزء قليل من الأمطار.

5- إن المطر المتبخر + المطر الذي يذهب إلى البحر + المطر الذي أخذته المزروعات = 1200م3

6- إن المزروعات تأخذ معظم الأمطار.

7- ما تأخذه المزروعات من ماء يعود مرة ثانية بكامله إلى الطبيعة.

نشاط تفكير:

الهدف: أن يميز الطالب بين العناصر المؤثرة على دورة الماء في الطبيعة والعناصر غير المؤثرة.

فيما يلي عدد من العناصر: صنّفها إلى عناصر لها علاقة مباشرة بدورة الماء في الطبيعة وعناصر لا علاقة لها.

الشمس، الحرارة، البخار، الوادي، الجبل، الرمل، المزروعات، السحاب، النباتات، البرودة، تكثف البخار، الأجسام الصلبة، آبار الماء.

نشاط تفكير:

الهدف: أن يتقن الطالب تسلسل خطوات دورة الماء في الطبيعة

اطلب من الطالب إكمال الخطوات التالية، لتكون دورة الماء في الطبيعة.

-1

2- تبخر الماء.

-3

4- نزول المطر

-5

مناقشة:

ما أهم خطوة؟ ما الخطوة الأولى؟

هل يمكن أن يسقط المطر لو لم يكن هناك ماء على الأرض؟

4- ذوبان الأشياء في الماء

أسئلة تفكير:

- لماذا يفضل بعض الناس أن يكون السكر خارج كأس الشاي؟

- هل تفضل أن تضع سكراً في الحليب؟ كيف يذوب السكر؟ كم ملعقة تضع؟

- لماذا لا يذوب كل السكر في الشاي إذا كانت كمية السكر كثيرة؟

- اقترح خمس أدوات لإذابة السكر في وعاء كبير.

- هل تفضل سكراً كثيراً في الشاي؟ لماذا؟

- هل جربت إذابة شيء آخر في الشاي؟ ما هو؟

نشاط تفكير:

من أنا؟

1- أذوب في الماء	1. أذوب في الماء
2- تستخدمني في شرابك	2. تستخدمني في طعامك
3- لوني أبيض	3. لوني أبيض
4- لا يستفيد مني بعض المرضى	4. لا يستفيد مني بعض المرضى

نشاط تفكير:

تسبح السمكة في الماء. وتعيش فترة طويلة داخل الماء. بينما لا يستطيع الإنسان أن يعيش فترة تحت الماء.

أي الاستنتاجات التالية صحيحة؟

1- تستطيع السمكة أن تعيش دون أكسجين.

2- تتنفس السمكة مواد أخرى غير الأكسجين.

3- تتنفس السمكة الأكسجين المذاب في الماء.

4- الإنسان يتنفس الأكسجين المذاب في الماء.

5- الإنسان لا يستفيد من الأكسجين المذاب في الماء

نشاط تفكير:

ضع دائماً، أحياناً، نادراً، أبداً، أمام كل عبارة مما يلي:

1- تتنفس السمك الأكسجين المذاب في الماء.

2- يذوب الرمل في الماء.

3- نشرب مشروبات دون سكر مذاب.

4- نأكل طعاماً دون ملح مذاب.

5- الظواهر الجوية حولنا.

أسئلة تفكير:

1- من الأقوى شمس الصيف أم رياح الخريف؟

2- كيف تعرف أن الرياح قوية في الخارج وأنت نائم في غرفتك؟ أعط خمسة مؤشرات.

3- كنت تنظر إلى علم من النافذة التي بغرفتك وكان يرفرف بقوة، بينما كان علم مهام النافذة اليسرى لا يرفرف. ما تفسيرك لذلك؟

أنشطة تفكير:

الهدف: أن يتعرف إلى الظواهر الجوية المختلفة.

فيما يلي عدد من الظواهر الجوية.

رتبي هذه الظواهر حسب اهتمامك بها

- الرياح
- الحرارة
- السحاب
- المطر
- الندى
- الضباب

مناقشة:

- ما أسباب هذا الترتيب
- ماذا يخطر ببالك حين تسمعين كلمة رياح؟ سحاب، مطر،
- اكتبي قصة استخدمي فيها بعض هذه الظواهر.

نشاط تفكير:

رصد مازن كميات المطر في درجات الحرارة في منطقة على مدى 3 أسابيع من شهر كانون وكانت النتائج كما يلي:

الأسبوع	درجة الحرارة	كمية المطر	الرياح
1	16	100مللتر	ضعيفة
2	14	120مللتر	قوية
3	12	125مللتر	معتدلة
4	-	-	-

أي الاستنتاجات التالية صحيحة؟

1- تناقص درجات الحرارة بشكل تدريجي؟

2- تزداد كمية المطر بازدياد درجات الحرارة؟

3- لا علاقة لدرجات الحرارة بكمية الأمطار؟

4- تزداد كمية المطر مع انخفاض درجات الحرارة.

5- تزداد قوة الرياح مع انخفاض درجة الحرارة.

6- كضعف قوة الرياح مع ازدياد درجة الحرارة.

مناقشة:

ما توقعاتك لدرجات الحرارة وكمية الأمطار والرياح في الأسبوع الرابع من الشهر؟

نشاط تفكير:

الهدف: أن يميز الطالب الفروق في احتمال عدد من الظواهر

ضع دائماً، غالباً، أحياناً، نادراً، أبداً، أمام كل عبارة مما يلي حسب ما تراه مناسباً

1- الرياح تهدم المنازل.

2- الرياح تحرك السفن الشراعية.

3- الرياح تأتي مصحوبة بثلوج.

4- الرياح مفيدة لنا.

5- الرياح تسقط الأمطار.

نشاط تفكير:

الهدف: أن يستوعب الطالب مبررات الاستماع إلى النشرة الجوية.

في إحدى الجلسات التي ضمت طالباً ومزارعاً وصياداً ومسافراً، استمع الجميع إلى النشرة الجوية باهتمام وبعد أن سمعوا النشرة الجوية.

قال الطالب   :   ستعطل المدارس غداً

قال المزارع   :   لن أتمكن من الذهاب إلى المزرعة غداً

قال الصياد   :   سأذهب إلى الصيد اليوم. لأنني لن أتمكن من الصيد غداً.

قال المسافر   :   إما أن أسافر اليوم أو أؤجل السفر غداً

قالت الأم   :   أهلاً وسهلاً بكم جميعاً سأعد لكم طعاماً ساخناً

هل تستطيع أن تقول ماذا سمعوا في النشرة الجوية؟ ولماذا تصرفوا هكذا ...

نشاط تفكير:

أن يميز الطالب بين ظاهرة الندى وظاهرة المطر

كانت منى تسير صباحاً في بستانها، وكان في الجو غيوماً بيضاء قليلة جداً فرأت قطرات من الماء على الحشائش وعلى زجاج السيارة، ولم تجد مثلها في الشارع وبعد طلوع الشمس اختفت هذه القطرات.

أي الاستنتاجات التالية صحيحة؟

- أمطرت في الليل، وبقيت قطرات الماء على الحشائش.
- ما رأته كان قطرات من الندى، تكونت في الليل والصباح الباكر.
- ما رأته كان مطراً من السحب الخفيفة البيضاء.
- ما رأته هو الماء الذي رشّه عامل الحديقة على كل المزرعة.

مناقشة:

اطلب من كل طالب أن يحدد مفهوم الندى في المستطيل التالي:

الندى	
المطر	

نشاط تفكير:

أن يميز الطالب بين مطر البرد والثلج

اطلبي من الطالب قراءة الصورة

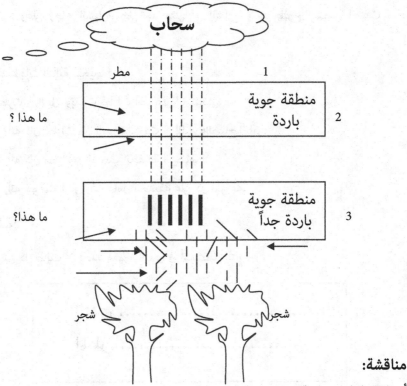

مناقشة:

أي الاستنتاجات صحيحة؟

1- ينزل الثلج مباشرة من السحاب.

2- ينزل السحاب مطراً يتجمد إذا مرَ بمنطقة جوية باردة.

3- يتكون الثلج إذا مر المطر بمنطقة باردة جداً.

6- فصول السنة

أسئلة تفكير:

- ما الفصل الذي تفضله؟ لماذا اخترته؟
- ما التغيرات التي تحدث في منزلك بعد انتهاء فترة الصيف؟
- ما التغيرات التي تحدث في طعامك في فصل الشتاء؟
- لماذا تلبس ملابس بيضاء في الصيف؟ ولا تلبسها في الشتاء؟
- ما مشاعرك اتجاه الصيف؟ الخريف؟ الشتاء؟ الربيع؟

نشاط تفكير:

أن يتعرف الطالب إلى خصائص الفصول الأربعة.

حوار:

كلف طالباً بأن يمثل دور الصيف، وثلاث آخرين يمثلون الربيع الشتاء و الخريف واطلب من كل منهم أن يتحدث عن نفسه:

مثال:

الصيف: أنا أرسل لكم شمساً قوية

الشتاء: ولكنك تزيد من مصروف الكهرباء

الربيع: أين الأزهار تكاد أن تختفي في أيامك.

الخريف:

الصيف:

الشتاء:

الربيع:

مناقشة:

اطلب من كل طالب أن يختار فصلاً أعجبه. ويضيف إليه ما يريد.

شجع الطلبة على اختيار فصول غير مرغوبة.

نشاط تفكير:

الهدف: أن يضيف الطالب بعض الظواهر

فيما يلي عدد من الأحداث والظواهر. صنفها إلى حسب فصول السنة.

- فتح المدارس — نزول الأمطار
- نهاية العام الدراسي — إجازة المدرسية العطلة الطويلة
- اشتداد الرياح — إجازة نصف العام الدراسي
- اشتداد الحرارة — ارتداء الملابس الخفيفة
- ظهور الغيوم — تفتح الأزهار
- نضج الفواكه — استخدام المدفأة
- نمو أوراق الشجر — سقوط أوراق الشجر
- ارتداء ملابس ثقيلة — الخروج إلى الحدائق.

7- فوائد البحر والنهر والإنسان

أسئلة تفكير:

- ما الذي يختفي أحياناً لو لم يكن هناك بحار؟
- كيف تكون حياتنا لو عشنا يوماً بدون ماء؟

نشاط تفكير:

الهدف: أن يبتكر الطالب صوراً يتخيلها، ويفكر بأسلوب حل المشكلة

تخيل أن الماء غطَى الكرة الأرضية. أعط خمسة أفكار.

كيف ستكون الحياة؟

- المواصلات؟
- المنازل؟
- أماكن العمل؟
- الملابس؟
- الطعام؟
- المزروعات؟

نشاط تفكير:

الهدف: أن يقارن الطالب بين النهر والبحر

قارن بين النهر والبحر

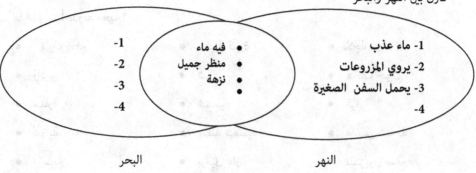

1- ماء عذب
2- يروي المزروعات
3- يحمل السفن الصغيرة
-4
فيه ماء
منظر جميل
نزهة
-1
-2
-3
-4
النهر
البحر

مناقشة:

ماذا تشعر حين تكون بجانب النهر؟ البحر؟

نشاط تفكير:

الهدف: أن ينتج الطالب أفكاراً جديدة عن البحر

ما وجه الشبه بين المدرسة والبحر؟

* في المدرسة معلمون   وفي البحر ....
* في المدرسة قوانين   وفي البحر ....
* في المدرسة كتب   وفي البحر ....
* للمدرسة   في البحر شاطئ
* في المدرسة طلاب   في البحر ....
* في المدرسة امتحان   في البحر ....

نشاط تفكير:

أن يتخذ الطالب قراراً.

أراد مجموعة من الطلبة أن يقوموا برحلة صيد سمك. وسمح لهم بأخذ عشرة. مما يلي:

ما الذي سيأخذونه معهم؟

• قارب صغير	• سفينة كبيرة	• ثلاجة
• راديو	• شباك	• هاتف جوال
• سنارة	• شمسية	• قرقر
• شواية	• مظلة شمسية	• ملابس سباحة
• أكسجين	• برميل غاز	• تلفزيون صغير

مناقشة:

قلص القائمة إلى ثمانية!

إلى خمسة!

إلى ثلاثة فقط!

نشاط تفكير:

الهدف: أن يدرك الطالب تناقضات في التفكير

- ذهب حسام يصيد السمك فأخذ بندقية صيد معه.

- وضع الصياد القرقور على شجرة قرب البحر.

- عمل الصياد قرقوراً فيه فتحة لدخول السمك وفتحه ثانية لخروج السمك.

- ذهب مصطفى لصيد السمك في بركة السباحة.

- استخدمت منى شبكة دائرية تشبه كرة القدم لصيد السمك.

مناقشة:

من يعدل الجمل السابقة؟؟

نشاط تفكير:

أن يميز الطالب بين سمكة طازجة وسمكة فاسدة

من أنا؟

1- لون خياشيمي أزرق غامق. وليس وردياً

2- رائحتي جيدة.

3- لحمي طري وغير متماسك.

4- عيوني ما زالت لامعة غير مطبقة.

5- لي رائحة كريهة.

نشاط تفكير:

أن يدرك الطالب مراحل اللؤلؤ.

أكمل المربعات التالية:

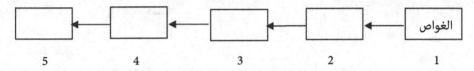

1
2
3
4
5

مناقشة:

- ماذا يفعل الغواص؟
- من يشتري اللؤلؤ من الصياد؟
- ماذا يفعل التاجر باللؤلؤ؟
- لماذا تضع السيدة عقداً من اللؤلؤ؟

نشاط تفكير:

الهدف: أن يكمل الطالب الموقف بوضع توقعات؟

صار أحد الغواصين لؤلؤاً كثيراً. فقال سأترك الصيد.

وقرر أن:

-1

-2

-3

-4

مناقشة:

ماذا كنت تفعل لو كنت مكانه؟ هل ستترك الصيد؟

هل هو محق في قراره؟ ماذا تتوقع أن يحدث معه بعد خمس سنوات؟ عشر؟

نشاط:

كان لديك يوم إجازة. وتلقيت من زملائك خمس دعوات

1- السباحة في بركة النادي.

2- القيام بنزهة إلى بحر.

3- حضور مباراة رياضية على شاطئ البحر.

4- رحلة في قارب لصيد السمك.

5- رحلة لمشاهدة غواصي اللؤلؤ.

رتب هذه الدعوات حسب رغبتك من 1-5

مناقشة

لماذا اخترت هكذا؟

حوار بين طلاب اختلفوا في خياراتهم؟

نشاط تفكير:

أن يحدد الطالب بعض الخيارات المهنية

إنك تفكر حين تكبر بممارسة مهنة مفيدة. وتلقيت عروضاً من شركات عديدة للعمل، ما المهنة التي
تختارها؟

- صياد سمك   قائد سفينة
- بائع سمك   منقذ سباحة
- صياد لؤلؤ
- تاجر لؤلؤ

رتب هذه المهن حسب أهميتها لك

مناقشة:

لماذا اخترت هكذا؟

8- فوائد الكهرباء ومصادرها

أسئلة تفكير:

الهدف: أن يدرك الطالب فوائد الكهرباء في حياته.

1- فكر في انقطاع الكهرباء مدة يوم واحد؟

ما التغيرات التي تحدث في البيت؟

ما التغيرات التي تحدث في المدرسة؟

ما التغيرات التي تحدث في الحياة؟

2- أعلنت البلدية أن الكهرباء ستنقطع مدة أسبوع. وعلى المواطنين الاستعداد وتجهيز أنفسهم:

ما الاستعدادات التي ستعملها؟

ما الحاجات العشر التي ستعدها؟

ما الأشياء التي ستشتريها؟

أنشطة تفكير:

الهدف: أن يقترح الطالب بدائل لانقطاع الكهرباء

انقطعت الكهرباء وأعلن أن ذلك سيستمر ثلاثة أيام.

ما الإجراء الذي ستتخذه؟

1- البقاء في المنزل دون كهرباء

2- شراء مولد كهرباء للمنزل

3- الذهاب إلى زميل لك في مدينة فيها كهرباء

4- الذهاب مع أهلك في رحلة خارج البلد

رتب هذه الخيارات حسب أهميتها لديك

مناقشة:

هل لديك خيارات أخرى

لماذا؟

ما الخيار الأول؟ الأخير؟

نشاط تفكير:

أن يدرك الطالب المترتبات على انقطاع التيار الكهرباء

أكمل الحلقات التالية:

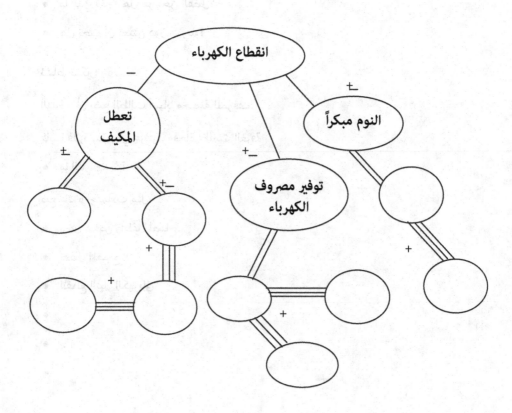

نشاط تفكير:

الهدف: أن يدرك الطالب الإيجابيات والسلبيات لموقف ما.

كان سكان القرية يعيشون دون كهرباء. ولكن هذا الشهر وصلتهم الكهرباء.

- ما التغيرات الإيجابية التي أحدثتها الكهرباء
- ما التغيرات السلبية التي أحدثتها الكهرباء

مناقشة

- صف حياتهم قبل الكهرباء؟ بعد الكهرباء؟
- ما الذي تغير؟ هل هو نحن الفضل؟
- هل تحب أن تعيش دون كهرباء؟

نشاط تفكير:

الهدف: أن يضع الطالب أسباباً محتملة للموقف.

كانت فائزة تدرس في غرفتها. وفجأة أظلمت الغرفة

- ما الذي حدث؟

ضع عشرة احتمالات مثل:

- دخل شخص وأطفأ المصباح.
- تعطل المصباح.
- انقطع التيار الكهربائي
-
-
-

478

نشاط تفكير:

أن يقترح الطالب بدائل متنوعة

الجرس الكهربائي يوضع على الباب الخارجي للمنزل. ويستخدمه القادمون لكي يفتح لهم الباب.

اقترح خمس بدائل للجرس الكهربائي!

مناقشة:

ما البديل الأفضل؟

ما أسوأ بديل؟

هل هناك بدائل كهربائية؟ غير كهربائية؟

نشاط تفكير:

أن يميز الطالب بين الأسباب والنتائج.

- يحدث البرق والرعد نتيجة لانتقال الكهرباء بين الغيوم
- كانت الدائرة غير مغلقة ولم يضيء المصباح.
- سرى التيار في سلك النحاس لأنه موصل للكهرباء.
- تغطى أسلاك الكهرباء بالمطاط لمحافظة على سلامة الناس.
- يغطى الكهربائي الكماشة والمفك بقابض عازل.
- توضع أسلاك الكهرباء عالية أو تحت التراب.
- يجمع المغناطيس الكهربائي الأشياء المعدنية حفاظاً على سلامة البيئة.

المراجع

أولاً- المراجع العربية:

إدوارد دي بونو (1997) التفكير العلمي. ترجمة خليل الجيوسي. أبو ظبي. منشورات المجمع الثقافي.

ـــــــــــ (1995) التفكير الإبداعي. ترجمة خليل الجيوسي. أبو ظبي. منشورات المجمع الثقافي.

ـــــــــــ (2001) قبعات التفكير الست. ترجمة خليل الجيوسي. أبو ظبي. منشورات المجمع الثقافي.

ـــــــــــ (1997) الصراعات. ترجمة خليل الجيوسي. أبو ظبي. منشورات المجمع الثقافي.

ـــــــــــ (1997) التفكير العلمي. ترجمة خليل الجيوسي. أبو ظبي. منشورات المجمع الثقافي.

ـــــــــــ (1998) برنامج الكورت لتعليم التفكير. ترجمة ناديا السرور وآخرين. عمان. دار الفكر.

ـــــــــــ (1989) تعليم التفكير. ترجمة عادل ياسين وآخرين. الكويت. مؤسسة الكويت للتقدم العلمي.

ايريك جنسين (2001) كيف نوظف أبحاث الدماغ في التعليم. مدارس الظهران. الرياض، دار الكتاب التربوي للنشر.

481

بربارا مايتر، آنا موانجي، رث شليني. (2000). الأساليب الإبداعية في التدريس الجامعي. ترجمة حسين وماجد خطايبة. عمان. دار الشروق.

ديفيد جونسون. (1995) التعلم التعاوني. ترجمة مدارس الظهران. الرياض. دار الكتاب التربوي للنشر والتوزيع.

دانييل جولمان. (2001) الذكاءالعاطفي. ترجمة ليلى الجبالي. الكويت. عالم المعرفة.

ذوقان عبيدات (2002). دليل المعلم لتعليم الطلبة الموهوبين في الرياضيات. الأليكو، تونس.

ــــــــــ . (1990) تعليم التفكير. عمان. مدرسة عمان الوطنية.

ــــــــــ . (2000) برنامج التعليم الإبداعي. جدة.

ــــــــــ . (2002) البحث العلمي: أسسه ومناهجه. عمان دار الفكر.

ذوقان عبيدات وسهيلة أبو السميد. البحث العلمي: الكمي والنوعي. عمان. دار الفكر.

روبرت ديليسل. (2001) كيف تستخدم التعلم المستند إلى مشكلة في غرفة الصف. ترجمة مدارس الظهران. الرياض. دار الكتاب التربوي للنشر والتوزيع.

سميلة الصباغ (2004). إستراتيجيات تنمية التفكير في الرياضيات. رسالة دكتوراه. جامعة عمان العربية، الأردن.

سوزان ج كوفاليك، كارين د. أولسن. (2000) تجاوز التوقعات. 1، 2، 3 دار الكتاب التربوي للنشر ، ترجمة مدارس الظهران.

شيث مايرز. (1993) تعليم الطلاب التفكير الناقد. عمان. مركز الكتب الأردني.

طارق سويدان. محمد أكرم العدواني. (2001) مبادئ الإبداع. الكويت. شركة الإبداع.

عمر غباين ومحمد الحيلة (2002). دليل المعلم لتعليم الطلبة الموهوبين لمادة العلوم. الأليكو، تونس.

فتحي جروان (1999) تعليم التفكير. الإمارات. دار الكتاب الجامعي.

ـــــــــــ (1999) الموهبة والتفوق والإبداع. الإمارات. دار الكتاب الجامعي.

مارغريت وايرسون (2000) استخدام خرائط المعرفة لتحسين التعليم. ترجمة مدارس الظهران. الرياض. دار الكتاب التربوي للنشر والتوزيع.

وزارة التربية والتعليم الأردنية (1999). برنامج التربية الشاملة. عمان. اليونسيف.

ثانياً- المراجع الأجنبية:

Andrew Pollard, and Sarah Tann. (1994). Reflective Teaching in primary school. Wiltshire U.K. Redwood Books.

Alpert B. (1991). Students Resistance in the classroom. Anthropo. Education. No: 22(4). Pp: 350-366.

Costa, A. And Lowery, L. F. (1989). Techniques for Teaching Thinking. Alexandria. ASCD.

Amy c. Braldi. (1998). Classroom Questions practical Assisment.

Arents, R. (1994). Learning to teach. New York. Mc. Graw hill.

Beyer. K. (1987) practical strategies for the teaching of thinking. Boston. Allynand Bacon, Inc.

Bloom، B.S. (1984). The two sigma problem. The search for methods of group instruction. Educational Researcher June- July. P. 4-16.

Davis, J. (1997) Mapping the mind. NJ. Carol publishing group. 4

Dillon J.T. (1988) Questioning and Discussion. Amulet - displinary study. Ablex. Nor wood. New Jersey.

Eric - Jensen. Brain Based learning. (2000:4) Educational Leadership. 5

Edward De Bono (1985). Six Thinking Hats. Toronto. Little Brown and Company.

Edward De Bono (1992). Searions Creativity. N.Y. Harper Bussiness. 7

Ellis, K. (1993) Teacher Questioning and student learning. What research says to teachers? Eric No. 359572.

Gall. M.D. and Rophy، T. (1987) Review of Research Questioning Techniques. NAC. Washington D.C.

Gardener, H. (1993) Multiple Intelligences. The Theory in practice. N.Y. Basic Books.

Klinzing H.G. and Klinzing (1987). Teacher Questioning.

Lazarus, R. and Blazarus (1995). Passion and reason N.Y. Oxford University press.

Le Doux, J. (1996) .The emotional Brain. N.Y. Simon and Schuster.

Maclean, P. (1990). The Trine brain. Mass Houghton Mifflin.

Mark, V. (1989). Brain Power. N.Y. W.H.Freeman Company.

Mc Carty, T.L. Lynch and Benally A. (1991) classroom inquiry and learning styles. Anthrupol Education 22 (1) P. 42 -59.

Morgan, N. and Saxtion, J. (1991) Teaching Questioning and learning. Routledge. London.

Robert Boostrom. (1993). Developing Creative and critical thinking. National textbook co. Lincolnwood، Illinois.

Sternberg, R.J. (1981). Intelligence's as thinking and learning skills.

Sternberg, R.J. (2000). The Successful intelligence's Educational psychology.

Sternberg, R.J. (1992). The Metaphors of mind، Conceptions of the nature of intelligence's. Cambridge University press.

Sternberg, R.J.(2000) The Thinking Styles. Cambridge University press.

Sausan Capel, Marilyn Leask and Tony Turner. (1995). Learning to teach in Secondary school. London، N.Y.

Scwartch. (1992) Critical Thinking، Critical Thinking press and software.

Susan Capel, Marilyn Leask, and Tony Furner. (1995) Learning to teach in the Secondary schools. N.Y. Routledge.

Taylor, C.W. (1994). Widening Horizons in Creattivity. N.Y.

Tony. Buzan and Dary Buzan. (1993). the mind map book. London Bbc books.

Tony. Buzan (1995). USE your Head. London. Bbc books. Tony. Buzan (2001). Thinking about critical Thinking Gerat circle learning.

Printed in the United States
By Bookmasters

T0304705